www.psychologie-lernen.de

Dipl. Psych. Eskil Burck

Eskil Burck absolvierte sein Studium an der Universität Koblenz-Landau. Schon während des Studiums begann er Erkenntnisse aus der psychologischen Forschung einer großen Öffentlichkeit zugänglich zu machen.

Sein Audio-Podcast belegte immer wieder Platz 1 in den iTunes-Charts in der Kategorie „Bildung“.

Seine Lern-Videos wurden allein auf YouTube bereits mehr als 1,5 Millionen mal angeschaut.

Weitere Informationen finden Sie auf www.psychologie-lernen.de

Youtube-Kanal: psychologie-lernen.de

Neue Psychologie der Beeinflussung

Eskil Burck

www.psychologie-lernen.de

2. Auflage

Deutsche Erstausgabe März 2016

Umschlaggestaltung: Eskil Burck
Unter Verwendung von Stockphotos: © Sergey Nivens / Fotolia.com

Cartoons: Dipl. Psych. Eskil Burck
Unter Verwendung von Cartoon-Figuren von © ratch0013 / Fotolia.com

Weitere Abbildungen: © ra2 studio / Fotolia.com, © pathdoc / Fotolia.com, © Sergey Nivens / Fotolia.com, © lassedesignen / Fotolia.com, © olly / Fotolia.com, © Maksim Šmeljov / Fotolia.com

Die Deutsche Nationalbibliothek verzeichnet diese Publikation in der Deutschen Nationalbibliografie; detaillierte bibliografische Daten sind im Internet über http://dnb.d-nb.de abrufbar.

Impressum:
Eskil Burck, Rheinstr. 11, 76773 Kuhardt
Tel: 07272/6040
Email: mail@PsychologiederSchule.de

Herstellung und Verlag:
BoD – Books on Demand, Norderstedt
ISBN: 978-3837085808

MIX
Papier aus verantwortungsvollen Quellen
Paper from responsible sources
FSC® C105338
FSC
www.fsc.org

Vorwort

Nie zuvor in der Geschichte der Menschheit waren wir so vielen Beeinflussungsversuchen ausgesetzt wie in der heutigen Konsumgesellschaft. Jeden Tag prasseln tausende Werbebotschaften auf uns ein. Natürlich verfügen wir über gewisse Abwehrmechanismen (siehe Kapitel 1: Reaktanz). Allerdings werden auch die Manipulationsmethoden immer ausgefeilter. Daran ist sicherlich auch die Erforschung neuer Beeinflussungsmethoden durch Sozialpsychologen und Wirtschaftspsychologen nicht ganz unschuldig. Auch wenn die meisten Techniken zunächst für den „guten Zweck" erprobt wurden (Spendenaktionen, Hilfsbereitschaft steigern etc.), ist es in der Regel nur eine Frage der Zeit, bis die Erkenntnisse für weniger heroische Ziele (Profitsteigerung, politische Meinungsmache) instrumentalisiert werden. Schon längst werden viele Forschungsinstitute von großen Konzernen gesponsert, um zu erforschen, wie sich Produkte noch besser an den Mann bzw. an die Frau bringen lassen. Die Ergebnisse erscheinen dann in wissenschaftlichen Journals, die der Öffentlichkeit leider kaum bekannt sind:

Journal of Consumer Psychology
Journal of Marketing Research
Journal of Retailing
Journal of Applied Social Psychology
Journal of Experimental Psychology
Communication Research Reports
...

Ziel dieses Buchs ist daher, über die neuesten Entwicklungen in der wissenschaftlichen Erforschung von Manipulationstechniken aufzuklären. Denn – auch das weiß man aus der Forschung – wenn ich einen Beeinflussungsversuch als solchen erkenne, kann ich mich deutlich selbstbestimmter verhalten.

Inhaltsverzeichnis

1 Reaktanz – Unser Schutzschild gegen Beeinflussungsversuche

Bevor Sie mit der Lektüre dieses Buches beginnen, sollten Sie sicherstellen, dass Sie völlig ungestört sind. Schalten Sie ihr Smartphone aus, um ungewollte Unterbrechungen zu vermeiden. Falls andere Störquellen in Ihrer Nähe sein sollten, wechseln Sie das Zimmer. Halten Sie unbedingt Stift und Notizblock bereit, um wichtige Dinge zu notieren...

Haben Sie alle Vorkehrungen getroffen?

Höchstwahrscheinlich nicht. Zum einen sind wir manchmal einfach ein bisschen faul. Zum anderen können wir es gar nicht leiden, wenn man uns vorschreibt, was wir tun sollen – schon gar nicht, wenn man uns sagt, wir sollten unser Smartphone ausmachen.

Machen wir noch ein zweites Experiment:

Als Psychologe gehört es zu meinen Aufgaben, menschliches Verhalten vorherzusagen. Somit wäre es für mich ein Kinderspiel auch Ihr Verhalten vorherzusagen bzw. Ihre Gedanken zu lesen.

Sie glauben mir nicht? Dann lassen Sie es uns testen. Denken Sie im Folgenden bitte an eine Zahl zwischen 20 und 29.

Haben Sie eine Zahl gewählt? (Meine Vorhersage und eine Erklärung finden Sie im Kasten „Exkurs“ auf der nächsten Seite.)

Exkurs:

Sie haben die Zahl 27 gewählt![1]

(Mit ca. 28%iger Wahrscheinlichkeit…)

Wenn jemand behauptet, er könne unsere Gedanken lesen und erraten, an welche Zahl wir gerade denken, versuchen wir i.d.R. das Gegenteil zu beweisen. Also wählen wir eine Zahl, die wenig verdächtig und sehr zufällig wirkt.[2]

In mehreren Experimenten (Kubovy, 1977; Kubovy & Psotka, 1976; Simon, 1971) konnte gezeigt werden, dass Menschen erstaunlich häufig die Zahl 7 nennen, wenn man sie bittet, eine Zahl zwischen 0 und 9 zu wählen. Da die Ergebnisse dieser Experimente allerdings schon schon lange kein Geheimnis mehr sind, entschied ich mich in diesem Buch für eine etwas weniger bekannte Variante. Laut einer Studie von Kubovy und Psotka (1976) macht es nämlich keinen Unterschied, ob man nach einer Zahl zwischen 0 und 9 oder ob man nach einer Zahl zwischen 20 und 29 fragt. In beiden Fällen ist die Zahl 7 ungewöhnlich häufig beteiligt (ca. 28%). Anders verhält es sich jedoch, wenn man nach einer Zahl zwischen 70 und 79 fragt. Dann wird die Zahl 77 relativ selten genannt (ca. 13%). Schnapszahlen erscheinen uns wohl zu verdächtig…

---

1 Auch wenn die Chancen nicht allzu schlecht standen, kann es sehr gut sein, dass ich mit meiner Vorhersage daneben lag. Aber menschliches Verhalten ist – zum Glück – nicht zu 100% vorhersagbar. Wer jedoch über psychologisches Wissen verfügt, kann in vielen Situationen Entscheidungen treffen, die zumindest mit höherer Wahrscheinlichkeit zum Ziel führen.

2 Für weitere Erklärungsansätze siehe Griffiths & Tennenbaum, 2001 oder Vandewiele et al., 1986.

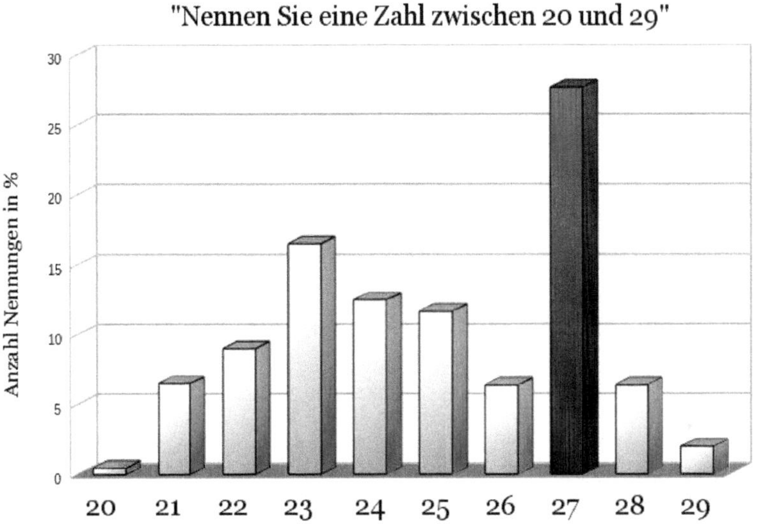

Abbildung 1.1 Basierend auf Daten von: Kubovy, M. & Psotka, J. (1976). The predominance of seven and the apparent spontaneity of numerical choices. Journal of Experimental Psychology: Human Perception and Performance, 2, 291-294.

Bevor wir weitermachen, möchte ich mich an dieser Stelle für mein leicht arrogantes und selbstherrliches Auftreten auf der vorhergehenden Seite entschuldigen. Es diente lediglich dazu, Reaktanz zu erzeugen. Vielleicht haben Sie sich gedacht: „Dem werd ich's zeigen. Niemand kann meine Gedanken vorhersagen. *Ich kann mich frei entscheiden!*"

Reaktanz – man könnte auch sagen Widerspenstigkeit – tritt immer dann auf, wenn wir das Gefühl haben, jemand möchte uns unserer (Entscheidungs-) Freiheit berauben. Zum einen schützt uns Reaktanz gegenüber Beeinflussungsversuchen. Zum anderen werden wir jedoch genau durch dieses widerspenstige Verhalten umso berechenbarer und auch beeinflussbarer.
Wenn uns zum Beispiel ein Verkäufer vorgaukelt, von einem bestimmten Produkt seien nur noch sehr wenige Exemplare verfügbar oder ein Sonderangebot gelte nur noch wenige Tage, fühlen wir uns in unserer (Entscheidungs-) Freiheit bedroht. Als Konsequenz schlagen wir lieber gleich zu, um es nicht zu einem Freiheitsverlust kommen zu lassen.

Auf großen Online-Handelsplattformen wird daher häufig eingeblendet, wie viele Exemplare eines Produkts noch auf Lager sind. Wer sich jedoch freut, das allerletzte Produkt ergattert zu haben, stellt häufig am nächsten Tag fest, dass erneut „nur noch 3 Exemplare“ verfügbar sind.

Clevere Verkaufsstrategen gehen sogar so weit, den Ausverkauf eines (im schlimmsten Fall sogar erfundenen) Produktes zu inszenieren, um den Verkauf eines nahezu identischen Produkts anzukurbeln. Ein Verkäufer, der zum Beispiel einen Achter-Pack Batterien zum Preis von 2 Euro verkaufen möchte, könnte direkt daneben ein (vermeintlich) ausverkauftes Angebot für einen Vierer-Pack Batterien zum Preis von einem Euro platzieren.

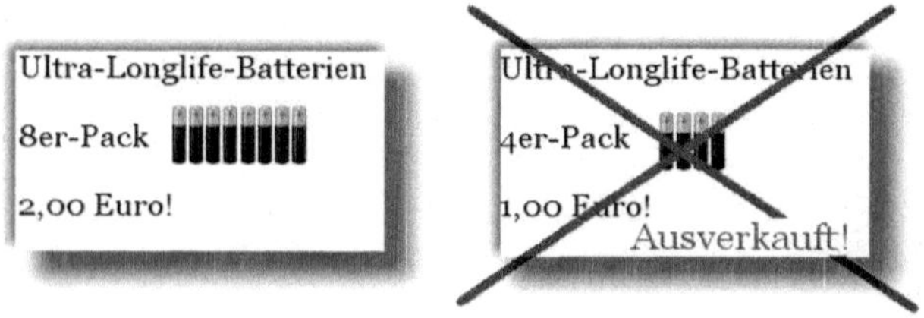

Wie gut diese Strategie funktioniert, konnten Ge, Messinger & Li, (2009) anhand des folgenden Szenarios zeigen:

Stellen Sie sich vor, Sie wären im Ski-Urlaub und müssten sich entscheiden, ob Sie einen Skipass zur Benutzung einer besonders schönen Piste erwerben wollen. Glauben Sie, dass es einen Einfluss auf Ihre Entscheidung hat, ob eine Skipass-Variante (angeblich) schon ausverkauft ist (siehe Abbildung)?

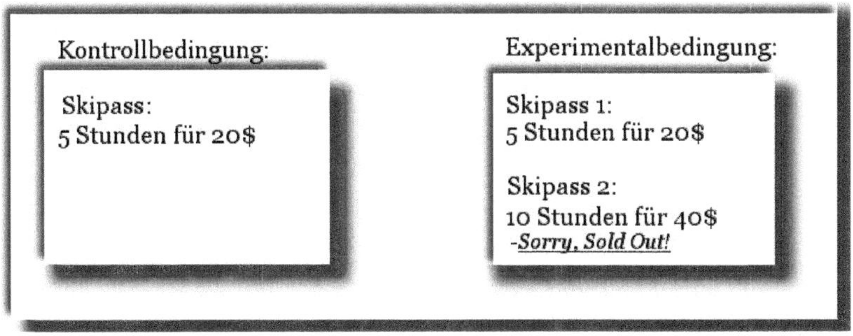

Tatsächlich zeigte sich in der Studie von Ge, Messinger und und Li (2009), dass die Bereitschaft den 20$-Skipass zu kaufen, um fast 30% stieg, wenn man die Versuchspersonen glauben machte, der Skipass für 40$ sei schon ausverkauft (siehe Abbildung 1.2).[3]

Wahrscheinlich hatten die Probanden den Eindruck, besonders schnell zuschlagen zu müssen, bevor auch das Angebot für den 20$-Skipass ausverkauft sei. Zum anderen wird durch diese Angebotspräsentation auch der Eindruck vermittelt, die Skipiste sei sehr begehrt. Und wenn so viele Menschen die Skipiste schon nutzen, dann kann sie ja nicht schlecht sein...[4]

---

3 Um alternative Erklärungsansätze ausschließen zu können, wurde bei 50% der Probanden das Szenario vertauscht. D.h. in der Kontrollbedingung wurde nur der 40$-Skipass präsentiert und in der Experimentalbedingung war angeblich der 20$-Skipass ausverkauft.

4 So effektiv es für den Verkauf eines einzelnen Produkts auch sein mag, Knappheit vorzugaukeln, so kann diese Strategie auf lange Sicht auch zu Reaktanz gegenüber dem Geschäft führen. In einer Untersuchung von Fitzsimons (2000) konnte gezeigt werden, dass Versuchspersonen, die beim simulierten Einkauf in einem Online-Music-Store feststellen mussten, dass ihre präferierte CD nicht verfügbar war, in der Folge sehr häufig diesen Music-Store mieden.

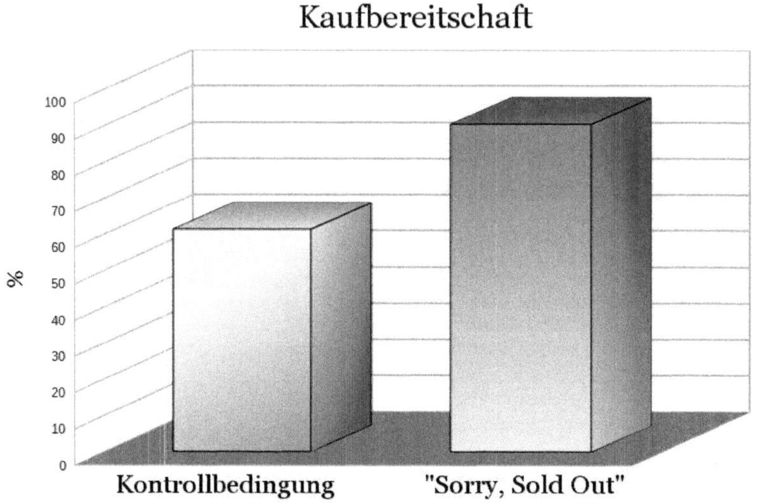

Abbildung 1.2 Basierend auf Daten von: Ge, X., Messinger, P. R., & Li, J. (2009). Influence of soldout products on consumer choice. Journal of Retailing, 85(3), 274-287.

Es ist also ein Merkmal reaktanten Verhaltens, dass wir (Handlungs-) Optionen, die man uns verweigert, aufwerten. Jeder weiß, dass Verbote oder Altersbegrenzungen (Zellinger et al., 1975) häufig dazu führen, dass wir etwas nur noch mehr wollen. Eltern sind daher schlecht beraten, Fehlverhalten ihrer Kinder mit Fernseh- oder PlayStation-Verbot zu bestrafen, da dies zu einer weiteren Aufwertung der Flimmerkisten führen kann.

2 Die Macht der Berührung

Vielleicht haben Sie schon mal von der schauerlichen Legende um Kaiser Friedrich II. gehört, wonach dieser im 13. Jahrhundert zu wissenschaftlichen Zwecken einige Säuglinge in absoluter Isolation aufwachsen lassen wollte. Die Ammen, welche mit der „Aufzucht" der Kinder betraut worden waren, durften die Kinder lediglich mit der Brust füttern oder gelegentlich waschen. Jegliche Form von Liebkosung (Streicheln, Tätscheln etc.) und Kommunikation mit den Babys war strengstens untersagt. Warum das alles? Der Kaiser wollte angeblich herausfinden, welche Sprache die Kinder von alleine entwickeln würden, wenn man jegliche Beeinflussung von außen auf Null reduzierte. Aber anstatt zu beginnen hebräisch, griechisch, lateinisch oder arabisch zu sprechen, verstarben die Säuglinge schon nach kurzer Zeit.

Auch wenn diese Schauergeschichte um Friedrich den II. mittlerweile von Historikern stark angezweifelt wird,[5] sprechen eine Vielzahl wissenschaftlicher Experimente für die große Bedeutung zwischenmenschlicher Berührung.

So ließ sich z.B. in einer Reihe von Experimenten (z.B. Field, Saul & Schanberg, 1986; Vickers, Ohlsson, Lacy & Horsley, 2004) beob-

5 Die Skepsis der Historiker beruht darauf, dass es nur einen einzigen Chronisten (Salimbene von Parma) gibt, der von den Waisenkinderversuchen des Kaisers berichtet. Da sich Salimbene damals in politischer Gegnerschaft zum Kaiser befand, liegt die Vermutung nahe, dass er die Gerüchte um die Human-Experimente des Kaisers gezielt gestreut hatte, um Friedrich in ein schlechtes Licht zu rücken.

achten, dass Säuglinge, die nach ihrer Geburt gezielt „Massagen" und Streicheleinheiten erhielten, schneller an Gewicht zunahmen (siehe Abbildung 2.1) und weniger Tage im Krankenhaus bleiben mussten.

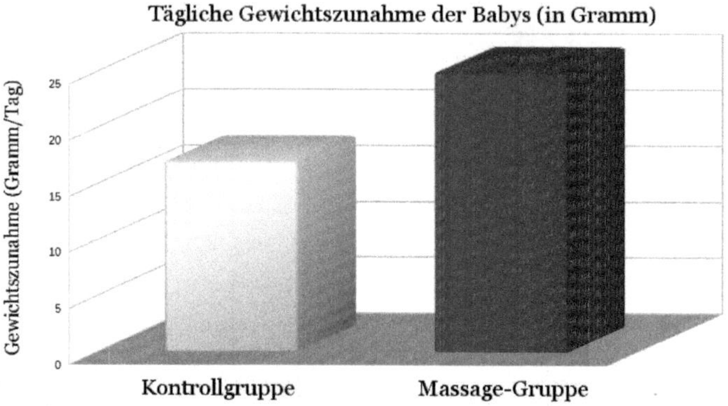

Abbildung 2.1 Basierend auf Daten von: Field, T.M., Schanberg, S.M., Scafidi, F., Bauer, C.R., Vega-Lahr, N., Garcia, R., Nystrom, J. & Kuhn, C.M. (1986). Tactile/kinesthetic stimulation effects on preterm neonates. Pediatrics, 77(5), 654-8.

Aber auch im Erwachsenenalter reagiert unser Organismus noch überaus positiv auf Berührung. Insbesondere in Stresssituationen kann eine wohlwollende Berührung der physiologischen Stressreaktion entgegenwirken. Dies zeigte sich u.a. in einer Untersuchung von Ditzen und Kollegen (2007), in welcher man mit 67 Frauen den Trier Social Stress Test durchführte. Dieser Test, der von Forschern aus Trier entwickelt wurde, um soziale Ängstlichkeit zu messen, zählt wohl zu den fiesesten Tests, die es in der Psychologie überhaupt gibt.

Stellen Sie sich vor, sie müssten eine Gruppe von skeptisch dreinblickenden Juroren von sich überzeugen. Hierfür müssen Sie in den ersten fünf Minuten eine frei vorgetragene Rede über Ihre Stärken und Schwächen zum Besten geben. Als wenn dies noch nicht stressig genug sei, sollen Sie in den nächsten fünf Minuten eine Kopfrechenaufgabe lösen: „Zählen Sie in 13er-Schritten von 1022 abwärts. Aber bitte so schnell Sie können!"

Abbildung 2.2 Skeptischer Juror beim Trier Social Stress Test.

Falls Sie bei dieser Rechenaufgabe einen Fehler machen, müssen Sie sofort wieder bei 1022 beginnen. Und die ganze Zeit läuft immer eine Kamera mit...

Normalerweise ist bei fast allen Menschen unter diesen Bedingungen eine Angstreaktion zu beobachten. Das Herz beginnt deutlich schneller zu schlagen und auch das Stresshormon Cortisol lässt sich vermehrt im Speichel nachweisen. Bei einer Versuchsgruppe der Studie von Ditzen et al. (2007) war der Anstieg dieser physiologischen Stressparameter jedoch wesentlich geringer ausgeprägt: Es handelte sich um Frauen, die kurz zuvor eine Schulter-/Nackenmassage von ihren Lebenspartnern erhalten hatten.

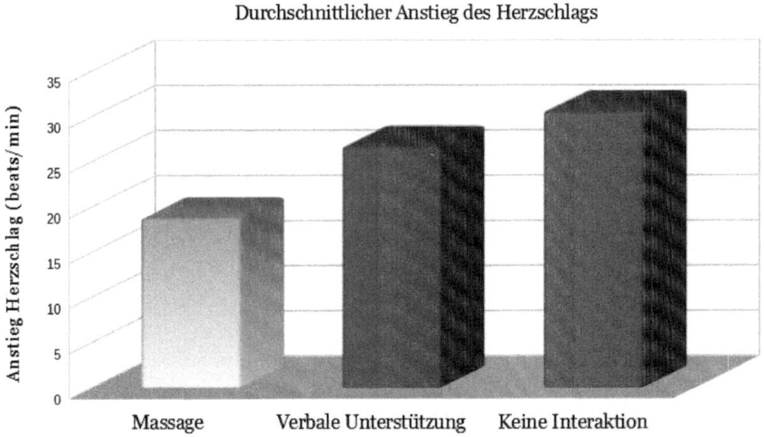

Abbildung 2.3 Basierend auf Daten von: Ditzen, B., Neumann, I., Bodenmann, G., von Dawans, B., Turner, R.A., Ehlert, U. & Heinrichs, M. (2007). Effects of different kinds of couple interaction on cortisol and heart rate responses to stress in women. Psychoneuroendocrinology 32, 565-574.

Interessanterweise hatte die Massage auch einen deutlich größeren Effekt als verbale Beruhigungsversuche. In einer der beiden Kontrollgruppen hatte man den Lebenspartnern nämlich gesagt, sie dürften nur verbale Unterstützung bieten.

Angesichts solcher Ergebnisse verwundert es nicht, dass Massage-Therapie immer häufiger und durchaus erfolgreich bei der Behandlung psychischer Störungen eingesetzt wird (z.B. bei Depression: siehe hierzu die Meta-Analyse von Hou, Chiang, Hsu, Chiu & Yen, 2010).

Aber nicht nur unser Geist, sondern auch unser Immunsystem könnte von der schützenden Wirkung zwischenmenschlicher Berührungen profitieren. Dafür spricht u.a. eine kürzlich erschienene Untersuchung (Cohen, Janicki-Deverts, Turner & Doyle, 2014), in welcher man über 400 Versuchspersonen per Nasentropfen Erkältungsviren verabreichte. Bei 315 Probanden führte dies zuverlässig zu einer Infektion. Bei denjenigen Probanden, deren Immunsystem sich erfolgreich gegen die Viren zur Wehr setzte, ließ sich eine Besonderheit feststellen: Sie berichteten ungewöhnlich oft davon, von ihren Mitmenschen umarmt worden zu sein.

Obwohl manche Forscher schon lauthals verkünden „A hug a day keeps the doctor away!“, sollte man mit solchen Versprechungen vorsichtig sein. Es ist nämlich noch nicht geklärt, ob die Umarmungen wirklich die Ursache für die bessere Immunabwehr sind oder ob sie lediglich ein Indiz für bessere soziale Unterstützungssysteme darstellen.

2.1 Die Macht der Berührung in der Erziehung

Viele Eltern würden viel dafür geben, wenn ihre Kinder hin und wieder etwas besser auf sie hören würden. Schließlich meinen es die Eltern ja nur gut, wenn sie ihre Kinder zum Erledigen der Hausaufgaben oder zum Lernen für die nächste Klassenarbeit auffordern. Allzu häufig reagieren Kinder jedoch mit Reaktanz auf solche Beeinflussungsversuche. Schließlich handelt es sich um eine Freiheitseinschränkung, die etwas von ihnen verlangt, das ihnen ungemein schwer fällt: Belohnungen aufschieben.

Wer für eine Klassenarbeit lernt, kann natürlich kein Fernsehen gucken oder Computer spielen. Und die Belohnung für die ganze Lernerei stellt sich auch erst nach Tagen, manchmal sogar erst nach Wochen ein (je nachdem, wie lange der Lehrer für die Korrektur braucht).

Eine Möglichkeit, die Bereitschaft zum Belohnungsaufschub zu fördern, könnte darin bestehen, dem Kind aufmunternd auf den Rücken zu klopfen. Dies legen zumindest die Ergebnisse einer Studie nahe, in welcher man Kinder (Alter: 4-6 Jahre) gebeten hatte, mit dem Verzehr von Süßigkeiten so lange zu warten, bis der Versuchsleiter wieder zurückkehren würde (Leonard, Berkowitz & Shusterman, 2014). Diejenigen Kinder, denen man während dem Erklären der Aufgabe einen freundschaftlichen Klaps auf den Rücken gegeben hatte (nach dem Motto: „Du schaffst das schon"), waren deutlich länger bereit, auf die Süßigkeiten zu warten (siehe Abbildung 2.4).

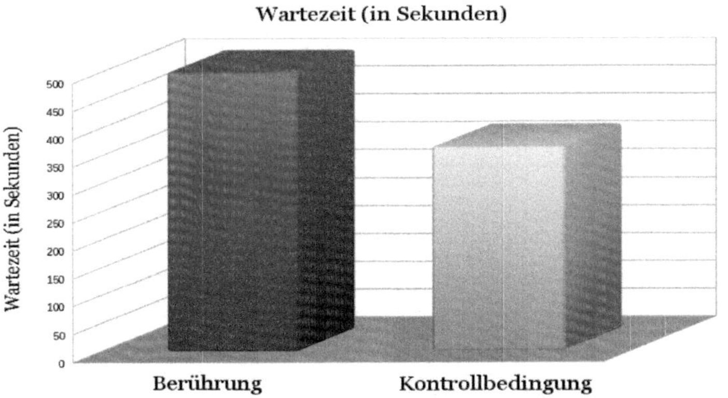

Abbildung 2.4 Basierend auf Daten von: Leonard, J.A., Berkowitz, T. & Shusterman, A. (2014). The effect of friendly touch on delay-of-gratification in preschool children. Quarterly Journal of Experimental Psychology. 67(11), 2123-33.

Sicherlich wird angesichts solcher Ergebnisse auch manch ein Lehrer aufgehorcht haben. Schließlich sind „Disziplinprobleme" eine der

Hauptursachen für die hohe Verbreitung von Burnout unter Lehrern. Es ist verständlicherweise enorm frustrierend, wenn man viel Zeit in die Vorbereitung einer Unterrichtsstunde investiert hat und dann leider feststellen muss, dass fast alles umsonst war, da sich die Schüler an keinen einzigen Arbeitsauftrag halten.

Die Wirksamkeit nonverbaler Interventionsmöglichkeiten (Schulter klopfen, Hinterkopf tätscheln, Lächeln, Zunicken... etc.) wird von Lehrern häufig unterschätzt. Im Alltag wird oft auf verbale Verstärkung zurückgegriffen:

„Das hast du gut gemacht!“
„Super!“
„...“

Aber schon aus den klassischen Lerntheorien weiß man, dass die inflationäre Verwendung eines Verstärkers irgendwann dazu führen kann, dass er an Wirksamkeit einbüßt. Somit könnte die vermehrte Einstreuung nonverbaler Verstärkungsmaßnahmen den Werkzeugkasten von Lehrern enorm bereichern.

Kazdin und Klock (1973) testeten diese Hypothese, indem sie eine Lehrerin einer Klasse mit geistig behinderten Schülern (IQ: 48-73; Alter: 7-12) darin schulten, deutlich mehr nonverbales Feedback einzusetzen.

Um die Wirksamkeit dieser Intervention zu überprüfen, wurde das Verhalten der Schüler 30 Tage lang von insgesamt 5 Beobachtern dokumentiert. An manchen Tagen sollte die Lehrerin die neu erlernten Strategien anwenden, an manchen Tagen sollte sie sich wieder „normal“ verhalten (ABAB - Versuchsplan[6]).

---

6 Dieser Versuchsplan wird häufig eingesetzt, wenn man auf keine Kontrollgruppe zurückgreifen kann. A steht dabei für eine Phase ohne Treatment; B steht für eine Phase mit Treatment. Wenn sich durch den Wechsel zwischen A und B immer wieder eine Veränderung in der abhängigen Variable ergibt, lässt sich dadurch auf einen Effekt des Treatments schließen.

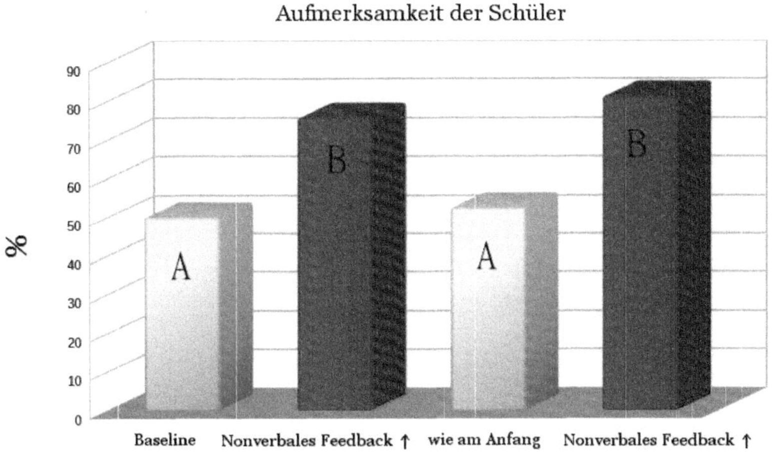

Abbildung 2.5 Basierend auf Daten von: Kazdin, A. & Klock, J. (1973). The effect of nonverbal teacher approval on student attentive behaviour. Jounal of Applied Behavior Analysis, 6, 643-654.

Erklärung:
A: Baseline: Wie konzentriert sind die Kinder, wenn die Lehrerin sich normal verhält?
B: Wie verhalten sich die Kinder, wenn die Lehrerin ihr neu erworbenes Wissen anwendet?
A: Die Lehrerin sollte alles vergessen, was sie gelernt hatte, und sich wieder „normal" verhalten.
B: Die Lehrerin sollte sich wieder an das Gelernte erinnern und vermehrt nonverbales Feedback einsetzen.

Wie den Ergebnissen in Abbildung 2.5 zu entnehmen ist, waren die Schüler deutlich konzentrierter, wenn die Lehrerin häufiger auf Strategien wie Schulterklopfen, Hinterkopf tätscheln, Umarmen, Lächeln etc. zurückgriff.

Jetzt könnte man einwenden, dass diese Vorgehensweise vielleicht nur bei Kindern mit geistiger Behinderung erfolgversprechend sei. Zudem war die Stichprobe auch nicht sonderlich groß (12 Kinder). Daher lohnt sich der Blick auf eine größere Studie mit insgesamt 115 normal-entwickelten Schulkindern (Wheldall, Bevan & Shortall, 1986). Auch in dieser Studie erhielt das Lehrpersonal (vier Lehrerinnen mit großer Berufserfahrung) eine Fortbildung. Besonderes Augenmerk wurde allerdings darauf gelegt, dass die Lehrerinnen nicht nur häufiger nonverbale Zuneigung in Form von Berührung zuteil werden ließen, sondern dass diese gezielter eingesetzt wurde. Jegliches Tätscheln, Schulterklopfen etc. sollte also nur dann angewendet werden, wenn die Schüler tatsächlich konstruktives Verhalten gezeigt hatten. Auch in dieser Studie führte der Strategiewechsel der Lehrerinnen zu einer Veränderung im Schülerverhalten. Die Schüler blieben länger bei der Sache und fielen seltener durch Unterrichtsstörungen auf (siehe Abbildung 2.6).

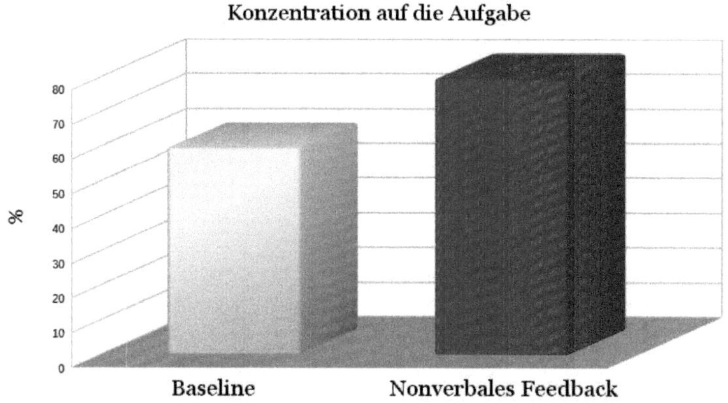

Abbildung 2.6 Basierend auf Daten von: Wheldall, K., Bevan, K. & Shortall, K. (1986). A touch of reinforcement: The effects of contingent teacher touch on the classroom behaviour of young children. Educational Review, 38, 207-216.

Selbst bei Studenten scheint eine leichte Berührung am Arm zu größerer Unterrichtsbeteiligung führen zu können. Dafür spricht eine Studie mit 105 Teilnehmern eines Statistik-Kurses:

Während die Studenten Statistik-Aufgaben lösten, ging der Professor durch die Reihen und gab verbales Feedback (z.B. „That's good. Well done."). Eine Hälfte der Probanden tippte er dabei wohlwollend auf den Arm. Die andere Hälfte erhielt nur das verbale Feedback. Als der Professor dann wenig später die Frage stellte, wer denn nach vorne kommen wolle, um die Lösung an die Tafel zu schreiben, meldeten sich die zuvor angetippten Studenten deutlich häufiger (siehe Abbildung 2.7).

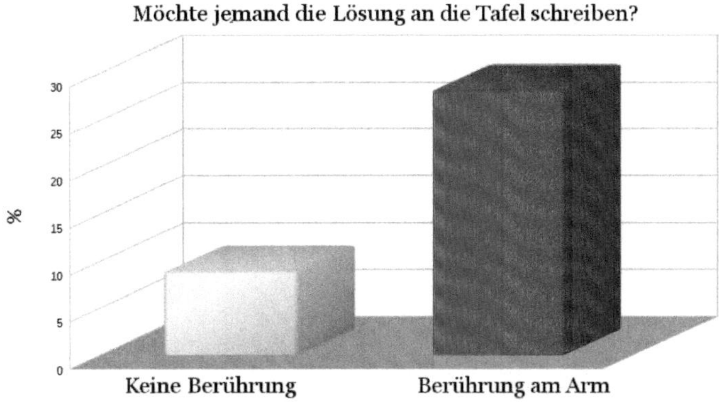

Abbildung 2.7 Basierend auf Daten von: Gueguen, N. (2004). Nonverbal encouragement of participation in a course: The effect of touching. Social Psychology of Education, 7, 89-98.

2.2 Die Macht der Berührung im Verkauf

Das folgende Beispiel basiert auf einer Studie von Hornik (1992) mit 286 Versuchspersonen:

Stellen Sie sich vor, Sie gingen in ein großes Bücher- und Schreibwarengeschäft. Kurz nachdem Sie die Eingangstür passiert haben, begrüßt Sie ein Verkäufer und drückt Ihnen einen Prospekt in die Hand. Während er Ihnen erklärt, wofür dieses Prospekt sei (Sonderangebote, Infos zu Produkten, Preise etc.), berührt er Sie für 2 Sekunden am Oberarm.

Halten Sie es für möglich, dass diese minimale Intervention einen Einfluss auf ihr Einkaufsverhalten hat?

So unglaublich es auch klingen mag, im Vergleich zu den Versuchspersonen einer Kontrollgruppe, die man nicht am Arm berührt hatte, verweilten die „betatschten" Versuchspersonen deutlich länger in dem Geschäft (siehe Abbildung 2.8), gaben mehr Geld aus und bewerteten das Geschäft deutlich besser.

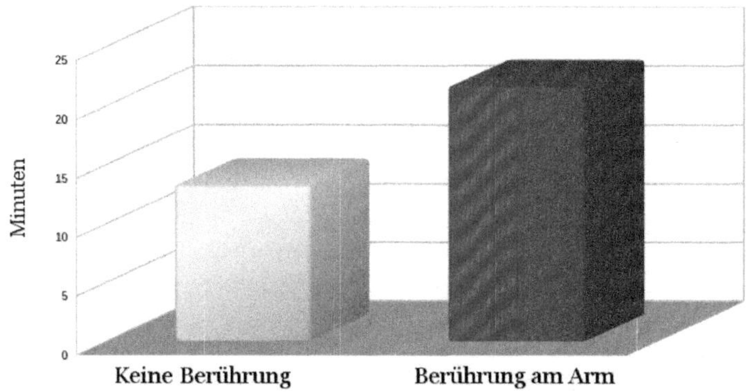

Abbildung 2.8 Basierend auf Daten von: Hornik, J. (1992). Effects of physical contact on customers' shopping time and behavior. Marketing Letters, 3, 49-55.

Auch bei (vermeintlichen) Probier-Aktionen[7] konnte die verkaufsfördernde Wirkung einer leichten Berührung am Arm nachgewiesen werden. So fragten Smith, Gier und Willis (1982) Besucher eines Supermarktes, ob sie eine neuartige Pizza mit ausschließlich natürlichen Zutaten probieren wollten.

Wenn man die Versuchspersonen währenddessen kurz am Arm berührte, waren sie nicht nur eher bereit, die Pizza zu testen (71% vs. 59%), sondern waren auch nahezu doppelt so häufig bereit, die Pizza zu kaufen (siehe Abbildung 2.9).

7 Hinter diesen Aktionen steckt natürlich auch die Foot-in-the-door-Technik. Wenn sich der Kunde bereit erklärt, das Produkt (z.B. eine Wurst) zu probieren, und – vielleicht aus Höflichkeit – zu dem Schluss kommt, das Produkt schmecke ja ganz gut, fällt es ihm i.d.R. schwer, ein anschließendes Angebot abzulehnen.

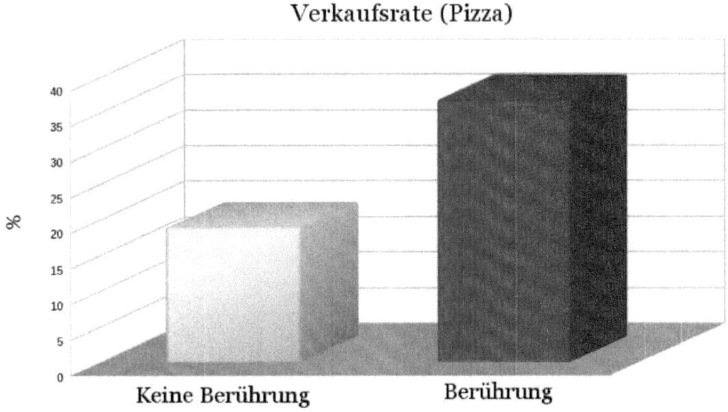

Abbildung 2.9 Basierend auf Daten von: Smith, D., Gier, J., & Willis, F. (1982). Interpersonal touch and compliance with a marketing request. Basic and Applied Social Psychology, 3, 35-38.

Guéguen und Jacob (2006) replizierten diese Ergebnisse an einer riesigen Stichprobe (N=1096) auf einem französischen Markt. Diesmal wurden die Passanten angelockt, indem man ihnen Oliven zum Probieren anbot. Auch diesmal verfehlte die leichte Berührung am Arm ihre Wirkung nicht. Im Vergleich zur Kontrollgruppe stieg die Probier-Bereitschaft von 32% auf 43%. Die Verkaufsquote stieg von 10% auf 17,6%.

2.3 Mehr Trinkgeld durch Berührung an Schulter bzw. Arm?

Auch wer als Kellner(in) in einem Restaurant oder Bar jobbt, könnte vom gezielten Einsatz von Berührung profitieren. Gleich mehrere Untersuchungen, die in unterschiedlichen Ländern durchgeführt wurden, kommen zu diesem Schluss (z.B. Ebesu Hubbard, Tsuji, Williams & Seatriz, 2003; Guéguen & Jacob, 2005; Lynn, Le & Sherwyn, 1998).

In einer Studie mit 400 Versuchspersonen auf Hawaii (Ebesu Hubbard et al., 2003) wurde der Effekt einer leichten Berührung an der Schulter (2-4 Sek.) in zwei unterschiedlichen Umgebungen getestet:

a) **Nobles Restaurant** (Klientel: Geschäftsleute, Liebespaare)

b) **Sport-Bar** (Klientel: Studenten, Militär-Personal)

An beiden Schauplätzen führte eine Berührung an der Schulter zu deutlich höherem Trinkgeld (siehe Abbildung 2.10).

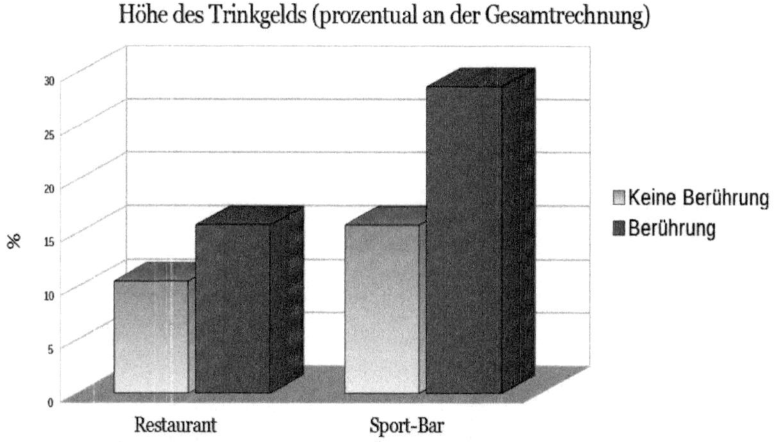

Abbildung 2.10 Basierend auf Daten von: Ebesu Hubbard, A. S., Tsuji, A., Williams, C., & Seatriz, V. (2003). Effects of touch on gratuities received insame-gender and cross-gender dyads. Journal of Applied Social Psychology, 33(11), 2427-2438

Hinweis: Der prozentuale Anteil des Trinkgeldes an der Gesamtrechnung ist in der Sport-Bar deutlich größer, da hier die Bestellungen deutlich kleiner ausfallen. Wenn man nur ein Wasser für 2 Euro bestellt und dann 1 Euro Trinkgeld gibt, sind das schon 50% Trinkgeld.

Interessanterweise ließ sich auch beobachten, dass in der Sport-Bar männliche und weibliche Kunden, die man an der Schulter berührt hatte, insbesondere dann mehr Trinkgeld gaben, wenn es sich beim Service-Personal um einen Vertreter des anderen Geschlechts handelte. Das heißt Frauen gaben dem männlichen Kellner mehr Trinkgeld und Männer gaben der Kellnerin mehr Trinkgeld. Der Verdacht liegt nahe, dass die vergleichsweise jungen Gäste mit dieser zur Schau gestellten Großzügigkeit Eindruck beim anderen Geschlecht schinden wollten.

Auch in Frankreich ließen sich ähnliche Effekte beobachten (Guéguen & Jacob, 2005). In dieser Studie berührte eine Kellnerin Bar-Besucher für 1-2 Sekunden am Arm, während sie diese fragte, was sie gerne trinken würden. Im Vergleich zu einer Kontrollgruppe verdoppelte sich die Zahl derer, die ein Trinkgeld hinterließen (24,6% vs. 10,8%).

Bemerkenswert sind auch die Ergebnisse einer Untersuchung aus den USA. In Houston (Texas) wurden die Besucher eines Restaurants insgesamt spendabler, wenn ihnen der Kellner auf die Schulter getippt hatte (Lynn, Le & Sherwyn, 1998). Es zeigte sich interessanterweise, dass sich insbesondere jüngere Kunden stärker durch die Berührung beeinflussen ließen (siehe Abbildung 2.11).

Die Forscher vermuten, dass dieser Effekt darauf zurückzuführen ist, dass es gesellschaftlich akzeptierter ist, dass ältere Menschen (mit höherem Status) jüngere Menschen (mit niedrigerem Status) berühren. Die umgekehrte Interaktion kommt dagegen seltener vor und könnte daher auch weniger akzeptiert sein.

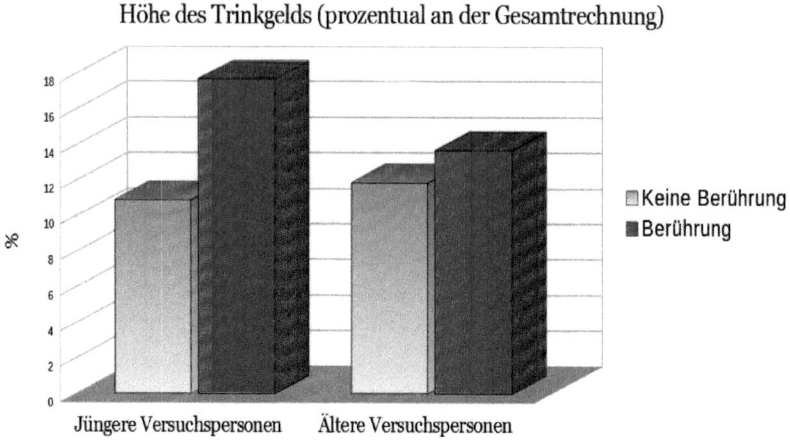

Abbildung 2.11 Basierend auf Daten von: Lynn, M., Le, J. M., & Sherwyn, D. (1998). Reach out and touch your customers. Cornell Hotel and Restaurant Administration Quarterly, 39, 60-65.

2.4 „Heute empfehlen wir ..."

Viele Restaurants bieten ihren Besuchern Tagesempfehlungen an. Dabei handelt es sich i.d.R. um sehr beliebte Gerichte, die der Koch in großen Mengen und in hoher Qualität zubereiten kann. Da hierfür natürlich große Warenmengen eingekauft werden müssen, könnte ein erheblicher finanzieller Schaden entstehen, wenn sich die Kunden letztlich doch für ein anderes Gericht entscheiden sollten.

Insofern wäre es also hilfreich, die Entscheidung der Kunden durch eine verbale Empfehlung zu beeinflussen. Und vielleicht lässt sich dieser Empfehlung durch eine leichte Berührung sogar noch etwas Nachdruck verleihen?

Französische Forscher gingen dieser Frage auf den Grund, indem sie das Service-Personal instruierten, die Kunden unterschiedlich zu behandeln:

a) Empfehlung („Heute möchte ich eine Spezialität des Kochs empfehlen: „La choucroute de poissons“[8])

b) Empfehlung + Berührung am Arm

c) Kontrollbedingung: keine Empfehlung/keine Berührung

Im Vergleich zur Kontrollgruppe führte die verbale Empfehlung bereits zu einer Verdopplung der Bestellungen. Wenn die Kunden allerdings noch zusätzlich für eine Sekunde am Arm berührt wurden, folgten sie der Empfehlung der Kellnerin mit Abstand am häufigsten (siehe Abbildung 2.12).

8 Es handelt sich dabei um eine französische Spezialität: Fisch mit Sauerkraut. Schmeckt besser, als es klingt…

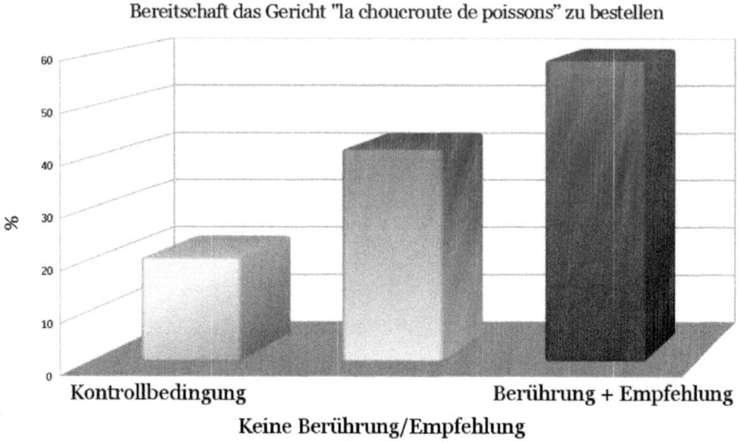

Abbildung 2.12 Basierend auf Daten von: Guéguen, N., Jacob, C., & Boulbry, G. (2007). Server's suggestion and tactile contact: An evaluation in a restaurant. International Journal of Hospitality Management, 26, 1019-1023.

2.5 Die Macht der Berührung macht uns hilfsbereiter

Angenommen Sie müssten aus irgendeinem Grund - z.B. weil Sie an der Kasse merken, dass Sie zu wenig Geld dabei haben - eine wildfremde Person um einen kleinen Geldbetrag bitten. Lässt sich die Hilfsbereitschaft Ihres Mitmenschen durch eine leichte Berührung am Arm steigern?

Auch in diesem Setting verlieh die Berührung der Bitte zusätzlichen Nachdruck (siehe Abbildung 2.13).

Ähnliches zeigte sich auch in einer Studie von Willis und Hamm (1980), in welcher eine leichte Berührung nicht nur die Bereitschaft erhöhte, an einer kurzen Umfrage teilzunehmen (von 40 % auf 70%),

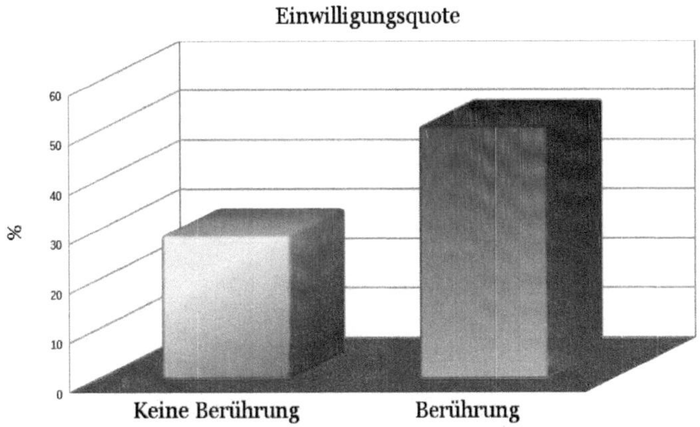

Abbildung 2.13 Basierend auf Daten von: Kleinke, C. (1977). Compliance to requests made by gazing and touching experimenters in field settings. Journal of Experimental Social Psychology, 13, 218-223.

sondern auch Versuchspersonen häufiger eine Petition unterzeichnen ließ (55% vs. 81%).

Selbst wenn es darum geht, Zigaretten zu schnorren, scheint eine leichte Berührung am Arm wahre Wunder zu wirken. Dafür spricht das Feldexperiment von Joule und Guéguen (2007), in welchem die Forscher eine 20-jährige Verbündete beauftragten, rauchende Studentinnen (Anzahl=368) mit folgenden Worten anzusprechen:

„Entschuldigung, dass ich Dich störe. Würdest du mir eine Zigarette geben? Meine Packung ist leer."

Die Ergebnisse dieses Feldexperiments (siehe Abbildung 2.14) sind nicht zuletzt deshalb so interessant, da man die Studentinnen in einem kurzen Nach-Interview befragte, ob sie sich denn überhaupt an die Berührung am Arm erinnern würden.

Lediglich 50% der Befragten beantworteten diese Frage mit „ja". Somit könnte man spekulieren, dass es sich bei der Beeinflussung durch subtile Berührungen deswegen um eine so effektive Strategie handelt, weil wir uns dessen gar nicht bewusst sind. Schaut man jedoch tiefer in die publizierten Daten der Studie, scheint allerdings

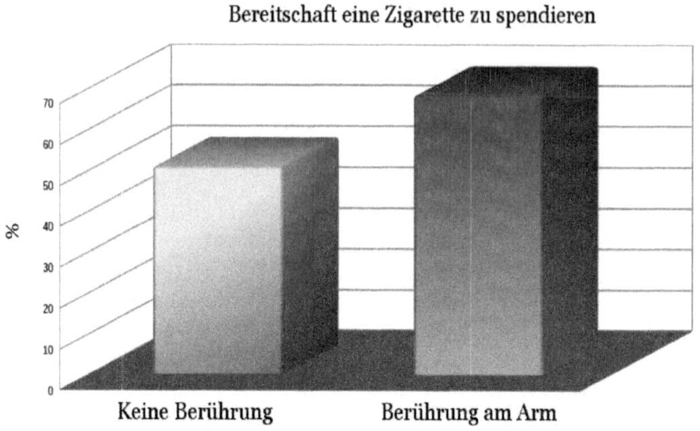

Abbildung 2.14 Basierend auf Daten von: Joule, R.V. & Guéguen, N. (2007). Touch, compliance, and awareness of tactile contact. Perceptual and Motor Skills 104, 581-588.

genau das Gegenteil der Fall zu sein. Wie sich nämlich herausstellte, waren gerade diejenigen Studentinnen weniger spendabel, die sich nicht an die Berührung am Arm erinnern konnten. Vielleicht ist es also sogar wichtig, dass die Berührung deutlich wahrnehmbar ist, da hierdurch eventuell der Eindruck entsteht, dass es der anderen Person wirklich wichtig ist.[9]

Zugegeben: Die bisher beschriebenen Szenarien haben von den Versuchspersonen noch keine allzu große Hilfsbereitschaft verlangt. Es handelte sich ausschließlich um kleine Gefälligkeiten.
Vielleicht funktioniert die „Macht der Berührung" ja nur, wenn es lediglich darum geht, ein bisschen Kleingeld oder eine Zigarette zu schnorren?

Guéguen und Fischer-Lokou (2002) verlangten von ihren Versuchspersonen daher schon etwas mehr, als sie sie darum baten, für zehn Minuten auf einen 40kg schweren, ungewöhnlich nervösen und aggressiven Hund aufzupassen. Angeblich müsse nämlich das

9 Die inflationäre Verwendung des Autors von Ausdrücken wie „vielleicht" und „eventuell" in diesem Abschnitt verdeutlicht jedoch, dass es sich hier noch weitgehend um Spekulation handelt.

Herrchen kurz in die Apotheke auf der anderen Straßenseite. Und in der Apotheke sind Hunde natürlich verboten…

Während in der Kontrollgruppe immerhin schon 35% der Probanden bereit waren, auf den aggressiven Hund aufzupassen, erhöhte sich die Bereitschaft sogar auf 55%, wenn man die Probanden zuvor am Arm berührt hatte (siehe Abbildung 2.15).

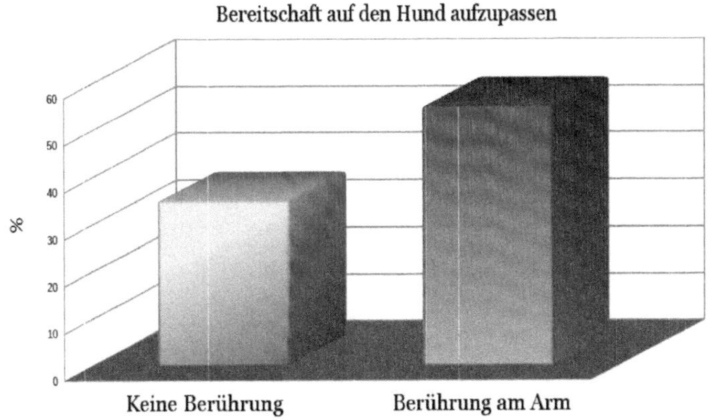

Abbildung 2.15 Basierend auf Daten von: Guéguen, N., & Fischer-Lokou, J. (2002). An evaluation of touch on a large request: A field setting. Psychological Reports, 90(1), 267-269.

Allerdings lässt die recht hohe Hilfsbereitschaft in der Kontrollgruppe darauf schließen, dass es für viele Probanden gar keine so große Herausforderung darstellte, auf den Hund aufzupassen. Daher ist diese Untersuchung wohl nicht wirklich geeignet, die Wirksamkeit von Berührung zur Unterstützung großer Bitten zu überprüfen.

Aber welche Thematik könnte dann eher geeignet sein? Vielleicht ein Thema, zu dem wir schon eine ziemlich stabile Einstellung haben: z.B. Blutspenden.

Guéguen und Kollegen (2011) fingen daher 281 Studenten der Ingenieurwissenschaften beim Betreten des Uni-Gebäudes ab, um sie zur Teilnahme an einer Blutspendenaktion zu bewegen. Die eine Hälfte der Probanden wurde während des Überzeugungsversuchs leicht am Arm berührt, die andere Hälfte wurde nur verbal bearbeitet. Zwischen den beiden Gruppen ließ sich allerdings kein statistisch bedeutsamer Unterschied feststellen (11.3% vs 10,7%). Womöglich reicht eine kurze, einmalige Berührung nicht aus, um uns von etwas zu überzeugen, das ernstzunehmende psychologische Kosten verursacht (Angst vor der Blutentnahme). Böse Zungen könnten aber auch behaupten, dass Ingenieurwissenschaftler einfach nicht empfänglich für Manipulationsversuche sind, bei denen man auf Tuchfühlung geht.

2.5.1 Es ist nicht egal, wer uns betatscht

Vielleicht hat sich schon der eine oder andere (männliche) Leser bei der Lektüre dieses Kapitels gedacht: „Na ja, kann schon sein, dass ich mich beeinflussen lasse, wenn 'ne Frau mich berührt. Aber wenn mich ein Typ betatscht, dann reagier ich allergisch."

Insbesondere in Gesellschaften, in denen Homophobie (Angst vor homosexuellen Menschen) weiter verbreitet ist (z.B. Polen oder Russland), könnte es daher nach hinten losgehen, wenn man als Mann einen fremden Mann berührt.

Dolinski (2010, 2013) konnte diese Vermutung in mehreren Experimenten mit fast 1100 polnischen Versuchspersonen bestätigen. In einem dieser Experimente wurden Passanten am Bahnhof angesprochen (siehe Comic):

Als die Forscher auswerteten, wie viele Briefe an der Zieladresse eingingen, zeigte sich tatsächlich, dass, wenn man als Mann einen Mann um einen Gefallen bat, die Berührung am Arm zu einer geringeren Hilfsbereitschaft führte. Bei allen anderen Konstellationen (Mann→Frau, Frau→ Frau, Frau→ Mann) führte die Berührung dagegen zu erhöhter Hilfsbereitschaft (siehe Abbildung 2.16).

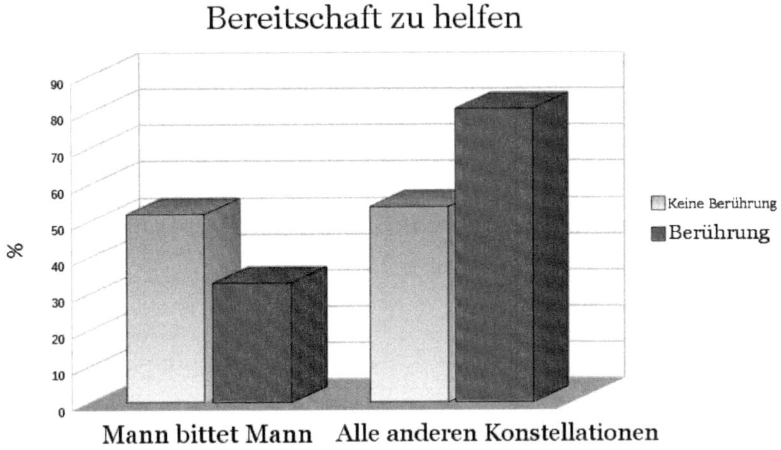

Abbildung 2.16 Basierend auf Daten von: Doliński, D. (2010). Touch, compliance, and homophobia. Journal of Nonverbal Behavior, 34, 179-192.

2.5.2 Teurer Anzug + Berührung = Maximale Effektivität?

Wie oben bereits erwähnt, ließ sich in einer Studie beobachten, dass eine Berührung an der Schulter insbesondere die jüngeren Besucher eines Restaurants dazu verleitete, dem (älteren) Kellner mehr Trinkgeld zu geben (Lynn, Le & Sherwyn, 1998). Eine mögliche Interpretation dieser Ergebnisse könnte lauten, dass die Macht der Berührung insbesondere dann zur Entfaltung kommt, wenn sie von Menschen mit (vermeintlich) höherem Status ausgeübt wird.

Guéguen (2002) testete diese Hypothese, indem er 180 Passanten um die Teilnahme an einer kurzen Umfrage zum Thema „Fernsehprogramme für Kinder" bat. Der Fragesteller trug dabei drei unterschiedliche Outfits:

Hoher Status:

- Teurer Anzug + Krawatte

Mittlerer Status:

- Normales T-Shirt + Jeans

Niedriger Status:

- Dreckiges T-Shirt
- dreckige/zerrissene Hose
- ungepflegte Haare

Wie in Abbildung 2.17 zu sehen ist, war die Berührung am Arm besonders effektiv, wenn der Bittsteller Anzug und Krawatte trug. Auch bei normaler Kleidung ließ die Berührung am Arm die Versuchspersonen hilfsbereiter werden. Die Ergebnisse für die letzte Versuchsgruppe (dreckige Kleidung) sollten dagegen mit Vorsicht interpretiert werden, da die Probanden dieser Gruppe scheinbar versuchten, jeglichen Kontakt zu dem heruntergekommen aussehenden Versuchsleiter zu vermeiden. Die daraus resultierende verschwindend geringe Einwilligungsquote lässt keinen sinnvollen Vergleich zwischen den beiden Versuchsbedingungen (Berührung vs. keine Berührung) zu.

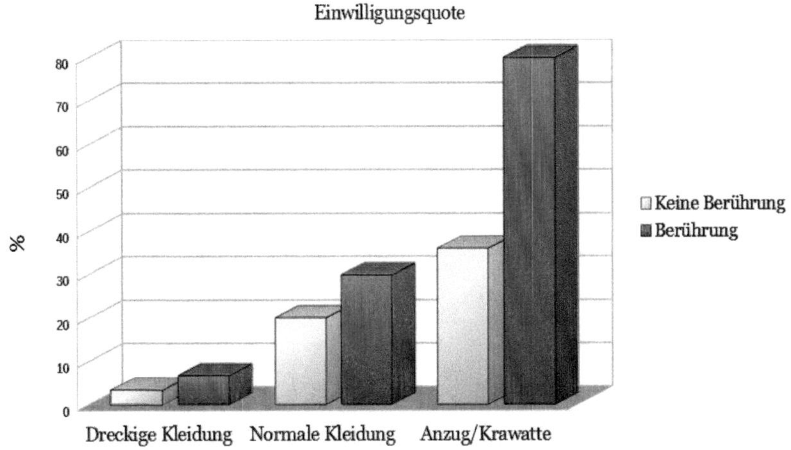

Abbildung 2.17 Basierend auf Daten von: Guéguen, N. (2002). Status, apparel and touch: Their joint effects on compliance to a request. North American Journal of Psychology, 4, 279-286.

2.6 Die Macht der Berührung beim Flirten

Der Austausch von Zärtlichkeiten (streicheln, umarmen, küssen etc.) spielt in Liebesbeziehungen unbestritten eine herausragende Rolle.

Ist es aber auch schon bei der allerersten Begegnung von Vorteil auf Tuchfühlung zu gehen?

Sicherlich haben die meisten Männer nichts dagegen, wenn sie von einer hübschen Frau betatscht werden. Aber wie sieht es umgekehrt aus? Finden Frauen diese Männer, die sehr früh auf Tuchfühlung gehen, nicht zu aufdringlich? Um diese Frage zu beantworten, beauftragten französische Forscher (Guéguen, 2007) einen gut aussehenden Studenten damit, Frauen abzuschleppen.[10]

In einem ersten Experiment sollte dieser 120 Frauen in einer Disco zum Tanzen überreden. Eine Hälfte der Frauen berührte er dabei leicht am Arm. Bei der anderen Hälfte blieb es bei der verbalen Tanzaufforderung.

Scheinbar wurde diese leichte Berührung am Arm von den Frauen keineswegs als aufdringlich wahrgenommen. Im Vergleich zur Kontrollgruppe stieg die Einwilligungsquote nämlich um mehr als 20% (siehe Abbildung 2.18).

Manch einer könnte zu Recht einwenden, dass eine Disco ein Schauplatz ist, an dem körperlicher Kontakt ohnehin an der Tagesordnung und daher wahrscheinlich auch weitgehend akzeptiert bzw. erwünscht ist. Umso interessanter ist daher der Blick auf zwei weitere Experimente aus dieser Untersuchung. Diesmal wurden insgesamt 400 Frauen in der Fußgängerzone der Stadt Vannes mit folgendem Skript angesprochen:

10 Selbstverständlich wurden alle Probandinnen direkt nach der Interaktion über Sinn und Zweck des Experiments aufgeklärt. Wie in der Studie zu lesen ist, nahmen es die meisten mit Humor („... most of the participants laughed.")

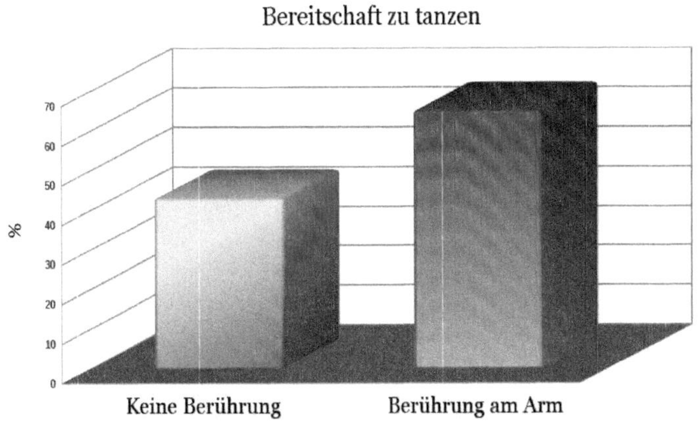

Abbildung 2.18 Basierend auf Daten von: Guéguen, N. (2007). The effect of a man's touch on woman's compliance to a request in a courtship context. Social Influence, 2, 81-97.

„Hallo. Mein Name ist Antoine. Ich möchte Dir nur sagen, dass ich Dich wirklich hübsch finde. Ich muss leider jetzt zur Arbeit. Aber ich frage mich, ob Du mir Deine Telefonnummer geben würdest. Ich ruf Dich später an und wir können irgendwo was zusammen trinken gehen."

In beiden Experimenten führte eine kurze Berührung am Unterarm zu einer Verdopplung der Erfolgsquote (siehe Abbildung 2.19).

Während in der Kontrollgruppe nur jede 10. Frau bereit war, ihre Telefonnummer herauszugeben, war in der Experimentalgruppe immerhin fast jede 5. Frau dazu bereit.

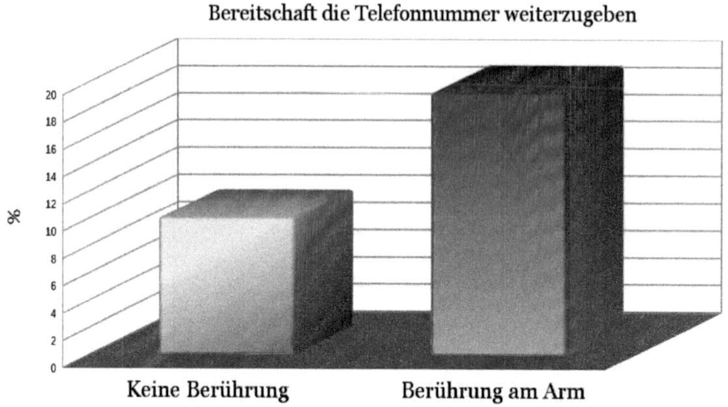

Abbildung 2.19 Basierend auf Daten von: Guéguen, N. (2007). The effect of a man's touch on woman's compliance to a request in a courtship context. Social Influence, 2, 81-97.

3 Die Foot-in-the-door-Technik – Wenn kleine Zugeständnisse zum Türöffner werden…

Die Foot-in-the-door-Technik gehört sicherlich zu den bekanntesten und am besten erforschten Beeinflussungstechniken. In Sozialpsychologie-Lehrbüchern wird die Technik häufig anhand der viel zitierten Studie von Freedman und Fraser (1966) erläutert. In dieser Studie wurden z.B. Hausbesitzer zunächst gefragt, ob sie im Namen der Verkehrssicherheit ein kleines Schild mit der Aufschrift „Be a safe driver" an einem Fenster oder in ihrem Auto anbringen würden. Da es sich wirklich um ein kleines Schild handelte (ca. acht Quadratzentimeter), waren viele Versuchspersonen bereit zu helfen.

Zwei Wochen später klingelte es erneut an ihrer Haustür. Wieder stand ein (vermeintlicher) Vertreter der Gruppe „Bürger für sicheres Autofahren" vor ihnen. Diesmal fiel die Bitte jedoch im wahrsten Sinne des Wortes deutlich größer aus.

Um die Verkehrssicherheit entscheidend zu verbessern, sollten die Hausbesitzer nun ein riesiges Schild mit der Aufschrift „Drive Carefully" in ihrem Vorgarten anbringen lassen. Auf einem Beispielfoto war unschwer zu erkennen, dass das Schild so groß war, dass es einen erheblichen Teil des Hauses verdecken würde.

Eigentlich ist es kaum vorzustellen, dass überhaupt irgendjemand dazu bereit wäre, seinen Vorgarten derart zu verschandeln. Dennoch erklärten sich mehr als 50% der Befragten mit dieser großen Bitte einverstanden, wenn man zuvor mit dem Einholen des kleinen Zugeständnisses (kleines Schild) den Fuß in die Tür gesetzt hatte. Ganz anders fielen die Ergebnisse für eine Kontrollgruppe aus, in der die Versuchspersonen nur einmal kontaktiert worden waren und direkt um einen großen Gefallen (großes Schild) gebeten wurden. Hier ließ sich nur jeder Sechste überzeugen.

Abbildung 3.1 Würden Sie ein Schild in ihrem Vorgarten anbringen, das die Sicht auf ihr schönes Haus verstellt?

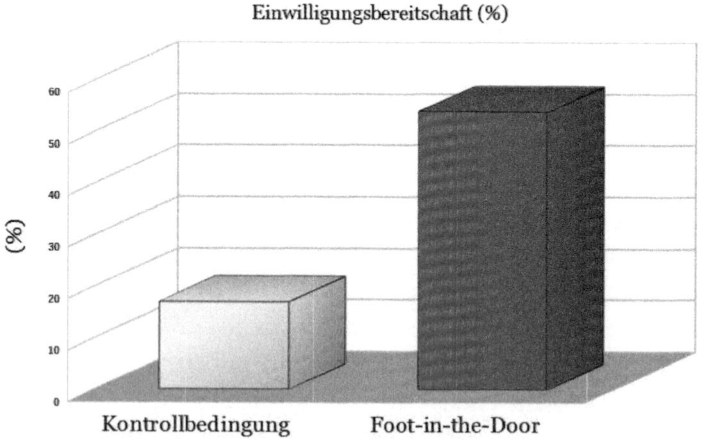

Abbildung 3.2 Basierend auf Daten von: Freedman, J.L., & Fraser, S.C. (1966). Compliance without pressure: The foot-in-the-door technique. Journal of Personality and Social Psychology, 4, 195-202.

Aber warum fallen wir auf die Foot-in-the-door-Technik rein?

Viele Forscher gehen davon aus, dass die erste kleine – scheinbar harmlose – Gefälligkeit unsere Selbstwahrnehmung beeinflusst. Das kleine Schild am Auto „Be a safe driver“ müssen wir ja auch irgendwie vor uns selbst rechtfertigen.

Einige Wissenschaftler vermuten auch, dass sich Anwender der Foot-in-the-door-Technik unsere Selbstdarstellungstendenzen zu Nutze machen. Viele von uns sind darauf bedacht, sich selbst immer im besten Licht zu präsentieren. Wenn uns jemand darum bittet, ein kleines Schild aufzustellen, um Menschenleben zu retten, dann spielen wir gerne den Gutmenschen. Das Problem ist nur, dass wir dann auch einen Ruf zu verlieren haben. Wie würden wir denn dastehen, wenn wir, sobald es ein bisschen ungemütlicher wird, einen Rückzieher machen würden. Wir haben uns für jemanden ausgegeben, dem die Verkehrssicherheit am Herzen liegt. Also müssen wir uns auch dementsprechend verhalten. Wer A sagt, muss auch B sagen.

Die Sorge um den eigenen Ruf ist wohl auch der Grund, weshalb die Foot-in-the-door-Technik als besonders effektiv gilt, wenn es gelingt, jemanden zu einem *öffentlichen* Bekenntnis zu bewegen.

Ein Beispiel dafür sind Unterschriftenaktionen/Petitionen, bei denen die Namen der Beteiligten veröffentlicht werden. Nicht selten ruft einige Tage später ein Vertreter dieser Interessengemeinschaft an:

„Sie haben sich ja bei der Petition „Rettet die Blauwale“ dafür eingesetzt, den natürlichen Lebensraum der Blauwale zu schützen. Im Namen der Organisation „Blue Sea for Blue Wales“ führen wir eine Spendenaktion durch, um die vom Aussterben bedrohten Wale zu retten...“

3.1 Neue Forschungsergebnisse zur Foot-in-the-door-Technik

Seit der klassischen Studie von Freedman und Fraser (1966) konnte die Wirksamkeit der Foot-in-the-door-Technik in vielen unterschiedlichen Settings nachgewiesen werden. So ließen z.B. Guéguen & Fischer-Lokou (1999) insgesamt 164 Psychologie-Studenten auf 3284 Passanten los, um Geld zu erbetteln. Eine Hälfte der Studenten verwendete dabei die Foot-in-the-door-Technik, indem sie die Versuchspersonen zuerst um die Uhrzeit baten. Fast alle Versuchspersonen (bis auf drei Ausnahmen, die vielleicht auch keine Uhr dabei hatten) zeigten sich hilfsbereit und teilten die Uhrzeit mit. Nachdem die Versuchspersonen sich auf diese Weise schon als hilfsbereit präsentiert hatten, fiel es ihnen offensichtlich schwer, der zweiten Bitte („Entschuldigen Sie, hätten sie 1-2 Münzen, die Sie mir geben könnten?") nicht nachzukommen. Im Vergleich zur Kontrollbedingung, in der man direkt um Kleingeld gebeten hatte, waren nicht nur mehr

Versuchspersonen bereit, ein bisschen Kleingeld zu spenden (43% vs. 28%), es wurde auch tatsächlich mehr Geld gespendet (0,49$ vs. 0,37$). Zählt man übrigens die Geldsummen beider Versuchsbedingungen zusammen, wurden immerhin ca. 1.400 $ eingenommen. Über den Verbleib dieser Summe wird in der Publikation kein Wort verloren...

3.1.1 Foot-in-the-door beim Flirten

Manch ein Frauenheld (Neudeutsch: Pick-Up Artist) mag sich jetzt fragen: „Hm, klingt ja alles interessant. Aber kann man die Technik auch benutzen, um Frauen rumzukriegen?"

Scheinbar ja. Zumindest wenn es darum geht, einen ersten Kontakt herzustellen. Dafür spricht eine Studie (Guéguen, Marchand, Pascual & Lourel, 2010), in der 360 Frauen (Alter: 18-22) von einem 20-jährigen Studenten auf offener Straße zu einem Drink eingeladen wurden.

Wurden die Frauen von dem Verehrer direkt gefragt, ob sie etwas mit ihm trinken würden, antwortete nur jede Dreißigste mit Ja.

Wurden sie dagegen zuerst nach dem Weg gefragt ("Hallo. Sorry, dass ich dich störe, aber ich suche den "place de libération") oder, ob sie Feuer für eine Zigarette hätten, willigte immerhin jede Siebte ein (siehe Abbildung 3.3).

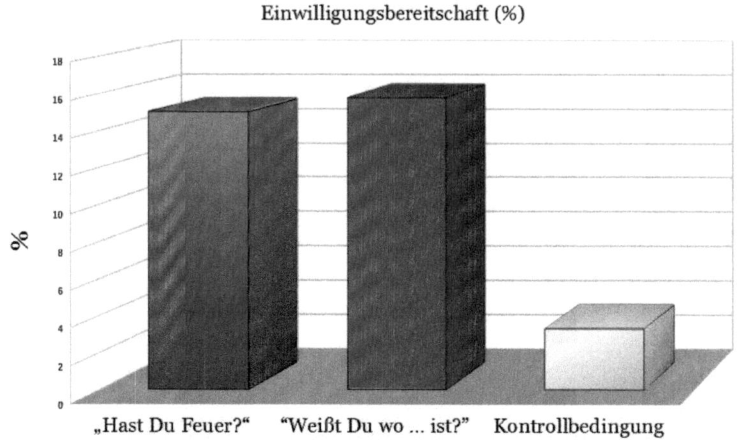

Abbildung 3.3 Basierend auf Daten von: Guéguen, N., Marchand, M., Pascual, A., & Lourel, M. (2010). The effect of the foot-in-the-door technique on a courtship request: a field experiment. Psychological Reports, 103(2), 529-534.

Selbstverständlich wurden im Nachhinein alle Frauen darüber aufgeklärt, dass es sich lediglich um ein Experiment gehandelt hatte. Sicherlich wäre es auch schwierig geworden, wenn sich aus der Sache eine Beziehung ergeben hätte (siehe Comic).

Einer der Gründe, weshalb die Foot-in-the-door-Technik in diesem Dating-Setting wohl so effektiv ist, liegt auf der Hand. Aufgrund der ersten kurzen Interaktion, in der z.B. nach dem Weg gefragt wurde,

wurde aus dem völlig fremden Mann ein zumindest leicht vertraut wirkender Interaktionspartner. In der Sozialpsychologie ist das Phänomen, dass sich mit steigender Familiarität auch die Attraktivität erhöhen kann, nur allzu bekannt (siehe z.B. Mere-Exposure-Effekt[11]).

3.1.2 Kann man mit der Foot-in-the-door-Technik Menschen auch zu moralisch fragwürdigen Taten verführen?

In nahezu allen älteren Untersuchungen zur Foot-in-the-door-Technik ging es um sozial erwünschte Verhaltensweisen (z.B. Spenden für gemeinnützige Organisationen). In solchen Situationen ist es besonders schwer, einen Rückzieher zu machen. Schließlich würde man im Nachhinein als scheinheiliger Buh-Mann dastehen, der zwar bereit ist, eine Petition zu unterzeichnen, aber zu geizig ist, wenn es darum geht, ein paar Euro für den guten Zweck zu spenden. Lassen wir uns also nur dann durch die Foot-in-the-door-Technik über den Tisch ziehen, wenn es um sozial erwünschtes Verhalten geht? Neuere Untersuchungen sprechen gegen diese Hypothese. Pascual, Guéguen, Pujos und Felonneau (2013) ließen z.B. einen zwölfjährigen Jungen (kleiner Bruder des Versuchsleiters) Kunden eines Buchladens darum bitten, ein Porno-Magazin für ihn einzukaufen. Dabei verfolgte der Junge zwei Strategien:

a) **Foot-in-the-door:**
1. Kleine Bitte: *"Entschuldigen Sie bitte. Könnten Sie mir helfen, an das Magazin dranzukommen? Ich bin nämlich zu klein, um es zu erreichen..."*

11 Mere-Exposure-Effekt (= Effekt der bloßen Darbietung): Je häufiger uns etwas präsentiert wird, desto sympathischer erscheint es uns.

2. Große Bitte: *"Könnten Sie mir nochmal helfen? Ich darf das Magazin nicht kaufen, da ich zu jung bin. Könnten Sie es für mich kaufen?"*

b) **Kontrollbedingung:**
Es wurde sofort die große Bitte vorgetragen.

Obwohl es für viele der Versuchspersonen in dieser Situation keinen Gesichtsverlust bedeutet hätte, dem Jungen das Porno-Magazin nicht zu kaufen, funktionierte die Foot-in-the-door-Technik auch unter diesen Bedingungen. Während in der Kontrollgruppe nur 6,3% der Befragten bereit waren, diesen fragwürdigen Akt durchzuführen, erklärten sich unter Verwendung der Foot-in-the-door-Technik immerhin 21,3% der Befragten dazu bereit. Allerdings beruhte dieser Effekt vor allem auf Versuchspersonen männlichen Geschlechts. Was wohl daran liegen mag, dass Männer diese Thematik eher „liberaler" handhaben.

Man könnte jetzt einwenden, dass es den Männern vielleicht schwer gefallen ist, dem kleinen Jungen direkt ins Gesicht zu sagen, dass sie ihn bei seiner Aktion nicht unterstützen könnten. Daher stellt sich die Frage, ob ähnliche Effekte auch dann auftreten, wenn man der anderen Person nicht direkt in die Augen sehen muss.
Um dies zu überprüfen, wurde in einer Studie (Guéguen & Pascual, 2015) mit insgesamt 360 männlichen Versuchspersonen, die sich auf einer öffentlichen Bank niedergelassen hatten, folgendes Szenario durchgespielt:

Scheinbar um auf einen Freund zu warten, setzt sich ein zwanzigjähriger Mann neben die Versuchsperson auf die Bank. Um die Wartezeit zu überbrücken, beginnt er etwas zu lesen. Die Lektüre variierte zwischen den Versuchsbedingungen:

a) Zeitung
b) Hausarbeit für die Universität
c) Porno-Magazin

Nach ca. zwei Minuten kommt der (vermeintliche) Kumpel des jungen Mannes vorbei, um ihn abzuholen. Beim Aufbrechen vergisst der junge Mann jedoch aus Versehen seine Lektüre auf der Bank.

Wie reagiert der Proband? Wird er den anderen auch dann auf seinen Fehler aufmerksam machen, wenn es sich bei der Lektüre um ein Porno-Magazin handelt?

Tatsächlich zeigte sich auch in diesem Setting, dass die Probanden insgesamt hilfreicher waren, wenn der junge Mann sie zu Beginn um die Uhrzeit gebeten hatte (Foot-in-the-door). Wie Abbildung 3.4 zu entnehmen ist, war die Foot-in-the-door-Technik auch dann sehr erfolgreich, wenn es sich bei der Lektüre um pornografisches Material handelte.

Insgesamt wurden jedoch deutlich weniger Porno-Magazine ihrem ursprünglichen Besitzer zurückgegeben. Scheinbar handelte es sich tatsächlich um eine heiklere Materie. Andererseits: Vielleicht wollten die Versuchspersonen auch selber mal einen Blick in die „Lektüre" werfen.

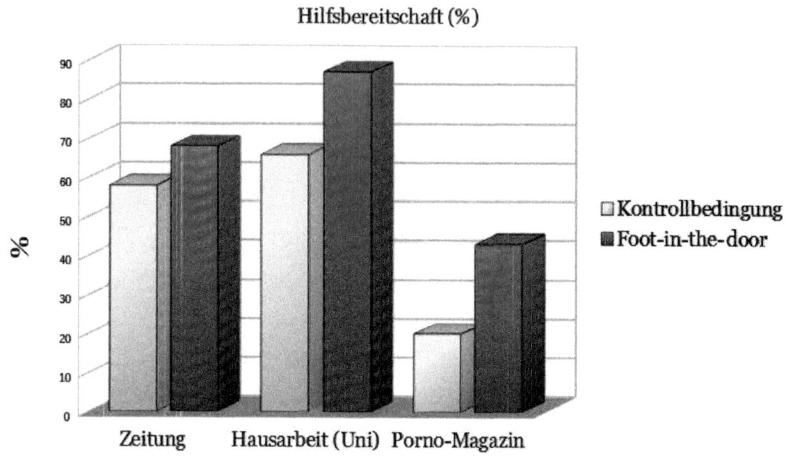

Abbildung 3.4 Basierend auf Daten von: Guéguen, N., & Pascual, A. (2015) Foot-in-the-Door Technique and Problematic Implicit Request for Help. Swiss Journal of Psychology, 74(2), 111.

3.1.3 Foot-in-the-door im Internet?

Funktioniert die Foot-in-the-door-Technik auch in der Anonymität des Internets? Zweifel sind berechtigt. Schließlich gibt es niemanden, vor dem wir uns rechtfertigen müssen, wenn wir im letzten Moment einen Rückzieher machen. Andererseits könnten trotzdem Effekte auftreten, wenn wir im Zuge der Rechtfertigung unseres Handelns auch unsere Meinung zu einem Thema ändern. Tatsächlich ist es eine Spezialität unseres Gehirns, Handlungen im Nachhinein zu rationalisieren (siehe Comic).

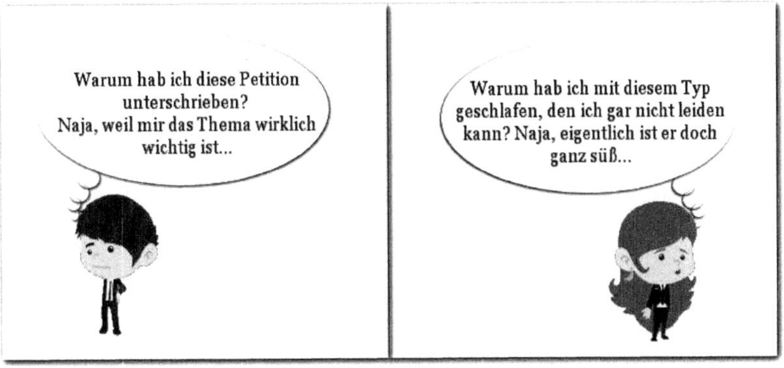

Es ist wohl dieser Mechanismus, der die Foot-in-the-door-Technik auch im Internet funktionieren lässt. So konnten Guéguen & Jacob (2001) zeigen, dass Versuchspersonen, die zuerst eine Petition gegen Landminen unterzeichnet hatten, häufiger auf eine Spendenseite für Opfer von Landminen klickten als Versuchspersonen einer Kontrollgruppe.

Grassini, Pascual und Guéguen (2013) kontaktierten 900 Kunden eines Sportgeschäfts per Email und boten ihnen Geschenkgutscheine an, wenn sie neue Kunden anwerben würden. Dabei wurden drei Vorgehensweisen getestet:

a) (Single-)Foot-in-the-door:
Die Probanden wurden zuerst gebeten, den Newsletter des Sportgeschäfts zu abonnieren.

b) (Two-)Foot-in-the-door:
1. Die Probanden wurden zuerst gebeten, den Newsletter des Sportgeschäfts zu abonnieren.
2. Die Probanden wurden gebeten, an einer kurzen Umfrage (sechs Fragen) teilzunehmen. (Beispielfrage: Welche Marken sollte das Geschäft anbieten?)

c) **Kontrollbedingung:** Keine kleine Bitte.

Mit Abstand die meisten Neukunden wurden von Versuchspersonen angeworben, die man zu zwei kleinen Zugeständnissen bewegen konnte (Newsletter + Umfrage). Diese Two-foot-in-the-door-Technik, die schon in einer früheren Studie (Goldman, Creason & McCall, 1981) erprobt worden war, schien also die Bindung an das Sportgeschäft noch mehr zu stärken als die traditionelle (Single-)Foot-in-the-door Technik (Ergebnisse siehe Abbildung 3.5).

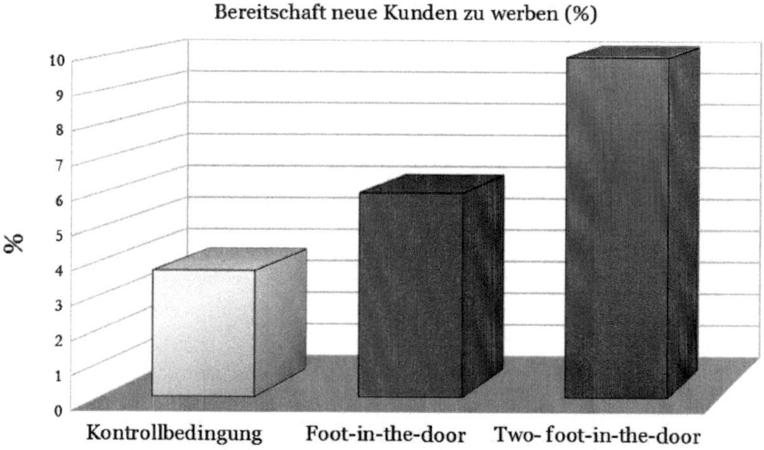

Abbildung 3.5 Basierend auf Daten von: Grassini, A., Pascual, A., & Guéguen, N. (2013). The Effect of the Foot-in-the-Door Technique on Sales in a Computer-Mediated Field Setting. Communication Research Reports 30, 63-67.

Es ist also kein Wunder, dass Firmen uns dazu gewinnen wollen, ihren Newsletter zu abonnieren. Offiziell geht es darum, uns immer über neueste (Produkt-)Entwicklungen zu informieren. Inoffiziell geht es natürlich auch darum, stets zumindest mit einem Fuß in unserer Tür zu stehen. Daher sollten wir uns genau überlegen, welchen Newsletter wir abonnieren und welchen wir vielleicht wieder abbestellen sollten.

4 Die Foot-in-the-mouth-Technik

4.1 „Wie geht es Ihnen?"

Mal angenommen, bei Ihnen klingelt abends das Telefon. Der Anrufer stellt sich folgendermaßen vor: „Hallo, mein Name ist Norbert Müller und ich bin Mitglied beim 'Hungerhilfe Komitee' in Berlin. *Wie geht es Ihnen heute Abend?*"

Womöglich antworten Sie – wie die meisten Menschen – mit einer Standard-Antwort: „Ganz gut."

Können Sie sich vorstellen, dass sich durch diese einfache Frage nach unserer Befindlichkeit, die Chancen des Anrufers, uns ein paar Kekse für den guten Zweck zu verkaufen, mehr als verdoppelt haben (siehe Abbildung 4.1)?

Aber was geht hier vor? Wie kann eine so harmlose Phrase einen derart großen Effekt auf uns haben? Liegt es womöglich einfach nur daran, dass jemand, der sich nach unserem Befinden erkundigt, sympathischer wirkt?

Die Ergebnisse zweier weiterer Experimente (Howard, 1990) sprechen eher für eine andere Hypothese. So konnte z.B gezeigt werden, dass die Höflichkeitsfloskel „Wie geht es Ihnen heute Abend?" völlig wirkungslos blieb, wenn man die Antwort der anderen Person nicht abwartete und einfach nahtlos mit der Formulierung der Anfrage fortfuhr. Zudem stellte sich heraus, dass, wenn die Antwort der anderen Person abgewartet wurde, die Art der Antwort über Erfolg und Misserfolg zu entscheiden schien. Antwortete jemand positiv („Sehr gut"), war die Einwilligungsbereitschaft deutlich höher als bei neutralen („Geht so") oder negativen Antworten (z.B. „Nicht gut").

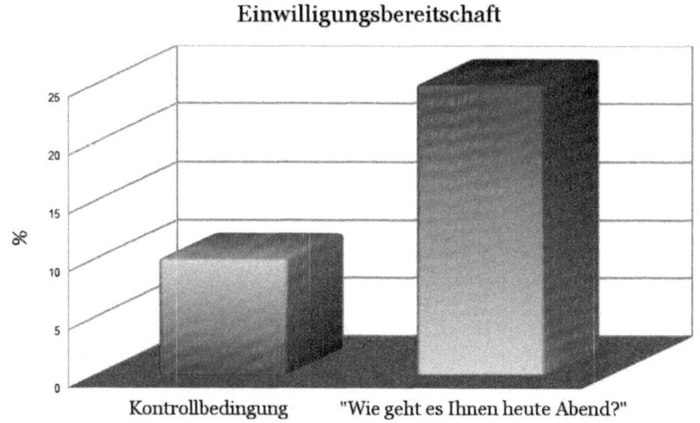

Abbildung 4.1 Basierend auf Daten von: Howard, D. (1990). The influence of verbal responses to common greetings on compliance behavior: The foot-in-the-mouth effect. Journal of Applied Social Psychology, 20, 1185-1196.

Viele Forscher gehen daher davon aus, dass ähnlich wie bei der Foot-in-the-door-Technik[12] unser Streben nach Konsistenz ausschlaggebend ist. Denn wäre es nicht äußerst herzlos und inkonsequent, ärmeren Menschen die Hilfe zu verweigern, wenn es einem selbst doch so außerordentlich gut geht? Daher fühlen wir uns bei positiver Antwort („Sehr gut") wohl deutlich stärker dazu verpflichtet zu helfen.

Hätten wir uns weniger gemäß der gesellschaftlichen Konvention verhalten[13] und hätten stattdessen vielleicht wahrheitsgemäß mit „Könnte besser sein." geantwortet, wäre es sicherlich einfacher gewesen abzulehnen.

---

12 Die bekannte Foot-in-the-door-Technik stand auch als Namensgeber für die Foot-in-the-mouth-Technik Pate. Durch den Namen Foot-in-the-mouth soll wohl zum Ausdruck gebracht werden, dass der Zugang zu unserer Kooperationsbereitschaft über unseren unreflektiert daher-plappernden Mund führt.

Dieser Erklärungsansatz ist allerdings nicht völlig unumstritten.

Manche Wissenschaftler gehen davon aus, dass unser Pflichtgefühl zu helfen, nicht durch die schwer zu rechtfertigende Kluft zwischen unserem eigenen makellosen Wohlbefinden und dem Leiden hilfsbedürftiger Menschen hervorgerufen wird, sondern schon allein dadurch, dass sich der Anrufer wie ein Freund oder Bekannter verhält (Aune & Basil, 1994; Doliński, Nawrat & Rudak, 2001). Auch ein guter Freund/Bekannter würde uns bei einem Wiedersehen zunächst mal fragen:

„Hey, wie geht's (denn so)?"

Und auch einem Freund würden wir wohl zunächst freundlich antworten:

„Ach, ganz gut soweit."

Logischerweise fühlen wir uns Freunden gegenüber eher verpflichtet zu helfen als gegenüber Fremden (Argyle & Henderson, 1984; Boster, Rodriguez, Cruz & Marshal, 1995; Roloff et al., 1988).

Wird also durch den freundschaftlichen Gesprächseinstieg eine engere Beziehung zwischen Anrufer und Versuchsperson etabliert? Falls dies der Fall sein sollte, dann müsste es doch möglich sein, durch das Erzeugen einer noch engeren Beziehung eine noch höhere Spendenbereitschaft zu erreichen.

Aune & Basil (1994) testeten diese Hypothese an einer Stichprobe von 153 Versuchspersonen, indem sie neben der üblichen Foot-in-the-mouth-Formulierung ("Hi! Wie geht's dir heute?") einen weiteren Gesprächseinstieg verwendeten:

Fragesteller: *„Hi! Bist Du Student hier an der Universität?"*
Versuchsperson: *„Ja. Bin ich."*

13 Gerade in den USA, wo die Studie durchgeführt wurde, ist es üblich, die Frage „How are you feeling" überaus positiv zu beantworten („Great", „Perfect", „Fine"), selbst wenn man sich in Wirklichkeit ziemlich schlecht fühlt.

Fragesteller: *„Oh, das ist ja toll! Ich bin auch Student hier. Ich sammle Spenden für _________ . Wärst Du bereit, etwas beizusteuern?"*

Wenn man auf diese Art und Weise einfließen ließ, dass man doch im selben Boot säße wie die andere Person, war die Erfolgsquote nochmal deutlich höher (Ergebnisse siehe Abb. 4.2).

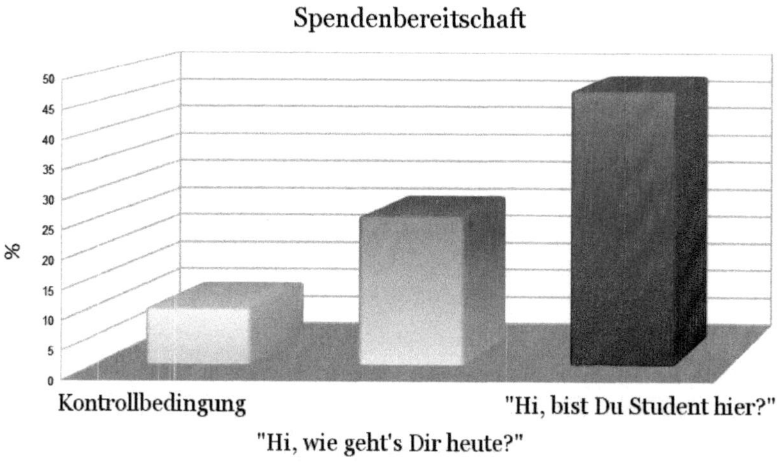

Abbildung 4.2 Basierend auf Daten von: Aune, R. K., & Basil, M. D. (1994). A relational obligations approach to the foot-in-the-mouth effect. Journal of Applied Social Psychology, 24, 546-556.

Allerdings können diese Ergebnisse den oben beschriebenen „traditionellen" Erklärungsansatz nicht wirklich entkräften. Schließlich könnte der Gesprächseinstieg „Hi! Bist Du (auch) Student hier an der Universität?" nicht nur den Zusammenhalt gefördert haben, die Versuchsperson könnte auch schlicht und einfach daran erinnert worden sein, dass sie dem Bittsteller an der Uni noch häufiger über den Weg laufen könnte. Insofern könnte eine Spende auch als Investment in eine harmonische Beziehung zur anderen Person angesehen worden sein.

Eine wesentlich größere Gefahr für den traditionellen Erklärungsansatz stellen dagegen die Forschungsergebnisse von Doliński, Nawrat und Rudak, (2001) dar, die im folgenden Kapitel behandelt werden.

4.2 „Ich hoffe, ich störe Sie nicht, oder?"

Eine weitere Umsetzung der Foot-in-the-mouth-Technik besteht in der Verwendung der Formulierung „Ich hoffe, ich störe Sie nicht, oder?" (Meineri & Guéguen, 2011).

Sobald wir mit einer höflichen Standard-Antwort (z.B. „Nein, nicht wirklich." oder „Nein. Passt schon.") geantwortet haben, wird es deutlich schwerer, die nachfolgende Bitte abzulehnen (Ergebnisse siehe Abbildung 4.3). Schließlich haben wir doch Sekunden zuvor bestätigt, dass wir gerade nichts Besseres zu tun haben. Wenn wir jetzt dennoch einen Rückzieher machen, ließe dies unsere erste Aussage als glatte Lüge erscheinen. Und wer will schon für einen Lügner gehalten werden?

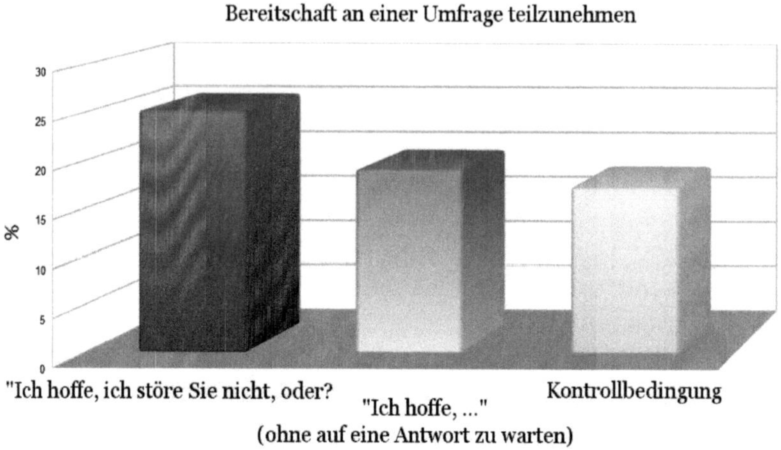

Abbildung 4.3: Basierend auf Daten von: Meineri, S., & Guéguen, N. (2011). "I hope I'm not disturbing you, am I?": Another operationalization of the foot-in-the-mouth paradigm. Journal of Applied Social Psychology, 41, 965-975.

Erklärung:

Es gab zwei Kontrollbedingungen:

a) "Ich hoffe ..." ohne auf eine Antwort zu warten: Hier wurde zwar die gleiche Formulierung verwendet. Die Antwort der Versuchspersonen wurde jedoch nicht abgewartet. Man ging sofort dazu über, die Bitte vorzutragen.

b) Es wurde sofort die Bitte vorgetragen.

5 Die Smalltalk-Technik – Genügt es schon, den anderen in ein Gespräch zu verwickeln?

Gute Verkäufer steigen fast nie direkt in den Verkaufsprozess ein. Anstatt gleich ein Angebot zu machen, verwickeln sie uns zuerst in einen Smalltalk über das Wetter, das Fußballspiel am Wochenende oder den letzten Urlaub.

Damit verhindern sie nicht nur, dass wir sofort abblocken („Sorry. Ich kaufe nichts."), sondern sie aktivieren mit diesem unter Freunden üblichen Geplauder bei uns ein Verhaltensskript, das wir normalerweise für den Umgang mit Freunden verwenden („Freunden hat man zu helfen...").

In einer Reihe sehr interessanter Experimente mit insgesamt 1376 Versuchspersonen konnte die Wirksamkeit der Smalltalk-Technik nachgewiesen werden (Dolinski, Nawrat & Rudak, 2011; Bialek & Domurat, 2015).
Die Forscher erprobten dabei gleich mehrere Gesprächseinstiege[14]:

14 In den Kontrollgruppen wurden nach kurzen Begrüßungen (z.B. „Hi") die gleichen Bitten vorgetragen (kursiv gedruckt). Es wurde jedoch auf den Smalltalk verzichtet.

1. Frage nach der Befindlichkeit

An der Universität:

Versuchsleiterin: „Hi. Wird die kommende Prüfungsphase hart für Dich? Wie viele Prüfungen musst Du machen?"

Versuchsperson (Beispielantwort): „Ja, wird ziemlich hart. Sieben Prüfungen. Drei in Neuropsychologie und vier in Statistik."

Versuchsleiterin: „O.k. Und wie geht's Dir jetzt so vor den Prüfungen?"

Versuchsperson (Beispielantwort): „Na ja, könnt besser sein. Bin schon ziemlich aufgeregt. Aber das wird schon..."

Versuchsleiterin: *"Verstehe. Wir führen eine Hilfsaktion für Waisenkinder durch. Wir sammeln Geld, Bücher, Spielzeug... Wenn Du uns helfen willst, lass mir Deine Tel.-Nummer da, dann melden wir uns bei Dir..."*

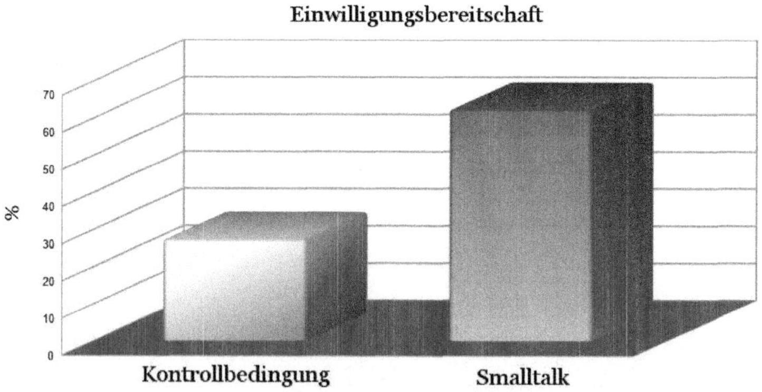

Abbildung 5.1 Basierend auf Daten von: Doliński, D., Nawrat, M., & Rudak, I. (2001). Dialogue involvement as a social influence technique. Personality and Social Psychology Bulletin, 27, 1395-1406. (Experiment 1)

2. Frage nach der Meinung

An der Universität:

Versuchsleiterin: „Hi. Ich schätze Du bist Student hier oder? Darf ich fragen, was Dein Hauptfach ist?"

Versuchsperson (Beispielantwort): „Ja, klar. Mein Hauptfach ist Psychologie."

Versuchsleiterin: „Ist das interessant?"

Versuchsperson: „Ja, ist extrem spannend. Allerdings muss man sehr viel Statistik lernen..."

Versuchsleiterin: *„Ich sammle Geld zur Unterstützung von Kindern mit geistiger Behinderung. Wärst Du bereit, etwas beizusteuern?"*

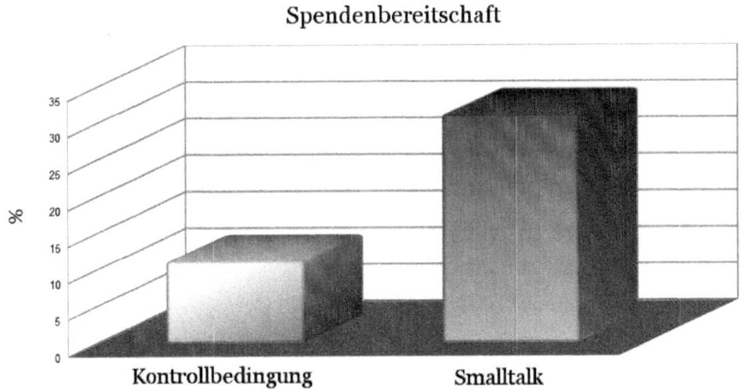

Abbildung 5.2 Basierend auf Daten von: Doliński, D., Nawrat, M., & Rudak, I. (2001). Dialogue involvement as a social influence technique. Personality and Social Psychology Bulletin, 27, 1395-1406. (Experiment 3)

3. Frage nach dem Weg

In der Warteschlange an der Kasse im Supermarkt:

Versuchsleiter: „Entschuldigung. Wie komm ich denn von hier zum Bahnhof?"

Versuchsperson (Beispielantwort): „Das ist ganz einfach. Wenn Sie aus dem Supermarkt rausgehen, dann gehen Sie links. Dann erstmal geradeaus bis zur Post. Dann..."

Versuchsleiter: *„Wären Sie bereit, mich vorzulassen, weil ich es eilig habe?"*

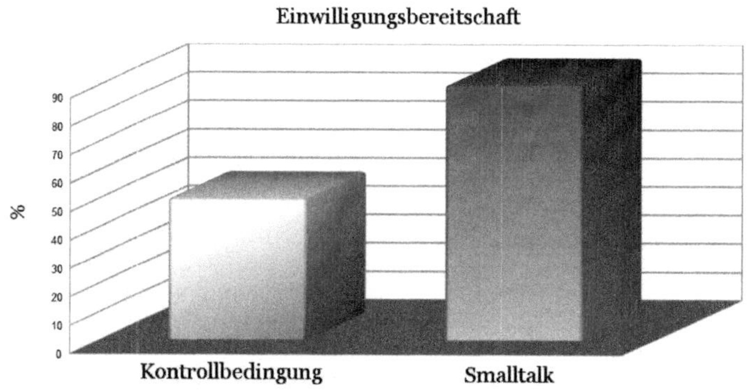

Abbildung 5.3 Basierend auf Daten von: Białek M., & Domurat, A. (2015). Complaining Decreases the Efficiency of Dialogue as a Method of Social Influence. Management and Business Administration. Central Europe 23(1), 32-48.

Wie sich den Abbildungen entnehmen lässt, erwies sich die Smalltalk- Technik als erstaunlich effektiv. Teilweise ließ sich die Erfolgsquote sogar verdreifachen. Bei derart hohen Effektstärken lohnt sich ein genauer Blick auf die Forschungsergebnisse.

Insbesondere die Resultate zum „Wie geht's Dir ..."-Gesprächseinstieg (siehe Beispiel 1) sind äußerst interessant und bergen Sprengstoff für das theoretische Fundament der im vorhergehenden Kapitel beschriebenen Foot-in-the-mouth-Technik (siehe Kapitel 4). Wie sich nämlich herausstellte, machte es für den Erfolg der Smalltalk-

Technik keinen nennenswerten Unterschied, ob die Versuchspersonen positiv oder negativ auf die Frage zu ihrer Befindlichkeit antworteten. Entscheidend war nur, dass man überhaupt einen kurzen Dialog mit ihnen führte.

Aber wie ist das möglich? Zehn Jahre zuvor hatte doch Daniel Howard in seiner wegweisenden Studie zur Foot-in-the-mouth-Technik (Howard, 1990) zeigen können, dass eine erhöhte Einwilligungsrate nur dann zu erwarten ist, wenn die Versuchspersonen angaben, dass es ihnen gut gehe. Also, wie lassen sich die widersprüchlichen Ergebnisse erklären?

Womöglich liegt es daran, dass die Untersuchungen von Howard (1990) und Dolinski (2001) in zwei Ländern mit unterschiedlichen Verhaltensnormen durchgeführt wurden. Während man in den USA die Frage „How are you feeling?" selbst bei schlechter Laune mit einem überschwänglichen „Great!" beantwortet, fallen die Antworten in Polen eher nüchterner bzw. ehrlicher aus. Daraus könnte man schließen, dass es einem US-Amerikaner, der auf die Frage „Wie geht' s?" mit „Very bad!" antwortet, außergewöhnlich schlecht geht. Und wenn es jemandem wirklich schlecht geht, dann ist es auch kein Wunder, dass er/sie kein Geld spenden möchte.

Nichtsdestotrotz stellen die Ergebnisse von Dolinski (2001) eine ernsthafte Bedrohung für den traditionellen Erklärungsansatz zur Foot-in-the-mouth-Technik dar. Selbst wenn kulturelle Unterschiede in der Stichprobenauswahl manche Ungereimtheit erklären mag, so ist doch davon auszugehen, dass ein erheblicher Teil des Foot-in-the-mouth-Effekts durch den Smalltalk-Effekt erklärt werden kann.

Dies gilt übrigens auch für andere Beeinflussungstechniken. So findet z.B. bei Verwendung der Foot-in-the-door-Technik oder der Door-in-the-face-Technik häufig ein kleiner Dialog statt. Eventuell erhöht schon diese kurze Interaktion die Vertrautheit mit der anderen Person. Und je besser wir jemanden kennen, desto sympathischer wird er uns (Mere-Exposure-Effekt).

Bevor man jedoch die Forschungsergebnisse der Foot-in-the-door-Technik unter dem Paradigma der Smalltalk-Technik subsumiert, sollte man sich fragen, ob es nicht genau andersherum ist. Vielleicht ist Smalltalk ja auch nur eine weitere Methode, den Fuß in die Tür zu setzen? Eventuell verspürt der Gesprächspartner ja auch den für die Foot-in-the-door-Technik typischen Gewissenskonflikt (siehe Comic).

Dass auch unter Forschern noch keine Einigkeit herrscht, welches Paradigma vorzuziehen ist, zeigt sich nicht zuletzt daran, dass ein und dieselbe Vorgehensweise – nämlich die andere Person nach dem Weg zu fragen (siehe Beispiel 3) - einmal als Foot-in-the-door-Technik (Guéguen, Marchand, Pascual & Lourel, 2010; siehe Kapitel 3) und ein anderes Mal als Smalltalk-Technik (Bialek & Domurat, 2015) tituliert wird.

5.1 Funktioniert die Technik auch bei Meinungsverschiedenheiten?

Jeder weiß, dass es selbst beim oberflächlichen Smalltalk passieren kann, dass man dem Gesprächspartner am liebsten vehement widersprechen würde. Aber sollte man dies wirklich tun, wenn man die andere Person danach um einen Gefallen bitten möchte? Sollte man dann nicht lieber den Ja-Sager mimen? Die empirische Datenlage (siehe Abbildung 5.4) spricht eindeutig für ein klares „Es kommt darauf an“:

Wenn es sich um ein Thema handelt, das der anderen Person ziemlich *unwichtig* ist (low involvement), wie z.B. die Farbe einer Telefonzelle, dann schadet es nicht, für die eigene Überzeugung einzutreten.

Wenn es sich jedoch um ein Thema handelt, das der anderen Person *wichtig* ist (high involvement), wie z.B. das aktuelle politische Geschehen, dann ist unser Gesprächspartner kaum noch bereit, uns nach unserer Widerrede einen Gefallen zu tun.[15]

15 Bei dem Gefallen handelte es sich um die Teilnahme an einer 15-minütigen Umfrage.

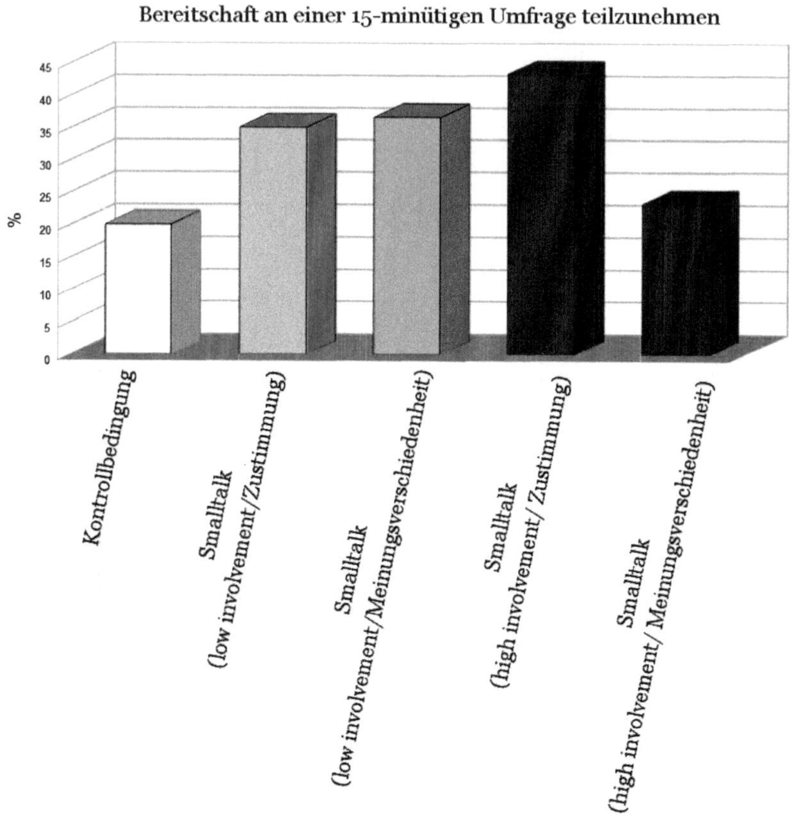

Abbildung 5.4 Basierend auf Daten von: Doliński, D., Nawrat, M., & Rudak, I. (2001). Dialogue involvement as a social influence technique. Personality and Social Psychology Bulletin, 27, 1395-1406 (Experiment 5).

6 (Vermeintliche) Gemeinsamkeiten verbinden – „Gleich und gleich gesellt sich gern.“

Ein bekanntes Sprichwort lautet: „Gleich und gleich gesellt sich gern.“ Wie viel Wahrheit in diesem Sprichwort liegt, sieht man, wenn Menschen aufeinander treffen, die zufälligerweise mit der gleichen Fußballmannschaft sympathisieren, die gleiche Musikrichtung bevorzugen oder die gleiche Automarke fahren. Sobald geklärt ist, dass die andere Person zumindest eine gewisse Gemeinsamkeit mit uns hat, scheint sie auf unserer Sympathie-Skala einen großen Sprung nach oben zu machen. Irgendwie fühlen wir uns nun deutlich stärker mit dieser Person verbunden.

Kurioserweise reichen schon extrem fadenscheinige Gründe aus, um dieses Gefühl der Verbundenheit hervorzurufen. In sehr einflussreichen Experimenten konnte der Sozialpsychologe Henri Tajfel zu Beginn der 1970er Jahre zeigen, dass Menschen Mitglieder der eigenen „Gruppe“ selbst dann bevorzugen, wenn das verbindende Element zwischen den Gruppenmitgliedern im Grunde eine Farce war. So wurde auch dann eigenen Gruppenmitgliedern mehr Geld zugewiesen, wenn die Verteilung des Geldes anonym geschah und die Gruppeneinteilung auf Basis von Kunstgeschmack (Klee- vs. Kandinsky-Sympathisanten), Schätzfertigkeiten (Über- oder Unterschätzer[16]) oder eines Münzwurfs stattfand.

Die berühmt gewordenen Experimente von Tajfel haben nicht nur die sozialpsychologische Forschung zu Vorurteilen und Diskriminierung geprägt, auch manch ein Marketing-Experte dürfte sich darüber Gedanken gemacht haben, wie man diese Erkenntnisse nutzen könnte. Daher soll im Folgenden beleuchtet werden, mit welchen Effekten zu rechnen ist, wenn uns jemand vorgaukelt, er habe …

- ...den gleichen Namen.
- ...den gleichen Geburtstag.
- ...eine ähnliche Persönlichkeit und Lebenseinstellung.
- ...die gleiche Meinung wie wir.

6.1 So ein Zufall! Wir haben den gleichen Namen!

Haben Sie in ihrem Freundeskreis Menschen, die den gleichen Namen haben wie sie selbst? Welches Gefühl hatten Sie gegenüber dieser Person, als Sie ihr zum ersten Mal vorgestellt wurden? Womöglich waren Sie Ihrem Namensvetter besonders wohlgesonnen. Und falls er Sie damals um einen Gefallen gebeten haben sollte, waren Sie vielleicht außergewöhnlich hilfsbereit.

16 Man hatte den Probanden Overhead-Folien mit Ansammlungen von schwarzen Punkten gezeigt. Die Probanden sollten einschätzen, wie viele Punkte sie wohl gesehen hätten. Einer Hälfte wurde gesagt, sie hätten die Anzahl der Punkte systematisch unterschätzt. Der anderen Gruppe wurde gesagt, sie hätten die Anzahl der Punkte überschätzt.

(Vermeintliche) Gemeinsamkeiten verbinden – „Gleich und gleich gesellt sich gern.“

Den Grund zu dieser Annahme liefern mittlerweile mehrere Untersuchungen (Burger, Messian, Patel, del Prado & Andersson, 2004; Garner, 2005; Guéguen, Pichot & Le Dreff, 2005; Oates & Wilson, 2002).

So bestellten Burger und Kollegen unter dem Vorwand, einen Kreativitätstest durchzuführen, 82 Studentinnen an die Universität. Nachdem die Probandinnen den Test absolviert und sich vom Versuchsleiter verabschiedet hatten, wurden sie auf dem Heimweg von einer Komplizin des Versuchsleiters abgefangen, die sich als Vertreterin einer Mukoviszidose-Foundation ausgab. Wenn die Vertreterin ein Namensschild mit dem gleichen Namen der Probandin trug, fiel die Spendensumme doppelt so hoch aus wie in einer Kontrollgruppe (siehe Abbildung 6.1). Interessanterweise war dieser Effekt jedoch nicht zu beobachten, wenn man den Probandinnen ein Bild eines an Mukoviszidose erkrankten Mädchens zeigte, welches angeblich denselben Namen habe wie die Versuchsperson. Womöglich war in dieser Versuchsbedingung der Gedanke, man könne selbst von der Krankheit betroffen sein, so bestürzend, dass man eher auf Distanz ging. Ein Effekt, der insbesondere aus der Forschung zu Furcht-Appellen bekannt ist (Janis & Feshbach, 1954).

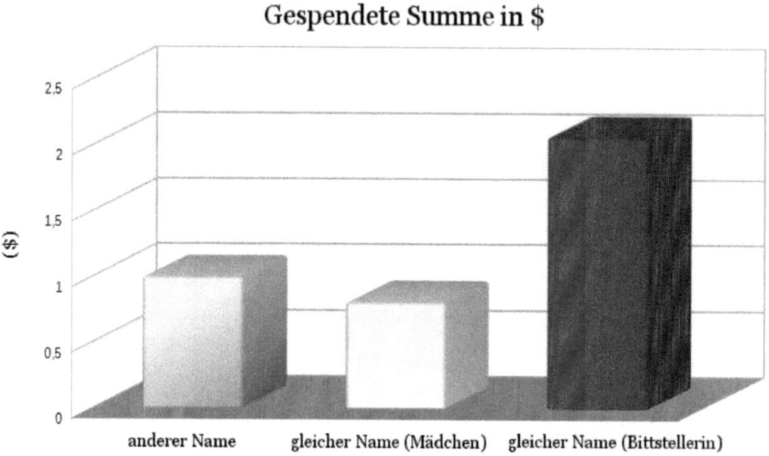

Abbildung 6.1 Basierend auf Daten von: Burger, J.M., Messian, N., Patel, S., del Prado, A., & Anderson, C. (2004). What a coincidence! The effects of incidental similarity on compliance. Personality and Social Psychology Bulletin, 30, 35.

Auch Brief- und Online-Werbung könnte durch die gezielte Verwendung des Namens der Zielperson noch effektiver werden. Aus der Vielzahl von Werbebriefen oder Werbemails würde ein Brief, in dem der Absender zufälligerweise exakt den gleichen Namen hat wie wir selbst, sicherlich herausstechen. Wie groß dieser Effekt ausfallen kann, ließ sich in einem Experiment von Garner (2005) beobachten. Insgesamt 160 Versuchspersonen (100 Studenten + 60 Uni-Mitarbeiter) wurden per Brief darum gebeten, einen Fragebogen zu allgemeinen Uni-Angelegenheiten auszufüllen und innerhalb von zehn Tagen wieder an den Absender zurückzuschicken. Zufälligerweise hatte in der Hälfte der Fälle der Autor des Begleitschreibens exakt den gleichen Namen wie die Versuchsperson. In diesem Fall war die Rücklaufquote der Fragebögen fast doppelt so hoch wie bei der Kontrollgruppe (siehe Abbildung 6.2).

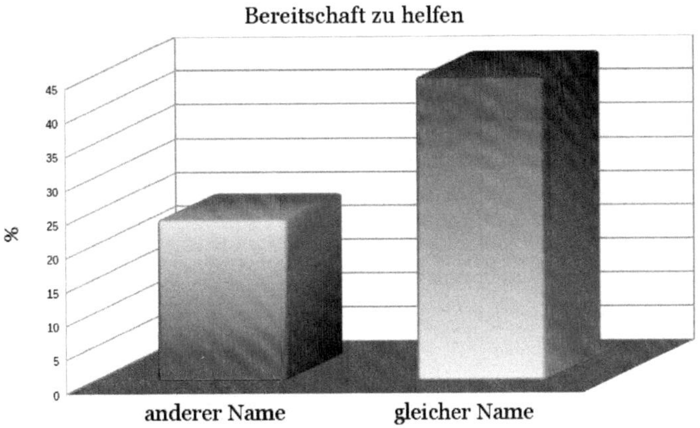

Abbildung 6.2 Basierend auf Daten von: Garner, R. (2005). What's in a name? Persuasion perhaps. Journal of Consumer Psychology, 15, 108-116.

Noch eindrucksvoller und aufschlussreicher sind die Ergebnisse einer wesentlich größeren Studie mit 2960 Versuchspersonen (Oates & Wilson, 2002). Diesmal wurden die Probanden per Email gebeten, an einer kurzen Umfrage zum Thema Sport-Maskottchen teilzunehmen:

> Hi :-)
> Mein Name ist XXXXXXXXX
> Ich bin Student und führe ein Forschungsprojekt zum Thema Sport-Maskottchen durch. [...]
> Ich würde gerne herausfinden, welche Sport-Maskottchen Sie in Ihrer Stadt haben und wann diese eingeführt wurden. [...]
> Ich hoffe, bald von Ihnen zu hören,
> Herzliche Grüße,
> XXXXXXXXX

Da man den Grad der Namensübereinstimmung variierte (siehe Abbildung 6.3), lässt sich wunderbar nachvollziehen, unter welchen Bedingungen die Probanden am ehesten bereit waren, den Studenten bei seinem Forschungsprojekt zu unterstützen. Verwendete man den gleichen Vornamen, führte dies bereits zu einer Verdopplung der Hilfsbereitschaft. Verwendete man den gleichen Nachnamen, erhöhte sich die Hilfsbereitschaft sogar um das Dreifache. Wenn die Versuchspersonen jedoch glaubten, der Leiter bzw. die Leiterin des Forschungsprojekts habe den gleichen Vor- und Nachnamen, erhöhte sich die Rücklaufquote auf 12,3% und lag damit sage und schreibe 6-mal höher als in der Kontrollgruppe.

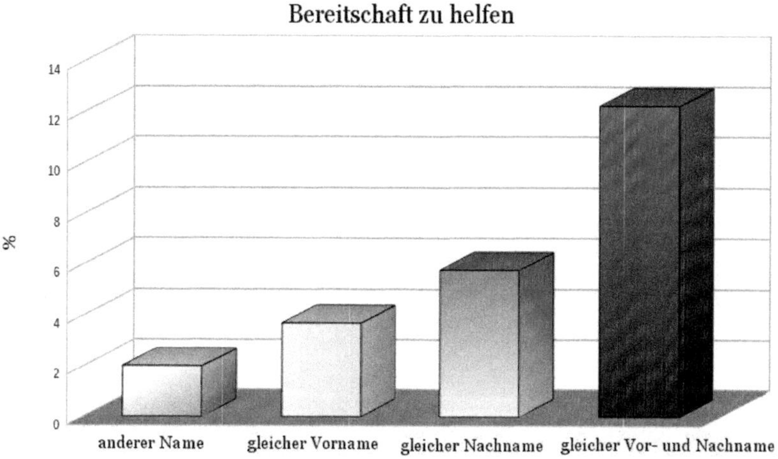

Abbildung 6.3 Basierend auf Daten von: Oates, K., & Wilson, M. (2002). Nominal kinship cues facilitate altruism. Proceedings of the Royal Society of London. Series B: Biological Sciences, 269, 105-109.

Interessanterweise fielen die Effekte noch größer aus, wenn es sich um seltene Namen handelte. So waren z.B. 26,2% der weiblichen Versuchspersonen hilfsbereit, wenn sie glaubten die Leiterin des Forschungsprojektes habe zufälligerweise den gleichen ungewöhnlichen Namen wie sie selbst.

Dass wir uns insbesondere dann von (angeblicher) Ähnlichkeit beeinflussen lassen, wenn wir glauben, es handle sich um eine extrem ungewöhnliche Übereinstimmung, ließ sich auch beobachten, wenn man Versuchspersonen vorgaukelte, sie teilten sich ein besonderes Merkmal ihres Fingerabdrucks mit einer anderen Person. Erzählte man ihnen, die Wahrscheinlichkeit für diese Übereinstimmung läge bei nur 2%, waren diese Versuchspersonen viel eher bereit, einen 8-seitigen Essay der anderen Person Probe zu lesen (siehe Abbildung 6.4). Handelte es sich jedoch angeblich um eine gewöhnliche Übereinstimmung (80% Wahrscheinlichkeit), war die Hilfsbereitschaft kaum höher als in der Kontrollgruppe, in der man keine Bemerkung hinsichtlich einer Gemeinsamkeit gemacht hatte.

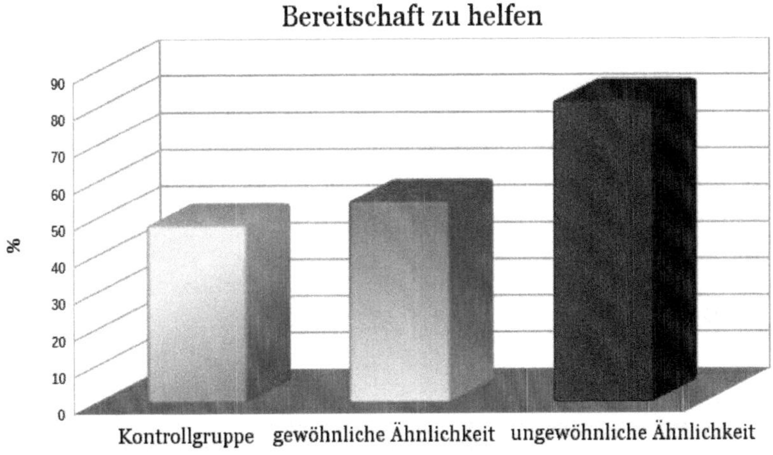

Abbildung 6.4 Basierend auf Daten von: Burger, J.M., Messian, N., Patel, S., del Prado, A., & Anderson, C. (2004). What a coincidence! The effects of incidental similarity on compliance. Personality and Social Psychology Bulletin, 30, 35.

Somit reicht es wohl kaum aus, auf triviale Gemeinsamkeiten hinzuweisen („Hey, wir haben auch ein weißes Haus“). Ein Gefühl der Verbundenheit scheint sich vor allem dann einzustellen, wenn es sich um eine Übereinstimmung handelt, wie man sie nicht aller Tage erlebt.

Welche weitreichenden und unerwarteten Konsequenzen dieses Gefühl der Verbundenheit noch haben kann, zeigte sich in einer Studie von Guéguen und Martin (2009). Die Forscher luden insgesamt 94 Frauen an die Universität ein, um mit ihnen ein Experiment zum Thema „Erster Eindruck" durchzuführen. Hierfür müssten sie sich ein Video anschauen, in dem ein 2-minütiges Interview mit einer Studentin zu sehen sei, um diese daraufhin zu bewerten. Während die Versuchspersonen das Video schauten, wurde ihr eigenes Verhalten jedoch auch per Webcam aufgezeichnet. Wenn man die Probanden glauben machte, die Studentin im Video habe zufälligerweise den gleichen Namen oder studiere das gleiche Fach (BWL), ahmten sie ihr Verhalten (leichtes Kratzen und Berühren im Gesicht) deutlich häufiger unbewusst nach. Dass auch der umgekehrter Weg beschritten werden kann, man also durch gezieltes Nachahmen ein Gefühl der Verbundenheit erzeugen kann, ist Gegenstand von Kapitel 7 (Die Macht der Nachahmung).

6.2 So ein Zufall! Wir haben am gleichen Tag Geburtstag!

Die Wahrscheinlichkeit, dass jemand am gleichen Tag Geburtstag hat wie wir, liegt bei 1 : 365,25. Damit ist das oben genannte Kriterium der „ungewöhnlichen Gemeinsamkeit" erfüllt und eine gewisse Bevorzugung dieser Person wäre zu erwarten. Tatsächlich ließ sich mittlerweile in mehreren Studien zeigen, dass wir uns auch von dieser an sich unbedeutenden Information beeinflussen lassen (Burger et al., 2004; Martin & Guéguen, 2013; Martin, Jacob & Guéguen, 2013; Finch & Cialdini, 1989).

So ließ sich z.B. beobachten, dass Versuchspersonen, die einen kurzen Text mit dem Titel „Rasputin, der verrückte Mönch von Russland" zu lesen bekamen, ein deutlich positiveres Urteil über diese historische Figur fällten, wenn in dem Text zu lesen war, dass Rasputin angeblich am gleichen Tag das Licht der Welt erblickte wie sie selbst. Im Vergleich zu einer Kontrollgruppe wurde Rasputin als stärker, freundlicher und als weniger boshaft eingestuft (Finch & Cialdini, 1989).

Aber nicht nur unsere Einstellung, sondern auch unser Verhalten scheint sich auf diese Weise beeinflussen zu lassen. Wenn man beispielsweise Studentinnen im Rahmen eines Experiments zum Thema Astrologie erzählte, eine zweite Studentin habe zufälligerweise denselben Geburtstag, waren diese in der Folge eher bereit, diese zu unterstützen (Burger et al., 2004). Als beide nämlich nach dem Experiment das Versuchslabor verließen, fragte die zweite Studentin, welche in Wirklichkeit eine Verbündete des Versuchsleiters war, ob die Probandin ihr ein Feedback zu einem 8-seitigen Essay schreiben könne. Falls man die Probandinnen im vorhergehenden Experiment hatte glauben machen können, dass beide den gleichen Geburtstag hätten, waren sie deutlich hilfsbereiter (siehe Abbildung 6.5) als die Probandinnen einer Kontrollgruppe.

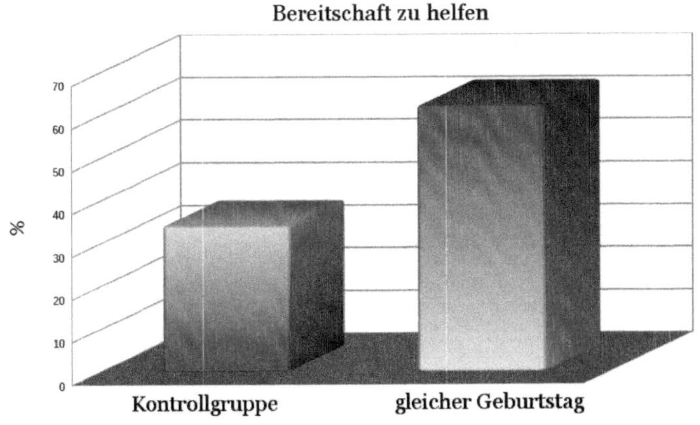

Abbildung 6.5 Basierend auf Daten von: Burger, J.M., Messian, N., Patel, S., del Prado, A., & Anderson, C. (2004). What a coincidence! The effects of incidental similarity on compliance. Personality and Social Psychology Bulletin, 30, 35.

In weiteren Untersuchungen ließ sich beobachten, dass wir Menschen mit (angeblich) gleichem Geburtsdatum näher an uns heranlassen. So beantworteten beispielsweise Passanten bei einer Straßenumfrage deutlich mehr intime Fragen (z.B. „Wann hattest du zum ersten Mal Sex?" oder „Benutzt du Sexspielzeug?"), wenn man sie glauben machte, der Fragesteller hätte am selben Tag Geburtstag (Martin & Guéguen, 2013).[17] Selbst bei Freundschaftsanfragen auf Facebook erwies sich diese Strategie als effektiv. Martin, Jacob und Guéguen (2013) erstellten ein Fake-Profil eines 21-jährigen Mannes mit dem Namen Adrien LeBlanc. Dann versendeten sie Freundschaftsanfragen an 300 Frauen (alle 20 Jahre alt). Jeweils 100 Frauen erhielten eine der folgenden Begleitnachrichten:

a) Kontrollbedingung:
Hallo, ich habe gerade Deine Facebook-Seite gefunden und wollte Dir nur sagen, dass ich Dich mag... Ich mach so was normalerweise nicht (lol), aber lass uns doch Freunde sein. Falls Du Interesse hast, kannst Du ja meine Freundin werden, ansonsten hab ich halt Pech gehabt."

b) Gleicher Geburtstag:
Hallo, ich habe gerade Deine Facebook-Seite gefunden und wollte Dir nur sagen, dass ich Dich mag… ***Tatsächlich hab ich festgestellt, dass wir den gleichen Geburtstag haben.*** Ich mach so was normalerweise nicht (lol)…

c) Gleicher Geburtstag + Musikgeschmack:
Hallo, ich habe gerade Deine Facebook-Seite gefunden und wollte

17 Unter den Fragen befanden sich auch ein paar harmlose Fragen zu demographischen Daten. Darunter eben auch die Frage nach dem Geburtsdatum. In der Experimentalgruppe sagte der Versuchsleiter einfach: „Ah, so ein Zufall, ich hab auch an dem Tag Geburtstag."

> Dir nur sagen, dass ich Dich mag... ***Tatsächlich hab ich festgestellt, dass wir den gleichen Geburtstag haben und dass Du - genauso wie ich - ... magst [gleiche Musikband, gleicher Songwriter oder gleiches Hobby].*** Ich mach so was normalerweise nicht (lol)...

Obwohl man im Vergleich zur Kontrollbedingung lediglich einen Satz hinzugefügt hatte, waren nun mehr als doppelt so viele Frauen bereit, die Freundschaftsanfrage zu akzeptieren (siehe Abbildung 6.6).

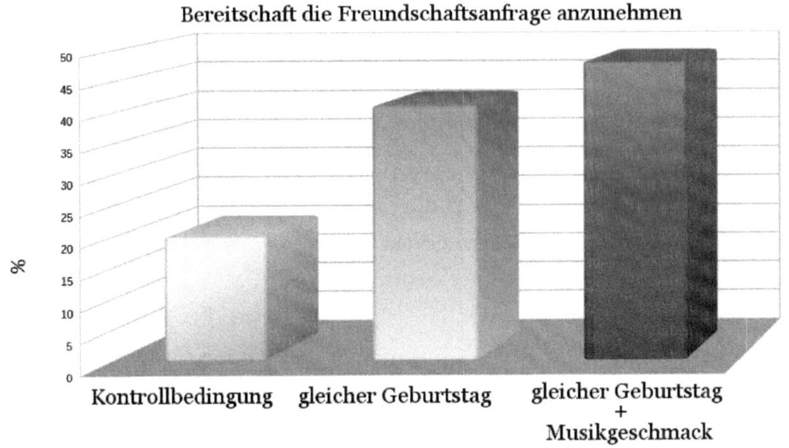

Abbildung 6.6 Basierend auf Daten von: Martin A, Jacob C., & Guéguen N. (2013). Similarity facilitates relationships on social networks: a field experiment on facebook. Psychological Reports, 112(3), 1-4.

6.3 So ein Zufall! Wir sind der gleichen Meinung!

Ein unter Verkäufern weit verbreitetes Konzept ist das der sogenannten „Ja-Straße". Hierbei gilt es, während eines Verkaufsgesprächs zunächst nur Fragen zu stellen, auf welche der potentielle Käufer nur mit „ja“ antworten kann (z.B. Würden Sie gerne weniger für ... bezahlen?). Obwohl diese Beeinflussungs-Technik häufig angewendet wird, weiß wohl kaum jemand, warum diese Technik eigentlich funktioniert. Eine verblüffende Antwort liefert eine Untersuchung von Pandelaere, Briers, Dewitte & Warlop (2010). Scheinbar erzeugt häufiges Zustimmen bei uns den Eindruck, der Fragesteller sei uns in irgendeiner Weise ähnlich. Dies hatte zur Folge, dass man eher bereit war, dem (vermeintlichen) Konstrukteur eines Fragebogens bei einem weiteren Forschungsprojekt zu helfen, wenn man seinen Fragen zuvor eher zugestimmt hatte.

In einem weiteren Experiment erklärten sich auch die Teilnehmer einer Telefonumfrage häufiger dazu bereit, für zukünftige Marktumfragen zur Verfügung zu stehen, wenn sie den Fragen des Anrufers eher zugestimmt hatten (siehe Abbildung 6.7).[18]

Sollte man daher – wie es der Titel der Arbeit von Pandelaere et al. (2010) nahelegt – besser genau nachdenken, bevor man jemandem zweimal hintereinander zustimmt?

Sofern einem dies in der jeweiligen Situation tatsächlich gelingt, vielleicht schon. Denn die Befunde von Pandelaere et al. (2010) scheinen keine Eintagsfliege zu sein. Französische Forscher (Guéguen, Joule, Courbet, Halimi-Falkowicz & Marchand, 2013) befragten Passanten zunächst, ob sie bereit seien, an einer kurzen Umfrage zu alltäglichen Arbeiten im Haushalt teilzunehmen. Dabei könnten sie entweder mit „ja“ oder mit „nein“ antworten. Bei einem Teil der Probanden wurden Fragen gestellt, auf die man wahrscheinlich mit

18 Der Grad der Zustimmung wurde durch die Art der gestellten Fragen variiert. Während in der Experimentalgruppe nur harmlose Aussagen zu bewerten waren (z.B. „Frauen sollten genauso viel bezahlt bekommen wie Männer.“ Antwortmöglichkeiten: „Stimme absolut zu“ bis hin zu „Stimme überhaupt nicht zu“), wurden in der Kontrollgruppe auch strittige Aussagen präsentiert (z.B. „Es ist in Ordnung, wenn Männer mehr Geld erhalten als Frauen.“).

„ja“ antworten würde (z.B. Haben Sie schon mal ein Regal zusammengebaut?). Ein anderer Teil der Probanden erhielt Fragen, auf die man wohl eher mit Nein antworten würde (z.B. Haben Sie jemals eine solarbetriebene Heizung angeschlossen?).

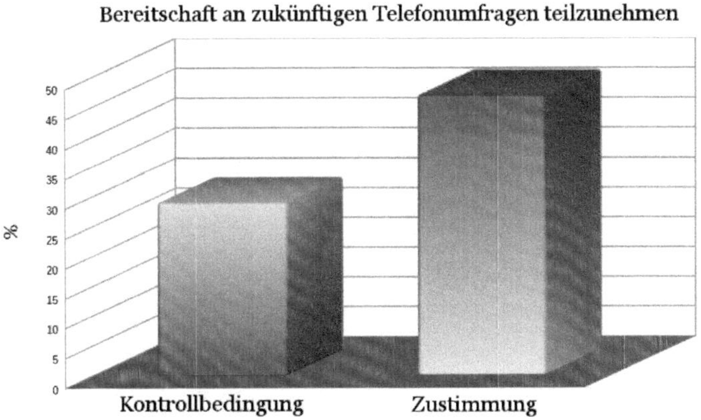

Abbildung 6.7 Basierend auf Daten von: Pandelaere, M., Briers, B., Dewitte, S., & Warlop, L. (2010). Better think before agreeing twice: Mere agreement: A similarity- based persuasion mechanism. International Journal of Research in Marketing, 27(2), 133-141.

Nachdem die kurze Umfrage beendet war, wurden alle Probanden um einen weiteren Gefallen gebeten. Angeblich würde man noch eine weitere Umfrage zum Thema „Ernährungsverhalten“ durchführen. Da diese Umfrage jedoch 45 Minuten dauern würde, könne man den Fragebogen auch mit nach Hause nehmen und dort ausfüllen. Zur Rücksendung erhalte man auch einen bereits frankierten Briefumschlag. Wie Abbildung 6.8 zu entnehmen ist, war die Teilnahmebereitschaft am höchsten, wenn die Probanden zuvor häufig mit „ja“ geantwortet hatten. Allerdings lag die Hilfsbereitschaft in der „nein“-Gruppe immer noch deutlich über dem Niveau der Kontrollgruppe, in welcher man überhaupt keine einleitende Umfrage durchgeführt hatte und stattdessen direkt um die Teilnahme an der

Ernährungsumfrage gebeten hatte. Dieses Ergebnis ist natürlich mit einem Ihnen mittlerweile bekannten Effekt zu erklären: Foot-in-the-door.

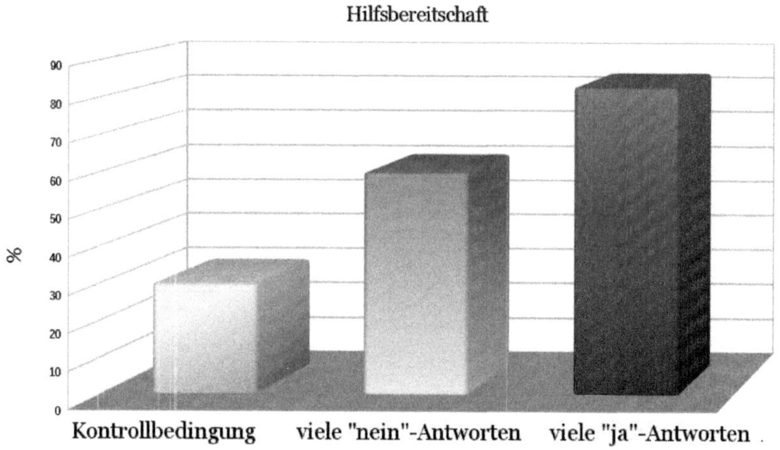

Abbildung 6.8 Basierend auf Daten von: Guéguen, N., Joule, R-V., Courbet, D., Halimi-Falkowicz, S., & Marchand, M. (2013). Repeating "Yes" in a first request and compliance with a later request: The four walls technique. Social Behaviour and Personality. Vol 41, No 2.

6.4 So ein Zufall! Wir haben eine ähnliche Persönlichkeit/Lebenseinstellung

Während bei den bisherigen Studienergebnissen, die Bevorteilung der uns (angeblich) ähnlichen Mitmenschen recht irrational anmutet (z.B. gleicher Geburtstag), gibt es natürlich auch Situationen, in denen es gut begründet ist, eine tiefere Verbindung zu einer anderen Person zu vermuten.

Sofern es beispielsweise Grund zu der Annahme gibt, eine andere Person habe eine ähnliche Persönlichkeit oder Lebenseinstellung wie

wir, ist es schon eher nachvollziehbar, dass wir uns ihr gegenüber besonders hilfsbereit zeigen.
Eine der ersten einflussreichen Untersuchungen, in der ein solcher Effekt beobachtet wurde, stammt noch aus der Zeit der Hippie-Bewegung (Emswiller, Deaux & Willits, 1971). Damals beauftragten die Versuchsleiter zwei Hippies (lange Haare, Sandalen, Stirnband, etc.) und zwei „Normalos" (kurze Haare, normal gekleidet) 384 Studenten um einen Zehnteldollar für ein Telefongespräch zu bitten.

Wie sich herausstellte, war die Hilfsbereitschaft größer, wenn die Versuchspersonen Anhänger der gleichen Lebensphilosophie waren. D.h. Hippies gaben Hippies häufiger Geld und Normalos gaben Normalos häufiger Geld (siehe Abbildung 6.9).

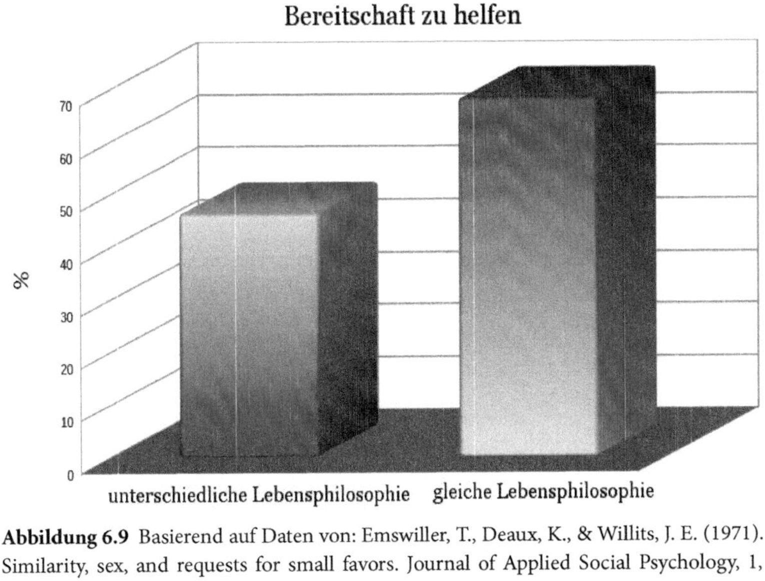

Abbildung 6.9 Basierend auf Daten von: Emswiller, T., Deaux, K., & Willits, J. E. (1971). Similarity, sex, and requests for small favors. Journal of Applied Social Psychology, 1, 284-291.

Da bei dieser Studie nicht gänzlich ausgeschlossen werden kann, ob die Versuchspersonen nur aufgrund des gleichen Kleidungsgeschmacks hilfsbereiter waren, wählte man in einer Untersuchung jüngeren Datums (Burger, Soroka, Gonzago, Murphy, & Somervell, 2001) eine etwas andere Herangehensweise. Unter dem Vorwand, ein Experiment zum Thema „Wie entsteht der erste Eindruck?" durchzuführen, wurden 90 Studentinnen ins Versuchslabor eingeladen. Dort angekommen sollte jede Probandin zunächst aus einer Auswahl von 50 Adjektiven die 20 Adjektive heraussuchen, welche am ehesten auf sie zutreffen würden. Daraufhin wurden ihre Antworten eingesammelt und angeblich einer Versuchspartnerin in einem Nebenzimmer vorgelegt, welche sich dann auf dieser Basis einen ersten Eindruck bilden würde. Im Gegenzug würde die Studentin nun die Antworten der Versuchspartnerin erhalten und solle sich selbst einen ersten Eindruck von ihrer Versuchspartnerin bilden. Was die Studentinnen nicht wussten, war, dass die Antworten der Versuchspartnerin getürkt waren. Der Grad der Ähnlichkeit variierte:

a) unähnlich (3 von 20 Adjektiven waren identisch)

b) neutral (10 von 20 Adjektiven waren identisch)

c) ähnlich (17 von 20 Adjektiven waren identisch)

Diese Manipulation hatte zum einen zur Folge, dass jene Probandinnen, die glaubten, die Versuchspartnerin habe ein ähnliches Persönlichkeitsprofil wie sie selbst, diese deutlich sympathischer einschätzten.

Zum anderen waren sie auch in der Folge äußerst hilfsbereit, als sie nach dem Experiment von der Versuchspartnerin gebeten wurden, ein Feedback zu einem 8-seitigen Essay zu schreiben (siehe Abbildung 6.10).

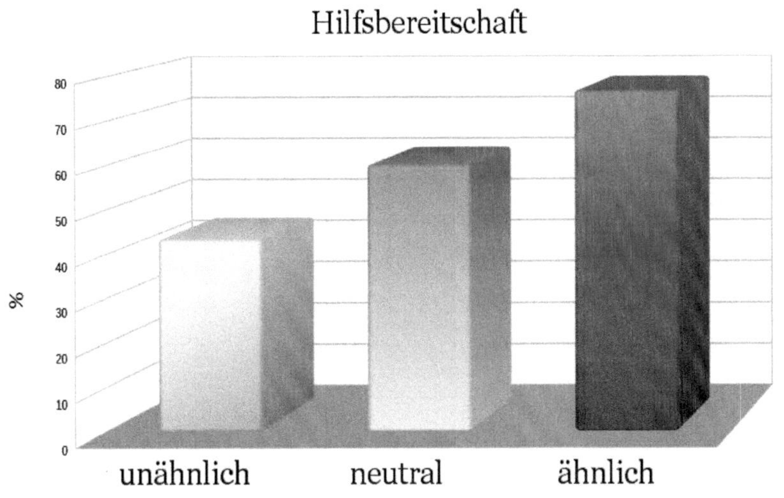

Abbildung 6.10 Basierend auf Daten von: Burger, J.M., Soroka, S., Gonzago, K., Murphy, E., & Somervell, E. (2001). The effect of fleeting attraction on compliance to requests. Personality and Social Psychology Bulletin, 27, 1578-1586.

7 Die Macht der Nachahmung

7.1 (Unbewusstes) Nachahmen

Die Tendenz, das Verhalten anderer Menschen nachzuahmen, ist tiefer in uns verankert, als wir zumeist glauben. Schon Babys im Alter von gerade mal 12– 21 Tagen imitieren intuitiv so manche Grimasse ihrer Eltern (z.B. Zunge herausstrecken, Kussmund oder weit geöffneter Mund; Meltzoff & Moore, 1977).

Auch bei Affen lässt sich nachahmendes Verhalten beobachten. Genauso wie die meisten Menschen können sich z.B. Schimpansen nicht der ansteckenden Wirkung von gähnenden Artgenossen entziehen. Zeigte man ihnen Animationen von gähnenden Artgenossen, mussten sie mehr als doppelt so häufig gähnen als in einer Kontrollbedingung (Campbell, Carter, Proctor, Eisenberg & de Waal, 2009).

Abbildung 7.1 Jeder kennt es. Gähnen kann erstaunlich ansteckend sein. Ich muss zugeben, dass ich bei der Recherche zum Thema „ansteckendes Gähnen" auch verblüffend oft gähnen musste...

Auf Gehirn-Ebene spielen wohl die sogenannten Spiegelneuronen eine herausragende Rolle bei Nachahmungshandlungen. Hierbei handelt es sich um Nervenzellengruppen, welche nicht nur dann feuern, wenn wir eine Handlung ausführen, sondern auch dann, wenn wir die gleiche Handlung bei einer anderen Person beobachten (z.B. Rizzolatti, Fogassi & Gallese, 2006). Dank dieser Spiegelneuronen müssen wir in vielen Fällen nicht erst lange nachdenken, ob und wie wir eine beobachtete Handlung ausführen, denn unser Gehirn steht während des Beobachtungsprozesses schon längst in den Startlöchern. Während dies natürlich u.a. bei Lernprozessen (Beobachtungslernen) enorm hilfreich sein kann, könnte dies aber auch bedeuten, dass wir manchmal – weitgehend unbewusst – auch die Körpersprache anderer Menschen nachahmen. Chartrand und Bargh (1999) prüften diese Hypothese, indem sie Versuchspersonen zusammen mit einem Versuchspartner Bilder bewerten ließen. Während dieser Interaktion zeigte dieser Versuchspartner unterschiedliche Verhaltensweisen (z.B. im Gesicht kratzen oder mit dem Fuß wippen).

Abbildung 7.2 Wir bemerken es häufig gar nicht, dass wir uns wie das Spiegelbild einer anderen Person verhalten.

Im Vergleich zu einer Kontrollbedingung, in welcher die Probanden mit einem anderen Versuchspartner interagierten, welcher instruiert worden war, genau diese Verhaltensweisen nicht zu zeigen, hatten die Versuchspersonen tatsächlich deutlich häufiger die Körpersprache des Versuchspartners kopiert.

Selbstexperiment:

Achten Sie während Ihrer nächsten Interaktion mit anderen Personen darauf, inwiefern sich ihre (Körper-)Sprache einander angleicht.
Dinge, auf die Sie achten können, sind:

Nonverbal:

- Körperhaltung (z.B. Sind Sie beide nach vorne bzw. nach hinten gelehnt?)
- verschränkte Arme
- überkreuzte Beine
- Berührung im Gesicht (Gesicht kratzen, Bart kraulen, Griff in die Haare)
- Fußwippen
- Herumspielen mit Gegenständen (z.B. Stift)
- ähnliche Gestikulation
- ...

Verbal:

- gleiche/ähnliche Wortwahl
- Lautstärke
- Rede-Geschwindigkeit
- ...

Verblüffender Weise „imitieren" wir selbst dann das Verhalten anderer Menschen, wenn diese das fragliche Verhalten noch gar nicht ausgeführt haben. Anscheinend genügt es schon zu antizipieren, dass eine Person gleich ein bestimmtes Verhalten zeigen wird. Dies legen zumindest die Experimente von Genschow und Brass (2015) nahe, in denen Versuchspersonen ein Video einer Frau zu sehen bekamen, welche immer wieder ihre Nase rümpfte, weil ihre Nase juckte. In einer zweiten Versuchsbedingung fielen ihr zunehmend Haare ins Gesicht. Da die Frau in dem Video jedoch aus einem großen, schweren Buch vorzulesen hatte, konnte sie sich im Moment weder an der Nase kratzen noch sich die Haare aus dem Gesicht streichen.

Was sie nicht selbst erledigen konnte, übernahmen dafür die Probanden für sie. Hatte die Frau im Video ihre Nase gerümpft, kratzten sich die Versuchspersonen häufiger an der Nase. Fielen der Frau die Haare ins Gesicht, griffen sich die Probanden häufiger ins eigene Haar.

7.1.1 Wann und warum ahmen wir nach?

Nachdem Forscher entdeckt hatten, dass wir uns in Sachen Körpersprache hin und wieder wie ein Chamäleon an unsere Umgebung anpassen, stellte sich die große Frage, warum wir uns so verhalten. Welches (unbewusste) Motiv verbirgt sich hinter unseren Bemühungen, das Verhalten anderer Menschen zu imitieren?

Lakin & Chartrand (2003) hatten die Hypothese, dass Menschen auf diese Weise versuchten, eine Verbindung (Rapport) zu anderen Personen herzustellen. Falls dies der Fall sein sollte, müssten Menschen deren Anschlussmotiv (Affiliationsmotiv) besonders stark ausgeprägt ist, häufiger das Verhalten ihrer Mitmenschen spiegeln. Um diese Hypothese zu überprüfen, erzeugten sie bei einem Teil ihrer Versuchspersonen das Bedürfnis, sich mit einer anderen Person zu verbinden. Dies wurde durch zwei unterschiedliche Strategien erreicht:

a) **unbewusst:** Während einer Aufgabe zur visuellen Verarbeitung wurden subliminal die folgenden Wörter eingeblendet: „affiliate", „friend", „partner", „together".

b) **bewusst:** Den Probanden wurde gesagt, sie würden gleich ein Video einer anderen Versuchsperson sehen, mit der sie danach eng zusammenarbeiten müssten.

Danach wurde allen Probanden das gleiche Video gezeigt, in welchem eine Frau beim Verrichten einfacher Büroarbeit zu sehen war. Den Probanden hatte man gesagt, es handle sich um ein Gedächtnisexperiment und sie sollten sich alles Gesehene gut einprägen. In Wirklichkeit handelte es sich jedoch bei der Frau im Video um eine Verbündete, welche die Aufgabe hatte, sich während ihrer Tätigkeit immer mal wieder ins Gesicht zu fassen. Die große Frage lautete also: Würden es die Probanden ihr gleich tun?

Wie in Abbildung 7.3 zu sehen ist, übernahmen die Probanden die Verhaltensweise vor allem dann, wenn man zuvor ihr Anschlussmotiv „aktiviert“ hatte. Während sich die Probanden der Kontrollbedingung beim Betrachten des Videos durchschnittlich nur fünfmal ins Gesicht fassten, war dieses Verhalten in den beiden Experi-

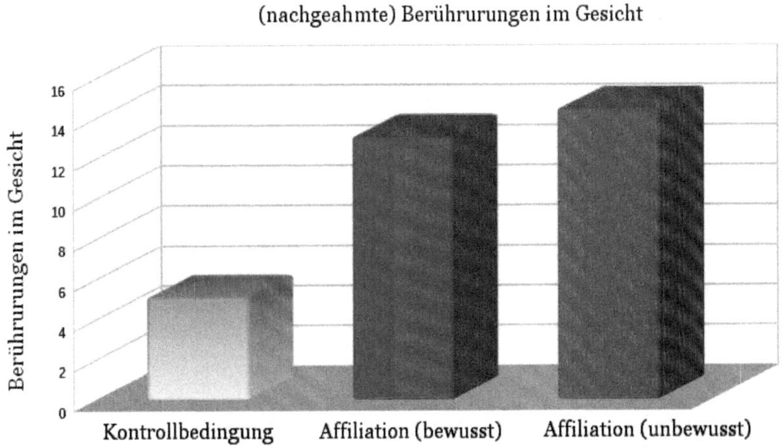

Abbildung 7.3 Basierend auf Daten von: Lakin, J. L., & Chartrand, T. L. (2003). Using nonconscious behavioral mimicry to create affiliation and rapport. Psychological Science, 14(4), 334-339.

mentalgruppen deutlich häufiger zu beobachten (13-mal bzw. 15-mal).

Auch in darauffolgenden Untersuchungen zeigte sich, dass unser Affiliationsmotiv die treibende Kraft für unser Nachahmungsverhalten zu sein scheint. So ließ sich z.B. beobachten,

a) ... dass Probanden, die man beim Cyberball-Spielen (Ballspiel am Computer) ausgeschlossen hatte, indem man ihnen keinen Ball mehr zuspielte, in der Folge mehr Nachahmungsverhalten gegenüber einem Versuchspartner zeigten (Lakin, Chartrand & Arkin, 2008). Wahrscheinlich hatte das Gefühl, ausgeschlossen worden zu sein, das Bedürfnis nach sozialer Nähe verstärkt.

b) ... dass Probanden, denen man nach einem Zusammenprall auf dem Flur Schuldgefühle einredete („Können Sie nicht vorsichtiger sein? Meine ganzen Kopien sind jetzt durcheinander und ich hab nur zwei Minuten Zeit, um sie wieder zu ordnen."), häufiger das Verhalten einer Frau in einem Video nachahmten (Martin, Guéguen & Fischer-Lokou, 2010).

c) ... dass Probanden, denen man negative Informationen über Avatare (menschenähnliche, animierte Personen) gezeigt hatte, seltener die Gesichtsausdrücke (z.B. traurig, lächelnd) der Avatare nachahmten[19] (Likowski, Mühlberger, Seibt, Pauli & Weyers, 2008). Auch dies macht Sinn: Mit unsympathischen Menschen möchten wir eher nicht in Kontakt treten.

d) ... dass Probanden, denen man Bilder von Menschen zeigte, welche ihnen angeblich ähnlich waren (z.B. gleiche politische Orientierung), häufiger den Gesichtsausdruck dieser Menschen imitierten (Bourgeois & Hess, 2008; für ähnliche Ergebnisse siehe auch: Guéguen & Martin, 2009).

19 Der Grad der Nachahmung wurde mithilfe der Elektromyographie (EMG) ermittelt. Dabei werden Elektroden im Gesicht des Probanden angebracht, die es ermöglichen, auch geringste Aktivitäten der Gesichtsmuskeln zu erfassen.

7.2 Nachahmen verbindet

„Wir sind irgendwie auf einer Wellenlänge.“

Wir verfolgen mit unseren Nachahmungsbemühungen also das (unbewusste) Ziel, mit anderen Menschen enger in Kontakt zu treten.

Stellt sich nur die Frage: Funktioniert das überhaupt? Also, welchen Effekt hat es, wenn wir das Verhalten einer anderen Person unauffällig imitieren?

Eine der ersten Studien, in der man dieser Frage auf den Grund ging, stammt aus dem Jahr 1983 (Maurer & Tindall):

Während eines Gesprächs mit 80 Schülern über ihre weitere Karriereplanung hatte der beratende Psychologe die Körperhaltung von einem Teil der Schüler nachgeahmt. Wenn also ein Schüler z.B. seine Beine überkreuzte, wartete der Psychologe ca. 30 Sekunden[20] und überkreuzte dann seinerseits die Beine. Diese Vorgehensweise hatte zur Folge, dass die nachgeahmten Schüler den Psychologen in einer darauffolgenden Befragung als deutlich empathischer wahrnahmen.

Während die Untersuchung von Maurer und Tindall (1983) wahrscheinlich die *erste* bedeutende Studie zum Thema Mimikry[21] war, ist die folgende Studie von Chartrand und Bargh (1999) wahrscheinlich die einflussreichste.

Die Forscher gaukelten ihren 72 Probanden vor, es ginge in ihrem Experiment darum, das Bildmaterial eines neuartigen psychologischen Tests zusammen mit einer anderen Versuchsperson zu bewerten. Bei dieser anderen Versuchsperson handelte es sich jedoch mal

20 Das Zeitintervall von 30 Sekunden wurde gewählt, um nicht enttarnt zu werden. In neueren Studien hat sich allerdings gezeigt, dass selbst bei einer Verzögerung von ca. 1-4 Sekunden kaum jemand bemerkt, dass er imitiert wird.

21 Mimikry (= Nachahmung): Vielen Lesern dürfte dieser Begriff noch aus dem Biologie-Unterricht bekannt sein: Es gibt zahlreiche Tierarten, die Farbe, Gestalt oder Verhalten anderer Tiere imitieren.

wieder um eine Komplizin des Versuchsleiters, welche instruiert worden war, die Körpersprache der Probanden zu spiegeln (Fußwippen, Berührung im Gesicht etc.).

Im Vergleich zur Kontrollbedingung, in welcher die Komplizin fortwährend aufrecht und entspannt dasaß, führte das Kopieren der Körpersprache dazu, dass sie in einer nachfolgenden Befragung deutlich sympathischer eingestuft wurde (siehe Abbildung 7.4).

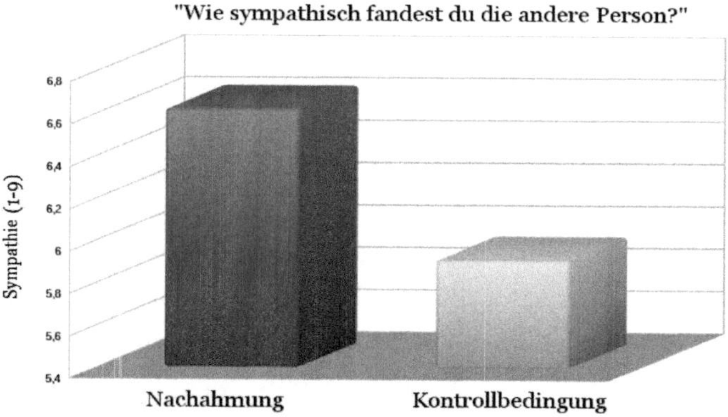

Abbildung 7.4 Basierend auf Daten von: Chartrand, T. L., & Bargh, J. A. (1999). The chameleon effect: The perception - behavior link and social interaction. Journal of Personality and Social Psychology , 76(6), 893-910.

Jetzt könnte man zu Recht kritisch einwenden, dass die Komplizin eventuell nicht nur ihr nonverbales Verhalten veränderte, sondern dass sie vielleicht (unabsichtlich) freundlicher und warmherziger agierte. Diesbezüglich weist die Studie von Chartrand und Bargh jedoch eine große Stärke auf. Zum einen hatte man der Komplizin ein striktes Verhaltensskript an die Hand gegeben. Zum anderen hatte man einen Teil der Interaktionen auf Video aufgenommen und von unabhängigen Bewertern in Hinsicht auf Augenkontakt, Lächeln oder Freundlichkeit auswerten lassen. Wie sich herausstellte, gab es diesbezüglich wohl keinen signifikanten Unterschied zwischen den Versuchsbedingungen.

Wenn wir durch Imitation sympathischer und einfühlsamer auf unseren Gesprächspartner wirken, ist er/sie dann eher bereit, intime Geheimnisse über sich preiszugeben?

Französische Forscher (Guéguen, Martin, Meineri & Simon, 2013) führten eine Umfrage mit 240 Studentinnen durch. Während die ersten Fragen vergleichsweise harmlos waren (z.B. „Wie alt bist du?", „Hast du Kinder?"), wurden die Fragen im Laufe des Gesprächs zunehmend delikater:

„Wann hattest Du zum ersten Mal Sex?"
„Wie oft hast Du Sex?"
„Masturbierst Du?"
„Warst Du schon mal in einem Sex-Shop?"
„Warst Du schon mal homosexuell aktiv?"
„Praktizierst Du Oral-Sex?"
„Praktizierst Du Anal-Sex?"

Verständlicherweise waren nicht alle Versuchspersonen bereit, jede dieser Fragen zu beantworten. Die Bereitschaft, diese intimen Fragen zu beantworten, hing allerdings maßgeblich vom Verhalten der Fragestellerin ab. Bei einer Hälfte der Probandinnen ahmte sie nämlich sowohl deren Körpersprache (z.B. im Gesicht kratzen mit 2-3 Sekunden Verzögerung) als auch deren Wortwahl nach. Wenn eine Umfrage-Teilnehmerin beispielsweise auf die Frage nach dem Zeitpunkt ihres ersten Geschlechtsverkehrs antwortete: „Hm... Ich war 17, als ich zum ersten Mal Sex hatte." Dann erwiderte die Fragestellerin: „Okay, du warst 17, als du zum ersten Mal Sex hattest." Bei der Kontrollgruppe blieb die Erwiderung auf „Okay" beschränkt.

Die Auswertung der Ergebnisse ergab, dass die Kombination aus verbaler und nonverbaler Nachahmung tatsächlich dazu führte, dass die Probandinnen deutlich häufiger bereit waren, sich zu öffnen und intimste Geheimnisse über ihr Sex-Leben auszuplaudern.

Abbildung 7.5 zeigt, wie viele Probandinnen bereit waren, z.B. die Frage nach dem Sex-Shop-Besuch zu beantworten.

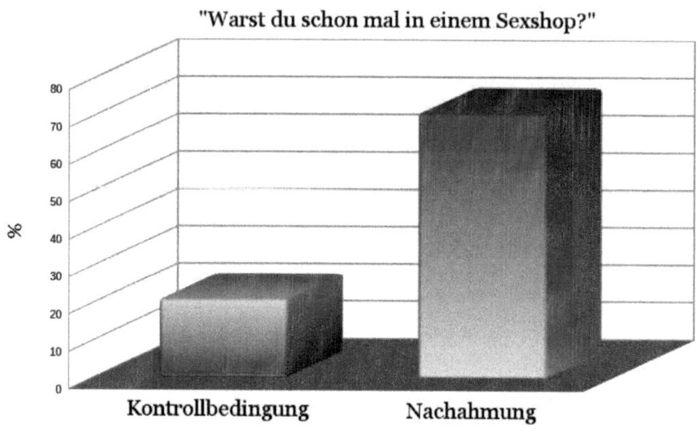

Abbildung 7.5 Basierend auf Daten von: Guéguen, N., Martin, A., Meineri, S., & Simon, J. (2013). Using Mimicry to Elicit Answers to Intimate Questions in Survey Research. Field Methods, 25, 47-57.

So amüsant diese Ergebnisse auf den ersten Blick wirken mögen, so verdeutlichen sie jedoch auch die Relevanz des Themas für die Psychotherapie. Es kommt häufig vor, dass der therapeutische Prozess ins Stocken gerät, weil die Chemie zwischen Therapeut und Klient nicht stimmt. Dies kann zur Folge haben, dass der Klient wichtige Informationen zurückhält und somit der Erfolg der Therapie gefährdet ist. Daher ist es kein Wunder, dass aktives Zuhören, Paraphrasieren und nonverbales Spiegeln vielerorts Bestandteile der therapeutischen Grundausbildung geworden sind.

Selbst für den Umgang mit Kindern (9-10 Jahre) liegen erste Forschungsergebnisse vor, die vermuten lassen, dass schon simples Wiederholen mancher Sätze dazu führen kann, dass sie sich deutlich besser verstanden fühlen, mehr Geheimnisse anvertrauen und sogar konzentrierter lernen (Martin & Guéguen, 2015).

7.3 Nachahmen verbindet – sogar mit Menschen, die uns gar nicht nachgeahmt haben…

Erstaunlicherweise ließ sich in manchen Experimenten sogar eine Art „generalisierte Prosozialität“ beobachten. Das heißt kurz nachdem man Versuchspersonen während einer Interaktion unbemerkt imitiert hatte, veränderte sich bei ihnen nicht nur die Einstellung zu dieser Person, sondern auch zu anderen Menschen. In einer Untersuchung holländischer Forscher (Stel & Harinck, 2011) fühlten sich Versuchspersonen beispielsweise nicht nur enger mit dem direkten Interaktionspartner verbunden. Sie gaben darüber hinaus auch häufiger an, sich mit ihren Mitmenschen enger verbunden zu fühlen und linkspolitisches Gedankengut (Entwicklungshilfe, staatliche Regulierung etc.) zu favorisieren.

Ich muss gestehen, der letzte Punkt hat mich auch ziemlich überrascht, aber die Forscher argumentieren, linke Parteien seien schließlich i.d.R. die Parteien des Pazifismus und des Mitgefühls. Und wer sich mit anderen Menschen verbunden fühle, würde wohl eher eine Partei des linken Flügels wählen.

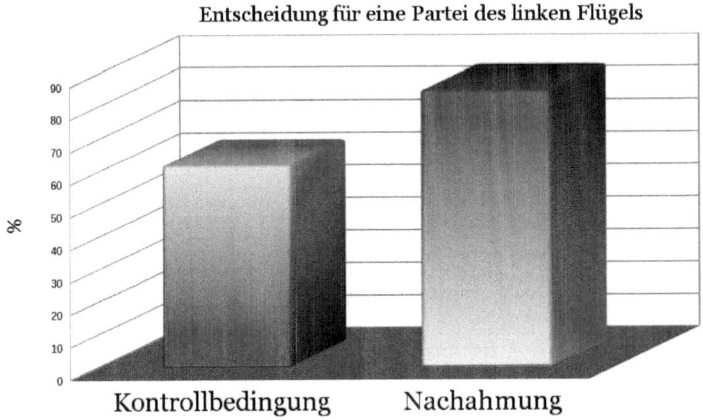

Abbildung 7.6 Basierend auf Daten von: Stel, M., & Harinck, F. (2011). Being Mimicked Makes You a Prosocial Voter. Experimental Psychology, 58(1), 79-84.

Wie sich Abbildung 7.6 entnehmen lässt, entschieden sich Probanden, die man zuvor nachgeahmt hatte, tatsächlich eher für Parteien aus dem linken Lager.

Zu diesen Ergebnissen passen auch die Befunde aus einer Untersuchung von Ashton-James, van Baaren, Chartrand und Decety (2007), in welcher man zum einen beobachten konnte, dass Probanden, deren nonverbales Verhalten von einem Versuchspartner gespiegelt worden war, sich selbst eher in Relation zu anderen Menschen beschrieben (z.B.: „Ich bin Vater", „Ich bin Mannschaftsführer" anstelle von: „Ich bin intelligent", „Ich bin sportlich").

Zum anderen ließ sich in einem zweiten Experiment zeigen, dass Versuchspersonen, die im Rahmen einer angeblichen Pause auf einem von fünf Stühlen Platz nehmen sollten (siehe Abbildung 7.7), eher die Nähe zu einer fremden (aber gerade anscheinend nicht anwesenden) Person suchten.

Abbildung 7.7 Während einer Pause konnten die Probanden auf einem von fünf Stühlen Platz nehmen.

7.4 Nachahmen verbindet – Auswirkungen auf unsere Hilfsbereitschaft

7.4.1 Nonverbale Nachahmung und Hilfsbereitschaft

Angenommen Sie müssten eine fremde Person um einen mittelgroßen Gefallen bitten. Verbessern sich Ihre Chancen auf Erfolg, wenn Sie Ihre Körpersprache an die der anderen Person anpassen?

In einem Experiment von Guèguen, Martin und Meineri (2011) gingen die Forscher dieser Frage auf den Grund, indem sie 60 Studentinnen zunächst mit einer Versuchspartnerin (Komplizin des Versuchsleiters) jeweils für 10 Minuten über Kunst diskutieren ließen. Während dieser Interaktion wurde die eine Hälfte der Probandinnen von der Versuchspartnerin nonverbal nachgeahmt. Als das Experiment scheinbar vorüber war, wurden die Studentinnen von der Versuchspartnerin auf dem Flur angesprochen und um einen Gefallen gebeten. Angeblich müsse sie für ein Uni-Seminar eine fremde Person dafür gewinnen, eine Rezension zu einem 10-seitigen Essay zu verfassen.

Wie in Abbildung 7.8 zu sehen ist, waren Studentinnen, deren Körpersprache man unbemerkt gespiegelt hatte, tatsächlich deutlich häufiger bereit, der Versuchspartnerin zu helfen.

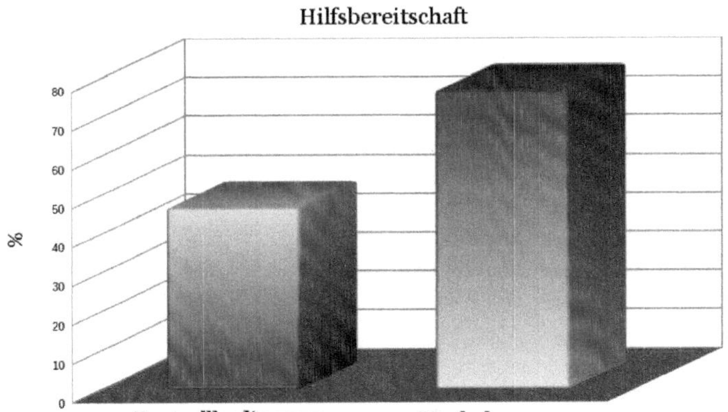

Abbildung 7.8 Basierend auf Daten von: Guèguen, N., Martin, A., & Meineri, S. (2011). Mimicry and helping behavior: an evaluation of mimicry on explicit helping request. Journal of Social Psychology, 151, 1-4.

Aber wie bereits weiter oben angeklungen ist, scheint Mimikry nicht nur pro-soziales Verhalten gegenüber dem direkten Interaktionspartner zu fördern, sondern auch gegenüber anderen – zuvor gar nicht involvierten – Mitmenschen.

Zum ersten Mal wurde dieses Phänomen in Experimenten holländischer Forscher beobachtet (Van Baaren, Holland, Kawakami & van Knippenberg, 2004). Im Rahmen einer vermeintlichen Marketingstudie ließen die Wissenschaftler ihre Probanden Werbeanzeigen beurteilen. Völlig vertieft in diese Aufgabe bekamen die Versuchspersonen nicht mit, dass ihre Körpersprache von der Versuchsleiterin imitiert wurde. Als wenig später eine zweite Versuchsleiterin den Raum betrat und dabei „aus Versehen" sechs Stifte fallen ließ, die sie auf einem Stapel Blätter getragen hatte, halfen die zuvor nachgeahmten Versuchspersonen deutlich häufiger beim Aufsammeln der Stifte als die Probanden einer Kontrollgruppe (siehe Abbildung 7.9).

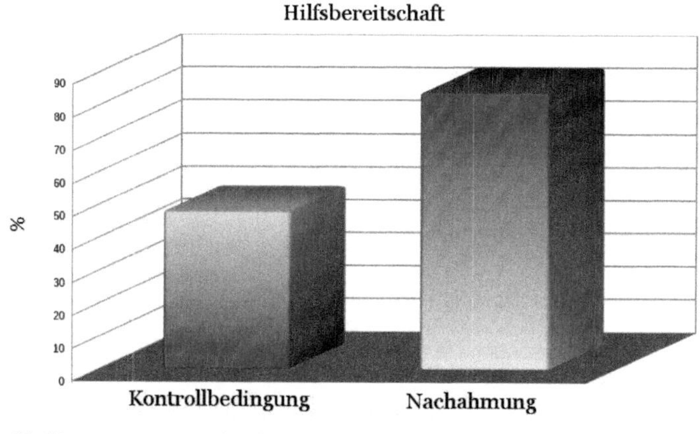

Abbildung 7.9 Basierend auf Daten von: Van Baaren, R. B., Holland, R. W., Kawakami, K., & van Knippenberg, A. (2004). Mimicry and prosocial behavior. Psychological Science, 15, 71-74.

In einem zweiten Experiment, welches sehr ähnlich aufgebaut war, ließ sich beobachten, dass zuvor nachgeahmte Probanden eher bereit waren, Geld an eine Hilfsorganisation zu spenden (76% vs. 43%). Auch in einer Untersuchung von Ashton-James und Kollegen (2007) erklärten sich fast doppelt so viele Probanden dazu bereit (72% vs. 38%), einen ihnen unbekannten Doktoranden bei seinem Forschungsprojekt zu unterstützen, wenn ihre Körpersprache zuvor im

Rahmen eines Experiments vom Versuchsleiter gespiegelt worden war.

Werden wir auch hilfsbereiter, wenn wir andere Personen nachahmen?

Auch wenn die Datenlage diesbezüglich deutlich dünner ist, sprechen die Ergebnisse einer ersten Untersuchung für diese Hypothese (Stel, van Baaren & Vonk, 2008). Die Forscher zeigten ihren Probanden ein Video, in welchem eine Frau mit ihrer Therapeutin sprach. Ein Teil der Probanden wurde angewiesen, die Bewegungen der Frau im Video nachzuahmen. Wenige Zeit später hatten alle Probanden die Möglichkeit, Geld in eine Spendenbox für Krebspatienten zu werfen.

Jene Versuchspersonen, die zuvor die Bewegungen der Frau gespiegelt hatten, zeigten deutlich mehr Mitgefühl und spendeten mehr (siehe Abbildung 7.10).

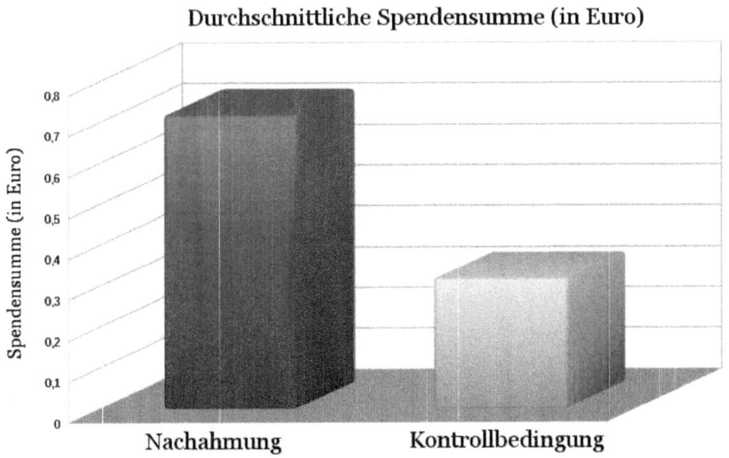

Abbildung 7.10 Basierend auf Daten von: Stel, M., Van Baaren, R.B., & Vonk, R. (2008). Effects of mimicking: Acting prosocially by being emotionally moved. European Journal of Social Psychology, 38(6), 965-976.

Sie wollen, dass Ihr Kind beim Aufräumen hilft? Ahmen Sie es nach...

Nachdem man beobachtet hatte, dass Menschen kooperativer werden, wenn man sich ihrer Körpersprache anpasst, stellte sich natürlich die Frage, wie tief dieses Verhalten in uns verwurzelt ist. Handelt es sich um ein Phänomen, das nur bei Erwachsenen zu beobachten ist, oder lässt sich die Präferenz für den Nachahmer schon bei Kleinkindern beobachten?

Um diese Frage zu beantworten, führten Forscher des Max Planck Instituts in Leipzig (Carpenter, Uebel & Tomasello, 2013) eine Studie durch, in welcher eine Versuchsleiterin das Verhalten von 1 ½ Jahre alten Babys imitierte. Zur Beschäftigung der Babys wurden auf einem Monitor unterschiedliche Bilder eingeblendet. Wenn jetzt ein Baby z.B. auf den Monitor zeigte oder mit der Hand auf das Pult schlug, sich am Kopf kratzte oder Laute von sich gab, tat es ihr die Versuchsleiterin gleich. Selbst wenn ein Baby das Interesse an den gezeigten Bildern verlor und begann im Raum umherzulaufen, wurde dieses Verhalten von der Versuchsleiterin gespiegelt. In einer Kontrollbedingung war die Versuchsleiterin genauso aktiv. Anstatt jedoch das Verhalten der Kleinkinder zu imitieren, führte sie stets andere natürliche und freundliche Handlungen aus.

Ähnlich wie in Experimenten mit erwachsenen Versuchspersonen, in denen man „aus Versehen“ Stifte hatte fallen lassen, ließ die Versuchsleiterin dann sechs Essstäbchen auf den Boden fallen. Würden die Babys beim Aufsammeln helfen?

Tatsächlich ließ sich beobachten, dass die Babys kooperativer waren, wenn sie zuvor imitiert worden waren (siehe Abbildung 7.11). Und ähnlich wie in Experimenten mit erwachsenen Probanden war diese erhöhte Hilfsbereitschaft sogar auch gegenüber einer anderen Versuchsleiterin, die erst später hinzukam, zu registrieren.

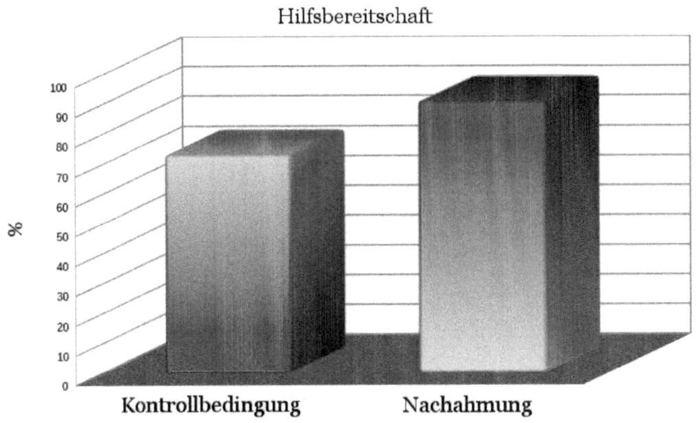

Abbildung 7.11 Basierend auf Daten von: Carpenter, M., Uebel, J., & Tomasello, M. (2013). Being mimicked increases prosocial behavior in 18-month-old infants. Child Development, 84(5), 1511-18.

Ein weiteres Indiz dafür, dass es tief in unserer Biologie verwurzelt ist, lieber mit Nachahmern zu kooperieren, lieferte eine Untersuchung mit Kapuzineraffen. Paukner, Suomi, Visalberghi und Ferrari (2009) gaben ihren Versuchsäffchen einen kleinen Plastikball zum Spielen. Vor dem Käfig postierten die Forscher zwei Versuchsleiter (einer links, einer rechts), von denen einer stets alle Verhaltensweisen des Affen imitierte:

- Ball in den Mund nehmen
- Prellen des Balls
- Werfen des Balls
- „…"

Der zweite Versuchsleiter zeigte die gleichen Verhaltensweisen, aber eben nicht zur gleichen Zeit.

Es zeigte sich zum einen, dass die Kapuzineraffen eher die Nähe des imitierenden Versuchsleiters suchten. Zum anderen bezogen sie ihr Futter lieber von diesem Versuchsleiter.

Übrigens: Ich kann mir vorstellen, dass manch ein Leser jetzt denken mag: „Die spinnen, die Forscher."

Aber wer ein Haustier besitzt, der mag sich selbst auch schon dabei ertappt haben, das Verhalten seines Hundes oder seiner Katze nachgeahmt zu haben (z.B. Bellen, Miauen, Gähnen, Schütteln, Herumtollen, Strecken etc.). Offenbar versuchen wir intuitiv auf diese Weise eine Verbindung zu unseren Haustieren herzustellen.

7.4.2 Auswirkungen von verbaler Nachahmung auf unsere Hilfsbereitschaft

Verbale Mimikry ist denkbar einfach anzuwenden. Im Grunde muss man nur die Worte der anderen Person nachplappern. Wenn man dies zu geeigneten Zeitpunkten während des Gesprächs tut, wird dies vom Gesprächspartner keineswegs als verdächtig wahrgenommen. Stattdessen entsteht wohl der Eindruck, dass wir besonders gut zuhören.

Aber funktioniert verbale Nachahmung ähnlich gut wie nonverbale Nachahmung? Unter welchen Umständen ist verbale Mimikry effektiv? Sollten Sätze des Gesprächspartners 1:1 wiederholt werden oder sind auch leichte Variationen erlaubt?

Insbesondere die letzte Frage stand im Mittelpunkt einer Untersuchung mit 330 ahnungslosen Kunden eines Wechselgeldbüros (Kulesza, Dolinski, Huisman & Majewski, 2014). Die Wissenschaftler hatten den Kassenbeamten darin geschult, auf die Anfragen der Kunden unterschiedlich zu reagieren:

a) Kopie: Die Wortwahl und auch die Stellung der Wörter im Satz wurden so genau wie möglich wiederholt. Beispiel:
Kunde: „Ich würde gerne 1000 U.S. Dollar wechseln."
Kassierer: „Sie würden gerne 1000 U.S. Dollar wechseln."

b) Kopie (anderer Satzbau): Die Wortwahl wurde kopiert, aber der Satzbau wurde absichtlich geändert. Bsp:
Kunde: „Ich würde gerne 1000 U.S. Dollar wechseln."
Kassierer: „1000 U.S. Dollar würden sie gerne wechseln."

c) Mini-Dialog: In etwa gleiche Wortanzahl, aber anderer Inhalt. Danach entstand manchmal ein kleiner Dialog. Bsp:
Kunde: „Ich würde gerne 1000 U.S. Dollar wechseln."
Kassierer: „Der Wechselkurs schwankte in letzter Zeit."

d) Kontrollbedingung 1: Der Kassierer antwortete gar nicht, sondern ging gleich zum Wechseln des Geldes über.

e) Kontrollbedingung 2: Auf die Anfrage wurde mit „Ok." oder „Sofort." geantwortet.

Nachdem der Kassierer das Geld ausgehändigt hatte, fragte er die Versuchsperson, ob sie etwas Geld für einen behinderten Studenten namens Mateo spenden wolle. Das Geld würde direkt an die Sunshine Foundation[22] gehen, die an der Finanzierung einer Gehhilfe für Mateo arbeite.

Wie in Abbildung 7.12 zu sehen ist, ließ sich durch verbale Mimikry die Hilfsbereitschaft tatsächlich erhöhen. Sowohl die direkte Kopie als auch die leicht abgeänderte Kopie (anderer Satzbau) führte bei den Probanden zu größerer Spendenbereitschaft als in den Kontrollbedingungen. Auch in der „Mini-Dialog" - Versuchsbedingung war die Hilfsbereitschaft vergleichsweise hoch. Dies ist wohl darauf zurückzuführen, dass selbst ein kurzer Smalltalk schon eine erstaunliche Wirkung haben kann (siehe Kapitel 5 – Die Smalltalk-Technik).

22 Die Sunshine Foundation gibt es in Polen wirklich. Das gesamte Geld wurde dieser wohltätigen Organisation gespendet.

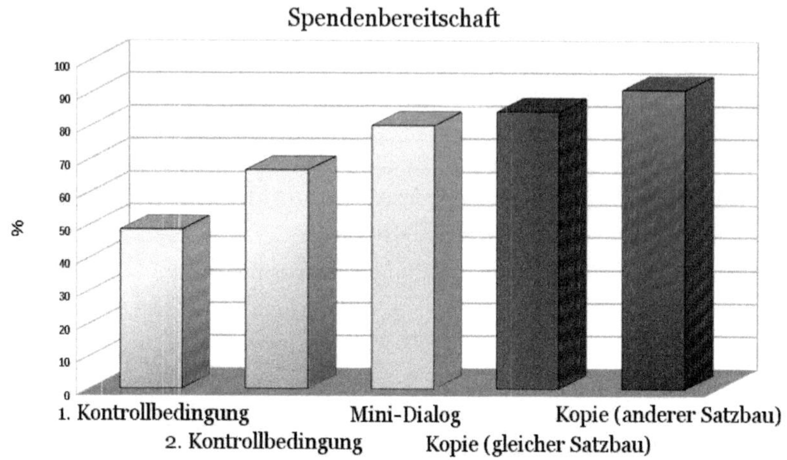

Abbildung 7.12 Basierend auf Daten von: Kulesza, W., Dolinski, D., Huisman, A., & Majewski, R. (2014). The echo effect: The power of verbal mimicry to influence pro-social behavior. Journal of Language and Social Psychology, 33, 185-203.

Was ist effektiver: Mimikry oder Smalltalk? – Oder beides zusammen?

Wie so häufig in der Wissenschaft warfen die obigen Ergebnisse neue Fragen auf: Wenn beide Techniken ähnlich effektiv sind, liegt ihnen dann der gleiche Wirkmechanismus zu Grunde?

Um diesen Verdacht zu überprüfen, führte das polnische Forscherteam ein weiteres, äußerst interessantes Feldexperiment durch (Kulesza, Dolinski, Huisman & Wicher, 2016). Als Versuchspersonen dienten diesmal 180 Kunden eines Kiosks. Wie schon in der Studie zuvor war die Kiosk-Verkäuferin darauf trainiert worden, auf die Anfragen der Kunden unterschiedlich zu reagieren:

a) Kontrollbedingung: kein Dialog/keine verbale Nachahmung

b) Smalltalk: Die Verkäuferin machte eine Bemerkung über das Wetter oder fragte die Versuchsperson, wie es ihr gehe.

c) verbale Nachahmung: Die Verkäuferin wiederholte wortwörtlich, was die Versuchsperson gesagt hatte. Bsp:
Kunde: „Eine Packung Zigaretten, bitte.“
Verkäuferin: „Eine Packung Zigaretten.“

d) Smalltalk + verbale Nachahmung: Die Verkäuferin begrüßte die Versuchsperson mit einer Bemerkung über das Wetter (oder fragte nach ihrer Befindlichkeit), dann wiederholte sie die Aussage der Versuchsperson.

Nachdem die Verkäuferin einen Kunden bedient hatte, fragte sie stets, ob er bereit sei, ein bisschen Geld in eine Spendenbox einer wohltätigen Organisation zu werfen. Abbildung 7.13 zeigt, dass sowohl verbale Nachahmung als auch Smalltalk zu erhöhter Spenden-

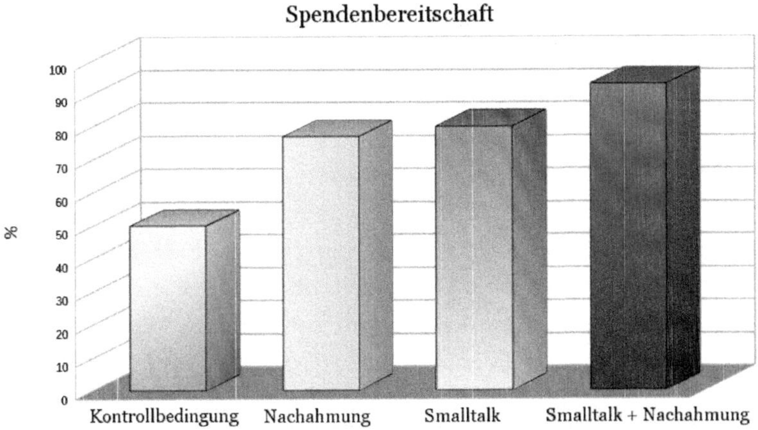

Abbildung 7.13 Basierend auf Daten von: Kulesza, W., Dolinski, D., Huisman, A., & Wicher, P. (2016-in press). The conversational chameleon: An investigation into the link between dialogue and verbal mimicry. Journal of Language and Social Psychology, 1-15.

bereitschaft führten. Am effektivsten war jedoch eine Kombination der beiden Techniken.

7.4.3 In Kombination: verbale + nonverbale Nachahmung

Was passiert, wenn man das eigene Verhalten vollständig dem Verhalten der anderen Person angleicht? Ist dies nicht viel zu auffällig?

In einem Feldexperiment von Müller, Maaskant, van Baaren und Dijksterhuis wurden Passantinnen nach dem Weg zum Bahnhof gefragt. Während sie den Weg erklärten, wurden sie von der Fragestellerin (Komplizin) sowohl nonverbal (Körperhaltung, Gesichtsausdruck) als auch verbal gespiegelt. Insbesondere das Kopieren der Wortwahl hätte auffliegen können, denn jedes Mal, wenn die Passantin ein Teilstück des Weges erklärt hatte, wurde dies von der Fragestellerin wiederholt.

Beispiel:
Passantin: „Sie müssen an der nächsten Kreuzung rechts."
Komplizin: „Ich muss also an der nächsten Kreuzung rechts."

Spätestens als die Fragestellerin darum bat, den Weg zum Bahnhof noch ein zweites Mal erklärt zu bekommen, da sie es einfach noch nicht verstanden habe, hätten die Passantinnen Verdacht schöpfen können. Denn auch während diesem zweiten Erklärungsversuch, wurden sie sowohl verbal als auch nonverbal nachgeahmt. Wie schon in den vorherigen Studien ließ sich auf diese Weise die Hilfsbereitschaft der Probanden erhöhen. Als sich die Komplizin nämlich weiterhin begriffsstutzig stellte und die Passantinnen schließlich darum bat, sie zum Bahnhof zu führen, waren immerhin 75% bereit, sie bei diesem 3-minütigen Weg zu begleiten (siehe Abbildung 7.14).

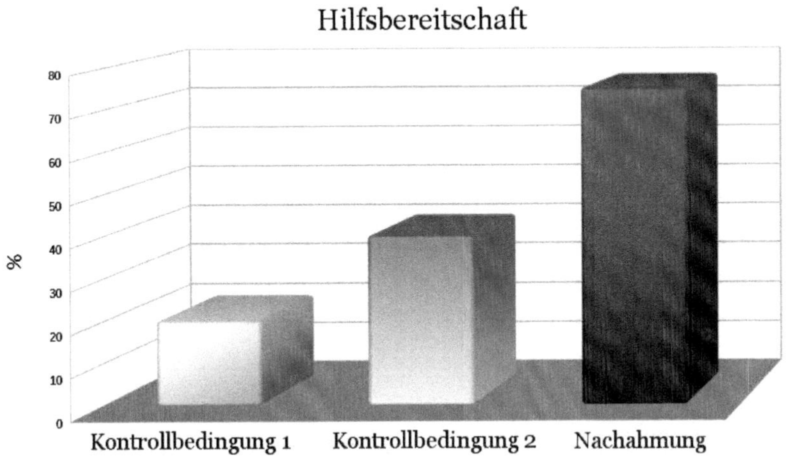

Abbildung 7.14 Basierend auf Daten von: Müller, B.C., Maaskant, A.J., Van Baaren, R.B., & Dijksterhuis, A.P. (2012). Prosocial consequences of imitation. Psychological Reports, 110(3), 891-8.

Erklärung:

Kontrollbedingung 1: Die Passantinnen wurden nur einmal nach dem Weg zum Bahnhof gefragt. Währenddessen wurden sie nicht nachgeahmt.

Kontrollbedingung 2: Die Passantinnen wurden zweimal nach dem Weg zum Bahnhof gefragt. Währenddessen wurden sie nicht nachgeahmt. Aber es fand mehr Interaktion statt als in der ersten Kontrollbedingung. Auf Erklärungen der Passantin wurde mit „Mhm" oder „Okay" reagiert.

Nachahmung:
Verbale und nonverbale Mimikry (siehe Fließtext).

Und wie sich bei einer Nachbefragung herausstellte, war tatsächlich keiner der Passantinnen aufgefallen, dass sie von der Fragestellerin permanent nachgeäfft worden war. Scheinbar wird Nachahmung selbst dann nur selten bemerkt, wenn sie sowohl verbal als auch nonverbal eingesetzt wird. Höchstwahrscheinlich führt die Anwendung von Mimikry auf beiden Kommunikationskanälen sogar zu noch größeren Effekten (siehe hierzu z.B. die Studie von Guèguen & Martin, 2008).

7.5 Mehr Geld durch Nachahmung?

Natürlich kann das Spiegeln der (Körper-)Sprache auch dazu verwendet werden, handfeste wirtschaftliche Interessen zu verfolgen. Bisher liegen für diesen Bereich (zum Glück?) noch nicht allzu viele Forschungsergebnisse vor. Zwei Berufsgruppen könnten jedoch besonders vom gezielten Einsatz von Mimikry profitieren:

- Servicepersonal in Restaurants/Bars
- Verkäufer

7.5.1 Mehr Trinkgeld durch Nachahmung?

Erinnern Sie sich an Ihre letzten Restaurant- oder Bar-Besuche. Wissen Sie zufällig noch, ob die Servicekraft ihre Bestellungen mit eigenen Worten wiederholte (siehe Comic)?

Und wenn ja, können Sie sich vorstellen, dass Sie ihr deswegen mehr Trinkgeld zukommen ließen?

Was von uns als ein Rückfragen bzw. Rückversichern wahrgenommen wird, ist im Grunde nichts anderes als verbale Mimikry, die von mancher Servicekraft intuitiv eingesetzt wird.

Wie wirksam dieses Vorgehen im Vergleich zu einer Kontrollbedingung sein kann, in welcher die Servicekraft nur mit „Okay“ oder „Kommt sofort!“ antwortete, wurde zum ersten Mal in einem holländischen Restaurant untersucht (van Baaren, Holland, Steenaert & Knippenberg, 2003).

Wenn die Servicekraft alle Wünsche der Gäste – von den Getränkebestellungen bis hin zum Wunsch nach der Rechnung – wiederholte, konnte sie mit deutlich mehr Trinkgeld rechnen (siehe Abbildung 7.15).

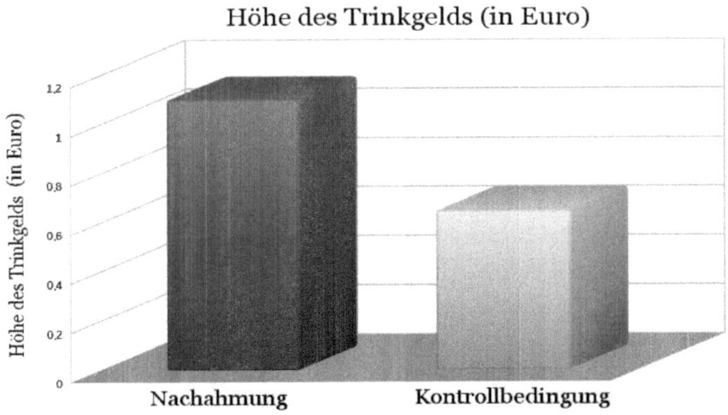

Abbildung 7.15 Basierend auf Daten von: Van Baaren, R. B., Holland, R. W., Steenaert, B., & Van Knippenberg, A. (2003) Mimicry for money: Behavioral consequences of imitation. Journal of Experimental Social Psychology, 39(4), 393-398.

Bemerkenswerterweise ließ sich in einer neueren Untersuchung mit 237 Besuchern eines französischen Restaurants beobachten, dass eine Servicekraft auch dann mehr Trinkgeld erhielt (1,65 Euro vs. 1,27 Euro), wenn sie nicht sofort die Bestellungen ihrer Kunden wiederholte, sondern damit bis zum Servieren wartete (Jacob & Guéguen, 2013).

Beispiel:
Gast: „Ich hätte gern eine Apfelsaftschorle."
Servicekraft: „Kommt sofort."
Servicekraft (wenig später beim Servieren): „Hier ist ihre Apfelsaftschorle."

7.5.2 Sind nachahmende Verkäufer überzeugender?

Manchmal gibt es Verkäufer, bei denen man zugeben muss: „Der ist so sympathisch, der könnte mir alles verkaufen. Wir harmonieren einfach hervorragend." Vielleicht stellt sich dieses Gefühl des Harmonierens ja nur deshalb ein, weil der Verkäufer sein Verhalten unbewusst (oder gezielt) unserem Verhalten angleicht? Das Resultat könnte sein, dass wir uns verstanden fühlen und eher den Empfehlungen des Verkäufers folgen.

Jacob, Guéguen, Martin und Boulbry (2011) überprüften diese Hypothese in zwei Experimenten mit insgesamt 559 Kunden zweier Kaufhäuser. Hierzu bildeten sie die Verkäufer der mp3-Player Abteilung in der Anwendung verbaler und nonverbaler Mimikry aus. Wenn z.B. ein Kunde an den Verkäufer herantrat und sagte: „Hallo, könnten Sie mir helfen einen mp3-Player auszuwählen?" Dann sagte der Verkäufer: „Hallo, natürlich kann ich Ihnen helfen einen mp3-Player auszuwählen." Bei der Kontrollgruppe sagte der Verkäufer in einem ebenfalls freundlichen Ton: „Ja, natürlich."

Auf nonverbaler Ebene wurden die Verkäufer angehalten während jeder Interaktion ca. fünfmal die Körpersprache des Kunden zu spiegeln (mit 3-4 Sekunden Verzögerung; z.B. im Gesicht kratzen, überkreuzte Arme etc.).

Diese Strategie war in mehrerlei Hinsicht der Kontrollbedingung überlegen:

1. Die Kunden bewerteten sowohl den Verkäufer als auch das Geschäft besser.

2. Die Kunden folgten häufiger der Empfehlung des Verkäufers (siehe Abbildung 7.16)

3. Es wurde mehr verkauft.

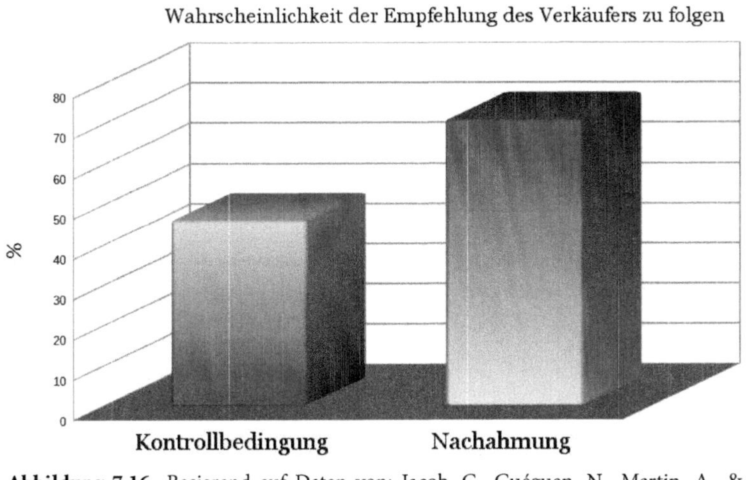

Abbildung 7.16 Basierend auf Daten von: Jacob, C., Guéguen, N., Martin, A., & Boulbry, G. (2011). Retail salespeople's mimicry of costumers: Effects on consumer behavior. Journal of Retailing and Consumer Services, 18, 381-388. Experiment 1.

Ein weiterer Faktor, der uns bekanntermaßen wohlwollend gegenüber anderen Menschen stimmt, ist gutes Aussehen (siehe z.B. Langlois et al., 2000). Könnte es also sein, dass „attraktive Chamäleons" besonders gut verkaufen (Kulesza, Szypowska, Jarman & Dolinski, 2014)? Um diese Frage zu beantworten, sollte eine Verkäuferin eines Kosmetikgeschäfts einmal ungeschminkt (weniger attraktiv) und einmal mit vorteilhaftem Make-up (attraktiv) auftreten. Zudem hatte man sie geschult, ihre Körpersprache an die ihrer Kundinnen anzupassen. Wie in Abbildung 7.17 zu sehen ist, wurde der mit Abstand höchste Umsatz verzeichnet, wenn die Verkäuferin attraktiv war *und* nonverbale Mimikry einsetzte.

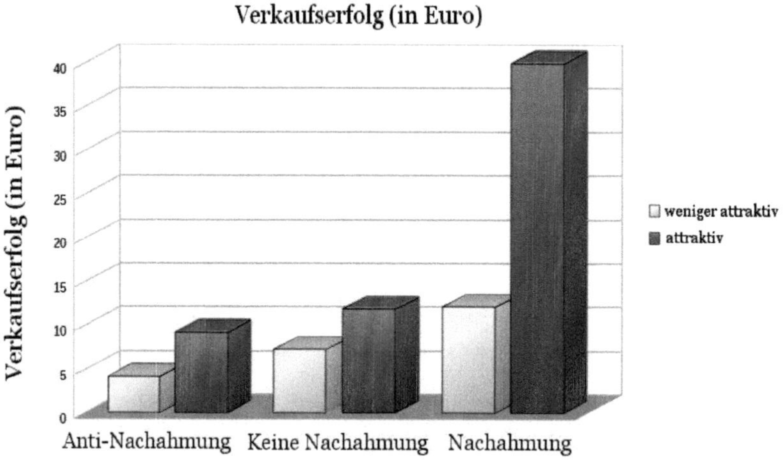

Abbildung 7.17 Basierend auf Daten von: Kulesza, W., Szypowska, Z., Jarman, M., & Dolinski, D. (2014). Attractive chameleons sell: The mimicry-attractiveness link. Psychology & Marketing, 31, 549-561.

Erklärung:

Anti-Nachahmung: Die Verkäuferin legte eine gegensätzliche Körpersprache an den Tag. Wenn sich eine Kundin z.B. nach vorne lehnte, dann lehnte sie sich zurück.

Keine Nachahmung: Die Verkäuferin vermied Veränderungen der Körperhaltung, Hand- oder Armbewegungen.

Nachahmung: Die Verkäuferin spiegelte mit zwei Sekunden Verzögerung die Körpersprache der Kundinnen (Körperhaltung, Gestik, etc.).

7.6 Nachahmung in der Liebe

Manchmal stimmt die Chemie einfach. Frisch Verliebte sagen dann gerne Dinge wie:

„Wir sind auf einer Wellenlänge."
„Wir sind Seelenverwandte."
„Ich hab mich gleich verstanden gefühlt."

Wenn man dann mal genauer nachfragt, können viele gar nicht so richtig beschreiben, woher denn dieses Gefühl der Verbundenheit stammt.

Womöglich ist zumindest ein Teil der Harmonie darauf zurückzuführen, dass sich potentielle Liebespartner (unbewusst) einander anpassen. Falls dies der Fall sein sollte, stellt sich natürlich die Frage: Könnte man dies auch gezielt einsetzen, um seine Chancen beim anderen Geschlecht zu verbessern?

7.6.1 Automatisches Nachahmen potentieller Liebespartner

Wenn wir durch Nachahmung offenbar das Ziel verfolgen, eine engere Verbindung (Rapport) zu anderen Menschen aufzubauen, könnte es dann nicht sein, dass wir potentielle Liebespartner besonders stark spiegeln?

Um diese Frage zu beantworten, luden Karremans und Verwijmeren (2008) männliche Versuchspersonen zu einem Sprachexperiment ein. Angeblich ging es darum, zusammen mit einer anderen Versuchsperson zu entscheiden, ob es sich bei Wörtern einer fiktiven Sprache um Verben oder Subjekte handle. Als man den Studenten ihre Versuchspartnerin (Komplizin des Versuchsleiters) vorstellte,

dürfte manch einer innerlich frohlockt haben. Es handelte sich nämlich um eine äußerst attraktive 20-jährige Studentin.
Diese war beauftragt worden, sich während des 4-minütigen Sprachexperiments ca. alle 15 Sekunden im Gesicht zu kratzen.

Interessanterweise ließ sich beobachten, dass Single-Männer deutlich häufiger das Verhalten der attraktiven Studentin kopierten als Männer, die angaben, in einer Beziehung zu sein (siehe Abbildung 7.18).

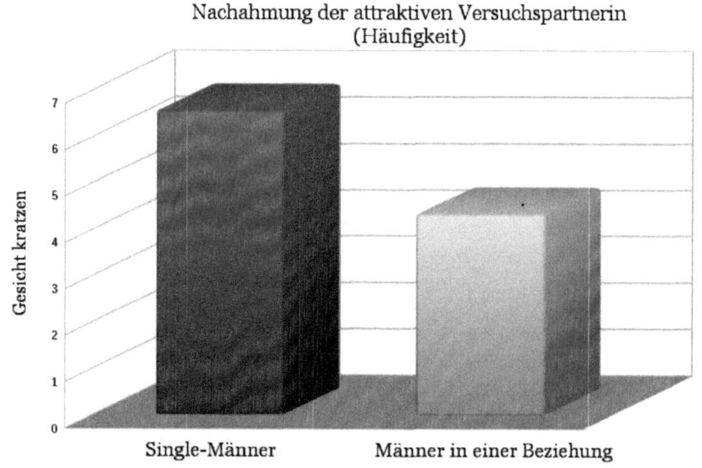

Abbildung 7.18 Basierend auf Daten von: Karremans, J. C., & Verwijmeren, T. (2008). Mimicking attractive opposite- sex others: The role of romantic relationship status. Personality and Social Psychology Bulletin, 34, 939-950.

Noch interessanter war jedoch die Beobachtung, dass Männer, die in einer Beziehung waren, umso häufiger ihr Gegenüber nachahmten, je weniger eng sie ihr Verhältnis zu ihrer aktuellen Partnerin ansahen. Insofern könnte man schlussfolgern, dass man als Ehefrau durchaus misstrauisch werden sollte, wenn der Partner beginnt, die Körpersprache anderer Frauen zu spiegeln.

Bevor jetzt aber der Aufschrei gegenüber den „bösen Männern" einsetzt, sei darauf verwiesen, dass Frauen ebenfalls auf diese Strategie zurückgreifen. Dabei scheinen sie sich vor allem vom Status ihres Interaktionspartners leiten zu lassen (van Straaten, Engels, Finkenauer & Holland, 2007). Dies ließ sich zumindest in einem Experiment beobachten, bei welchem man Studentinnen im Rahmen eines vermeintlichen Marketingexperiments entweder mit einem attraktiven oder weniger attraktiven Verbündeten interagieren ließ. Zudem hatte man eine Hälfte der Studentinnen glauben lassen, dass der Versuchspartner auf einem Campingplatz (niedriger Status) arbeite. Der anderen Hälfte hatte man die Information zukommen lassen, der Versuchspartner sei der Forschungsassistent eines Professors (hoher Status).

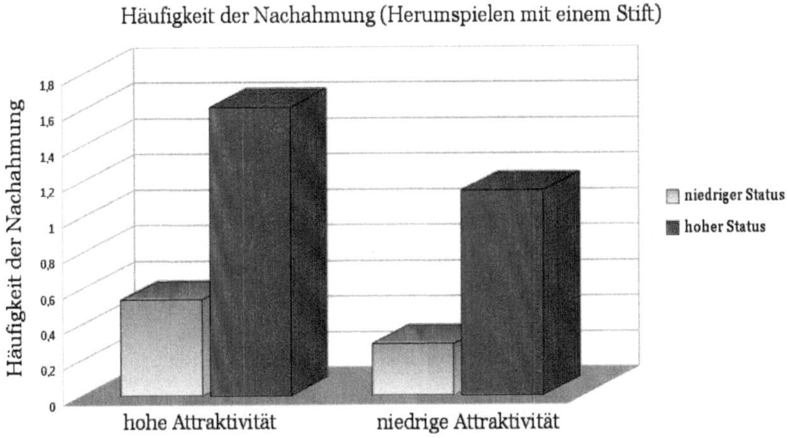

Abbildung 7.19 Basierend auf Daten von: van Straaten, I., Engels, R. C. M. E., Finkenauer, C., & Holland, R. W. (2007). Sex differences in short-term mate preferences and behavioral mimicry: A semi-naturalistic experiment. Archives of Sexual Behavior, 37(6), 902-911.

Wie in Abbildung 7.19 zu sehen ist, spiegelten die Frauen das Verhalten des Versuchspartners (Herumspielen mit einem Stift) vor allem dann wider, wenn sie glaubten, er habe eine hochrangige Position inne.[23]

7.6.2 Erfolgreicher flirten durch Nachahmung?

Aber welchen Effekt hat es denn nun, wenn wir unser Verhalten der Auserwählten oder dem Auserwählten anpassen? Erhöht dies tatsächlich unsere Chancen?

Zur Beantwortung dieser Frage schleusten französische Forscher (Guéguen & Martin, 2008; Guéguen, 2009) Komplizinnen in Speed-Dating-Veranstaltungen ein. Diese hatten die Aufgabe, während der 5-minütigen Kennenlern-Phasen sowohl verbale als auch nonverbale Mimikry zu verwenden. Wenn beispielsweise ein Mann beim Schildern seiner Hobbys Ausdrücke wie „Ich liebe es ..." oder „Es macht mir Spaß..." verwendete, sollten die Komplizinnen ihrerseits die gleichen Ausdrücke verwenden.

Oder wenn ein Mann an einer Stelle sagte: „Du machst das wirklich?" Dann sollten sie nicht einfach mit „ja" antworten (Kontrollbedingung), sondern mit: „Ja, das mache ich wirklich."

Darüber hinaus sollten auch nonverbale Verhaltensweisen (im Gesicht kratzen, verschränkte Arme etc.) mit einer Verzögerung von 3-4 Sekunden nachgeahmt werden. In der Kontrollbedingung sollten die Frauen dagegen sehr genau darauf achten, keine Verhaltensweisen zu kopieren. Davon abgesehen sollten sie sich aber genau gleich verhalten.

In beiden Experimenten mit insgesamt 186 Versuchspersonen wurden die Frauen von den Männern tatsächlich als attraktiver ein-

23 Die Ergebnisse für den Faktor Attraktivität waren – zumindest in dieser Studie – nicht signifikant. Bei Männern sah das Ergebnis dagegen anders aus. Wenn die Versuchspartnerin attraktiv war, wurde ihre Körperhaltung häufiger nachgeahmt. Der Status der Frau hatte dagegen keine Auswirkung darauf, ob Männer ihre Körperhaltung anpassten.

gestuft, wenn sie sich bemüht hatten, ihr Verhalten dem der Männer anzugleichen (siehe Abbildung 7.20).

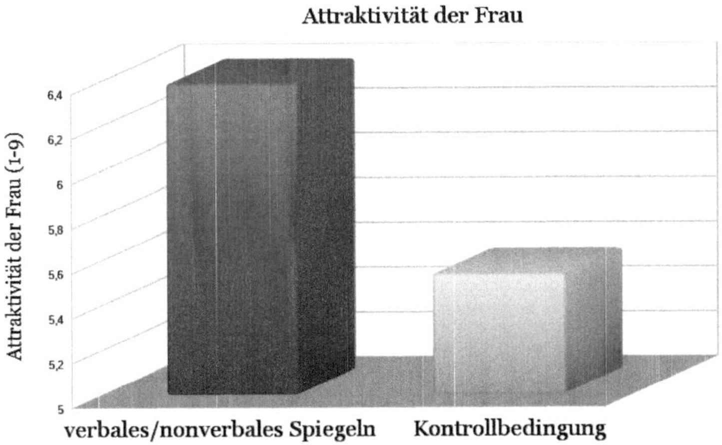

Abbildung 7.20 Basierend auf Daten von: Guéguen, N. (2009). Mimicry and seduction: An evaluation in a courtship context. Social Influence, 4, 249-255.

Allerdings ist ein Speed-Dating-Gespräch keineswegs so leicht zu standardisieren wie jene Interaktionen, die man in anderen Studien inszeniert hatte (z.B. gemeinsam Bilder bewerten). Daher ist es nicht auszuschließen, dass die Komplizinnen unwillentlich nicht nur ihr Nachahmungsverhalten variiert hatten.

7.7 Ist Nachahmung immer von Vorteil?

Mittlerweile liegen einige wenige Forschungsergebnisse vor, die nahe legen, dass es in manchen Situationen einfach nicht angebracht ist, einen Interaktionspartner nachzuahmen.

Kavanagh, Suhler, Churchland und Winkielman (2011) zeigten ihren Versuchspersonen beispielsweise Videos, in welchen ein Student von einem äußerst arroganten und herablassenden Interviewer befragt wurde. Es zeigte sich, dass der Student, wenn er das nonverbale Verhalten des herablassenden Interviewers kopierte (z.B. überkreuzte Beine), von den Versuchspersonen als deutlich inkompetenter wahrgenommen wurde. Man könnte also schlussfolgern, dass es unserer Reputation schadet, die Körpersprache eines unsympathischen Bösewichts zu kopieren.

Auch in Situationen, in denen ein strenger Arbeitsfokus gefordert ist, scheint Mimikry unangebracht zu sein. Wer hier versucht, durch Mimikry eine warmherzige, freundschaftliche Verbindung herzustellen, läuft Gefahr, einen gegenteiligen Effekt hervorzurufen (Leander, Chartrand & Bargh, 2012).

7.8 Wie kann man sich schützen? (Wenn-dann-Pläne)

Da es sich insbesondere bei nonverbaler Mimikry um eine äußerst subtile Beeinflussungsstrategie handelt, wird sie von uns fast nie bemerkt. Und selbst wenn wir Verdacht schöpfen, können wir uns nicht sicher sein, ob es sich um ein absichtliches oder automatisches Nachahmen handelt. Somit stellt sich natürlich die Frage: Gibt es überhaupt wirksame Gegenstrategien?

Schließlich wollen wir uns vom Verkäufer im Kaufhaus nicht jeden minderwertigen Artikel andrehen lassen.

Eine wirksame Strategie, die auch gegen andere Beeinflussungsversuche schützen kann, sind Wenn-dann-Pläne:

Beispiel:
Wenn ich das Verlangen verspüre, eine Zigarette zu rauchen, **dann** kaue ich stattdessen ein Kaugummi.

Mittlerweile liegt eine Vielzahl an Studien vor (z.B. Conner & Higgins, 2010), in denen gezeigt werden konnte, dass Wenn-dann-Pläne beim Verfolgen von Zielen deutlich besser dazu geeignet sind, uns in der Spur zu halten, als allgemein gehaltene Zielformulierungen („Ich werde keine Zigaretten mehr rauchen!").

In einer dieser Studien hatte man versucht, Probanden zu Sparsamkeit zu „erziehen". Dazu gab man ihnen unterschiedliche Strategien an die Hand:

a) **Normale Zielsetzung**: *„Ich werde sparsam mit meinem Geld umgehen. Ich werde mein Geld für wichtige Investitionen sparen."*

b) **Wenn-dann-Plan**: *„Ich werde sparsam mit meinem Geld umgehen. Und* ***wenn*** *ich in Versuchung gerate, etwas zu kaufen,* ***dann*** *werde ich mir sagen: „Ich werde mein Geld für wichtige Investitionen sparen."*

Kurz darauf sollten die Versuchspersonen an einer kurzen Umfrage teilnehmen. Während dieser Umfrage wurde die Körpersprache einer Hälfte der Probanden vom Versuchsleiter nachgeahmt. Nachdem die Umfrage zu Ende war, sagte der Versuchsleiter, dass er noch Schokoriegel und Kaffee-Gutscheine von einem anderen Experiment übrig habe. Falls Interesse bestünde, könne man nun welche davon erwerben.

Da es sich jedoch keinesfalls um ein Schnäppchen handelte (gleicher Verkaufspreis wie in der Uni-Cafeteria), lautete die große Frage, welche Gruppe der Probanden würde sich gegen den subtilen Beeinflussungsversuch besser schützen können. Wie in Abbildung 7.21 zu sehen ist, gaben jene Probanden, welche man mit einem Wenn-dann-Plan ausgerüstet hatte, deutlich weniger Geld aus, wenn man versucht hatte, sie durch Nachahmung zu beeinflussen.

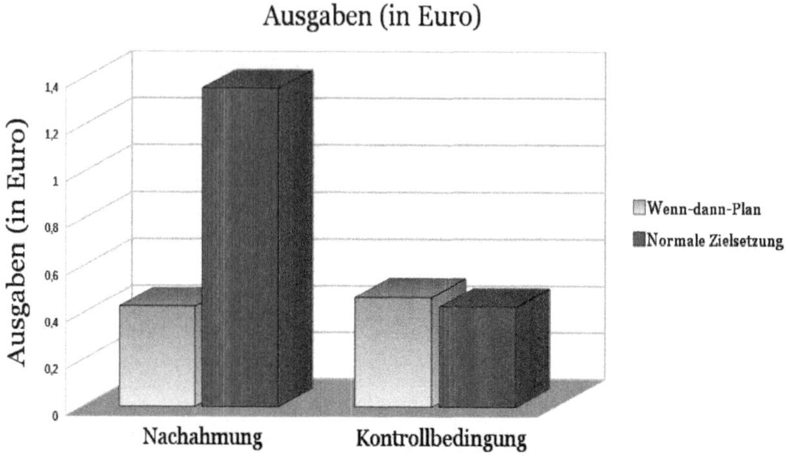

Abbildung 7.21 Basierend auf Daten von: Wieber, F., Gollwitzer, P. M., & Sheeran, P. (2014). Strategic regulation of mimicry effects by implementation intentions. Journal of Experimental Social Psychology, 53, 31-39.

8 Sind wir Mitläufer?

Unsere Mitmenschen haben einen riesigen Einfluss auf unser Leben. Nahezu alle unsere Verhaltensweisen und Einstellungen wurden letztlich von anderen Menschen übernommen. Wenn Sie wollen, können Sie sich einen Moment Zeit nehmen und für die folgenden Bereiche ihres Lebens überprüfen, an wem Sie sich (unbewusst) orientiert haben.

→ Rauchen, Alkoholkonsum, Drogenkonsum
→ Hobbys, Interessen
→ Kleidungsstil
→ Politische Orientierung
→ Berufswunsch/Berufswahl
→ Religion, Glaube
→ Sauberkeit, Ordentlichkeit

Für viele dieser Lebensbereiche gilt, dass der Einfluss unserer Eltern im Laufe der Zeit deutlich abnimmt. Immer größer wird dagegen der Einfluss von Freunden oder Lebenspartnern.

8.1 Experimente zum „Mitmachen" - Klassiker der Sozialpsychologie

Während die Forschung zur (non-)verbalen Mimikry erst in den letzten Jahren Fahrt aufgenommen hat, ist die Erkenntnis, dass sich Menschen in vielen Situationen wie Mitläufer verhalten, schon relativ alt.

Ein klassisches Experiment, das sich leicht mit Freunden und Bekannten nachspielen lässt, wurde zum ersten Mal 1969 in einer belebten New Yorker Straße durchgeführt (Milgram, Bickman & Berkowitz, 1969). Die Forscher beauftragten unterschiedlich viele Komplizen, zu einem Fenster im 6. Stock eines Bürogebäudes zu schauen.

Obwohl es dort überhaupt nichts zu sehen gab, stieg die Zahl der Fußgänger, die ebenfalls hoch zum Fenster blickten, mit zunehmender Komplizen-Anzahl (siehe linkes Balkendiagramm in Abbildung 8.1). Das gleiche Ergebnismuster ließ sich auch in einer mehr als 40 Jahre später durchgeführten Replikationsstudie beobachten (siehe rechtes Balkendiagramm in Abbildung 8.1).

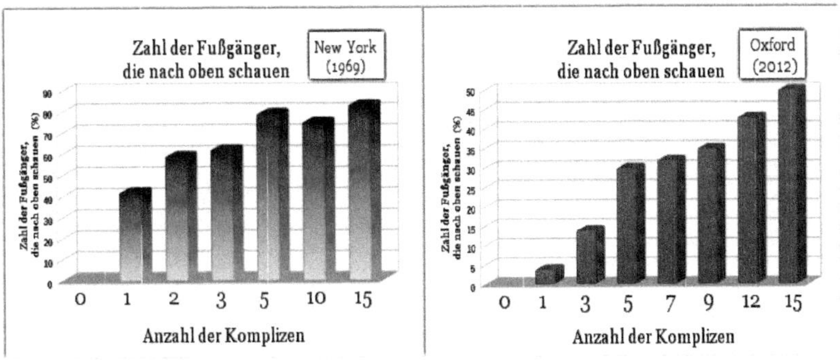

Abbildung 8.1

Links: Basierend auf Daten von: Milgram, S., Bickman, L., & Berkowitz, L. (1969). Note on the drawing power of crowds of different size. Journal of Personality and Social Psychology, 13, 79-82.

Rechts: Basierend auf Daten von: Gallup, A. C., Hale, J. J., Sumpter, D. J., Garnier, S., Kacelnik, A., Krebs, J. R., & Couzin, I. D. (2012). Visual attention and the acquisition of information in human crowds Proceedings of the National Academy of Sciences, USA, 109, 7245-7250.

Ein weiteres klassisches Experiment der Sozialpsychologie können Sie nachspielen, wenn Sie das nächste Mal zusammen mit anderen Menschen an einer roten Fußgänger-Ampel stehen. Selbst wenn weit und breit kein Auto in Sicht ist, bleiben die meisten Bürger pflichtbewusst an der Ampel stehen. Aber was passiert, wenn Sie als schlechtes Vorbild vorangehen. Wie viele Ihrer Mitbürger werden zu Mitläufern?

Wie Abbildung 8.2 zu entnehmen ist, hängt dies ganz davon ab, welchen Status man Ihnen zuschreibt:

a) hoher Status: Sie haben einen Anzug mit Krawatte an und tragen einen Aktenkoffer mit sich.

b) mittlerer Status: Sie tragen ein sauberes T-Shirt, eine normale Hose und Sneakers.

c) **niedriger Status:** Sie tragen ein dreckiges und zerlöchertes T-Shirt, eine Blue Jeans und alte Schuhe. Ihre Haare sind zerzaust.

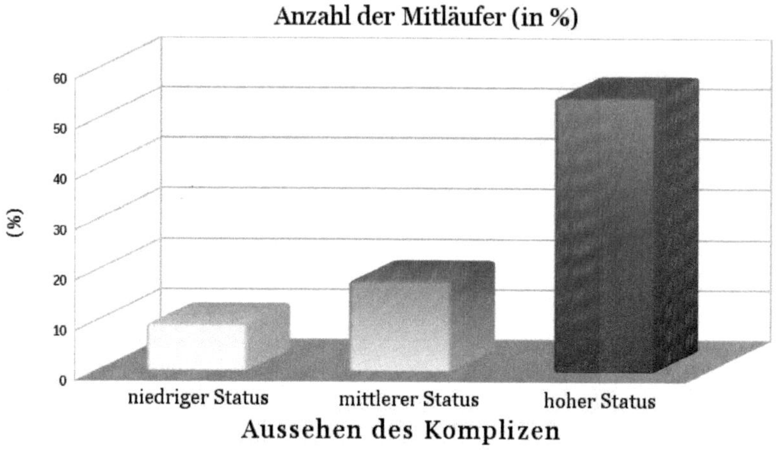

Abbildung 8.2 Basierend auf Daten von: Guéguen, N., & Pichot, N. (2001). The influence of status on pedestrians' failure to observe a road-safety rule. Journal of Social Psychology, 141(3), 413-415.

Hinweis: Unter normalen Bedingungen (ohne Komplize) gingen 15,6% der Fußgänger bei Rot über die Ampel. Im Vergleich dazu führte das Vorausschicken eines Komplizen mit niedrigem Status sogar zu verringertem Mitläufer-Verhalten (9,3%).

8.2 Ist Übergewicht ansteckend?

Wie unser Essverhalten durch andere Menschen beeinflusst wird

Viele Menschen kämpfen mit ihrem Gewicht. Laut einer Umfrage des Allensbach-Instituts aus dem Jahr 2014 haben bereits 38% der Deutschen mindestens einmal eine Diät gemacht (Männer: 24%, Frauen: 51%).

Ob wir viel oder wenig essen, hängt jedoch stark von unserem sozialen Umfeld ab.

In einer der vielen Studien, in denen dies nachgewiesen werden konnte, wurden Frauen zu einem Experiment zum Thema Problemlösen eingeladen (Vartanian, Sokol, Herman & Polivy, 2013). Zum Naschen hatte man ihnen eine gut gefüllte Schale mit M&M's hingestellt. Was die Frauen nicht wussten, war, dass die anderen Probandinnen, die ihnen gegenüber saßen, in Wirklichkeit Verbündete des Versuchsleiters waren. Diese hatten die Aufgabe, entweder sehr wenig M&M's zu essen (2) oder sehr viele (35). Um festzustellen, wie viele M&M's unter „Normalbedingungen" gegessen werden, gab es noch eine Kontrollgruppe, in welcher die Probandinnen alleine an ihren Aufgaben zu arbeiten hatten.

Wie in Abbildung 8.3 zu sehen ist, aßen die Frauen deutlich mehr M&M's, wenn alle anderen auch beherzt zugriffen. Wenn die anderen Frauen jedoch nur zwei M&M's aßen, zügelten die Probandin-

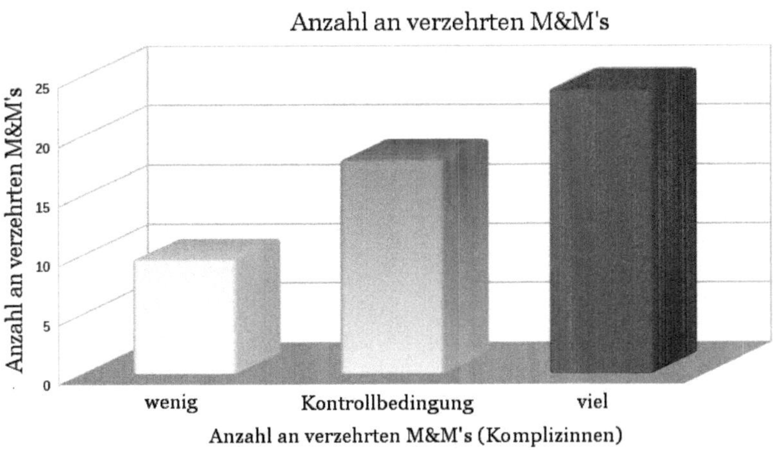

Abbildung 8.3 Basierend auf Daten von: Vartanian, L. R., Sokol, N., Herman, C. P., & Polivy, J. (2013). Social Models Provide a Norm of Appropriate Food Intake for Young Women. PLoS ONE, 8(11), e79268.

nen ihren Appetit. Dann aßen sie sogar weniger als in der Kontrollbedingung.

Aber auch für unser Essverhalten gilt: Wir folgen nicht jedem Vorbild gleichermaßen. McFerran, Dahl, Fitzsimons und Morales (2010) luden Probandinnen dazu ein, mit einer dünnen oder dickleibigen[24] Versuchspartnerin (Komplizin) einen Film zu schauen. Bevor der Film begann, gab man ihnen die Möglichkeit, sich mit Süßigkeiten einzudecken. In einer Versuchsbedingung nahm sich die Komplizin so viel, wie sie kriegen konnte (ca. 30 Stück). In einer anderen Versuchsbedingung nahm sie sich lediglich zwei Süßigkeiten.

Wie in Abbildung 8.4 zu sehen ist, folgten die Versuchspersonen dem Vorbild einer dickleibigen Versuchspartnerin deutlich seltener. Dies war insbesondere dann zu beobachten, wenn sich die dickleibige Versuchspartnerin extrem viele Süßigkeiten genommen hatte.

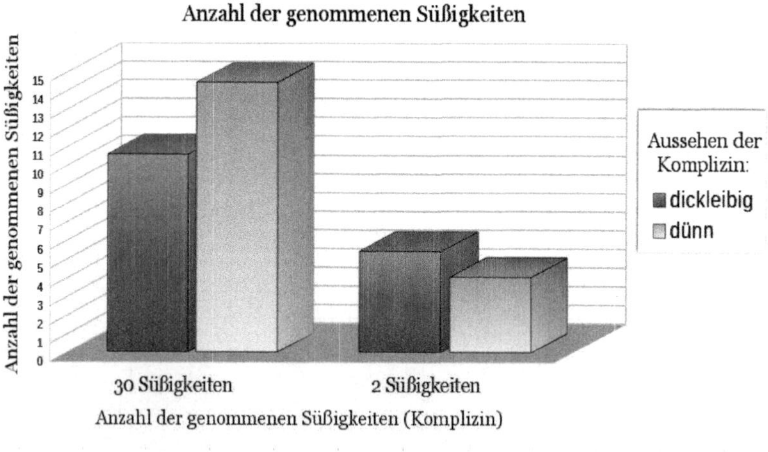

Abbildung 8.4 Basierend auf Daten von: McFerran, B., Dahl, D. W., Fitzsimons, G. J., & Morales, A. C. (2010). I'll have what she's having: Effects of social influence and body type on the food choices of others. Journal of Consumer Research, 36, 915-929.

24 Es handelte sich um ein und dieselbe Person, die einen Fettleibigkeits-Anzug trug. Dieser Anzug war von einem Kostüm-Studio maßgeschneidert worden, das schon bei Oscar-prämierten Filmen mitgewirkt hatte.

Auch wenn das dickleibige Aussehen der Versuchspartnerin zu einer gewissen Abschwächung ihrer Vorbild-Funktion führte, ließ sich selbst in dieser Versuchsbedingung ein solider Nachahmungs-Effekt beobachten. Wenn sich die dickleibige Komplizin nur 2 Süßigkeiten sicherte, nahmen die Probandinnen im Durchschnitt auch nur 5,5 Süßigkeiten. Wenn sie sich dagegen 30 Süßigkeiten grapschte, nahmen die Probandinnen durchschnittlich immerhin 10,5 Süßigkeiten.

Angesichts solcher Ergebnisse kann man sich schon fragen, inwieweit soziale Nachahmung auch für die häufig zitierte „Fettleibigkeits-Epidemie" verantwortlich sein könnte. Christakis und Fowler (2007) analysierten hierzu die Daten einer gigantischen Stichprobe von 5124 Versuchspersonen. Über einen Zeitraum von 32 Jahren hatte man für diese Personen unzählige gesundheitsrelevante Daten erhoben. Darüber hinaus hatten alle Probanden auch Angaben über ihren Wohnort und ihren Freundeskreis gemacht.

Dies eröffnete die einmalige Gelegenheit zu untersuchen, inwieweit Übergewicht wirklich „ansteckend" ist.

Tatsächlich ließ sich beobachten, dass Menschen insbesondere dann übergewichtig wurden, wenn ihre engsten Freunde ebenfalls deutlich an Gewicht zulegten (siehe Abbildung 8.5). Wenn dagegen ein Freund übergewichtig wurde, bei dem nur einer der beiden Befragten angab, dass es sich um einen Freund handelte (einseitiger Freund), dann war die Gefahr der „Ansteckung" schon deutlich geringer. Und wenn ein Nachbar übergewichtig wurde, war dies für das eigene Gewicht völlig irrelevant. Somit ist klar, dass die Ergebnisse nicht damit erklärt werden können, dass sich das Nahrungsangebot im Heimatort verändert hätte (z.B. durch Eröffnung eines Fast-Food-Restaurants), sondern dass tatsächlich die wechselseitige Beeinflussung zwischen sich nahe-stehenden Personen ausschlaggebend gewesen sein muss.

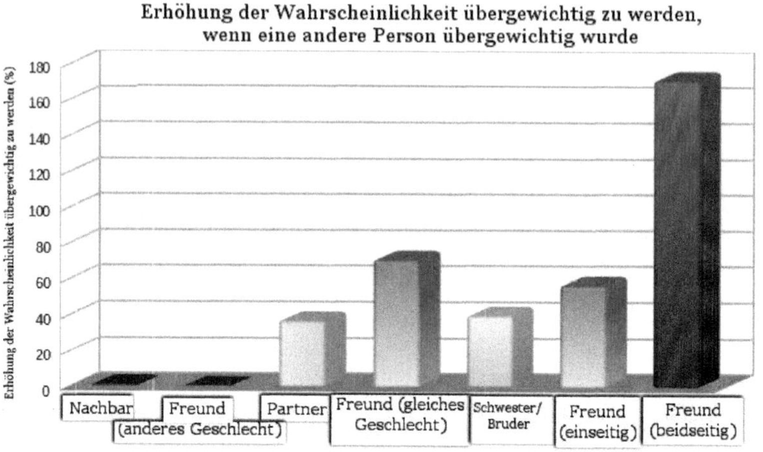

Abbildung 8.5 Basierend auf Daten von: Christakis, N.A. & Fowler, J.H. (2007). The Spread of Obesity in a Large Social Network over 32 Years. New England Journal of Medicine, 357, 370-379.

8.3 Es geht auch andersrum!

Gemeinsam mit dem Rauchen aufhören ist effektiver

Ein Jahr, nachdem die Forscher gezeigt hatten, dass sich Übergewicht geradezu wie eine Epidemie verbreitet, publizierten die Forscher eine zweite Untersuchung, in der sie nachwiesen, dass sich auch die Entscheidung, mit dem Rauchen aufzuhören, wie eine Epidemie ausbreitet (Christakis und Fowler, 2008).

Den größten Einfluss hatte dabei die Entscheidung des Lebenspartners, mit dem Rauchen aufzuhören (siehe Abbildung 8.6). Wenn der Partner oder die Partnerin das Rauchen aufgab, erhöhte dies die eigenen Erfolgschancen um 67%.
Interessant war auch die Beobachtung, dass Freunde mit höherer Bildung einen größeren Einfluss hatten als Freunde mit niedrigerer

Bildung. Vielleicht folgte man diesen eher, da sie einen höheren Status hatten (siehe rote-Ampel-Experiment), vielleicht hatten sie aber auch einfach die überzeugenderen Argumente.

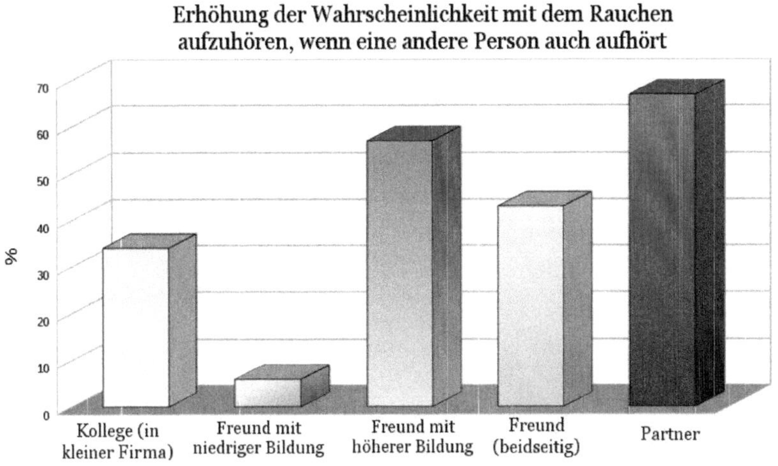

Abbildung 8.6 Basierend auf Daten von: Christakis, N. A., & Fowler, J. H. (2008). The Collective Dynamics of Smoking in a Large Social Network. New England Journal of Medicine, 358(21), 2249-2258.

8.4 Ich kauf das Gleiche wie die anderen!

Wie unsere Tendenz zum Nachahmen von Verkäufern ausgenutzt werden kann

Leider wird unsere Schwäche, in manchen Situationen gedankenlos dem Vorbild anderer Menschen zu folgen, von Marketing-Experten gnadenlos ausgenutzt. Es gehört bekanntlich zu den Standard-Strategien großer Konzerne, berühmten Sportlern, Musikern, YouTubern oder Instagram-Models kostenlose oder gesponserte Produktbeispiele zukommen zu lassen. Die Idee dahinter ist klar: Wenn

Menschen mit hohem Status das Produkt in der Öffentlichkeit verwenden, dann werden es ihnen viele nachmachen.

Während diese Werbestrategie allerdings schon weitgehend bekannt ist und man sich somit seinen Teil denken kann, wenn Christiano Ronaldo mit einem Nike-Cap posiert, ist die folgende Beeinflussungsstrategie nahezu unmöglich zu entdecken:

Stellen Sie sich vor, Sie säßen im Intercity-Zug von München nach Stuttgart. Sie haben es sich schon recht gemütlich gemacht, als sich eine Servicekraft der Deutschen Bahn nähert, um Brezeln anzubieten. Einige der anderen Fahrgäste entscheiden sich zum Kauf:

Fahrgast A: „*Eine Brezel für mich.*“
Fahrgast B: „*Für mich auch eine Brezel.*“
Fahrgast C: „*Ah, Ich nehm auch eine.*“

Lassen Sie sich vom Kaufverhalten ihrer Mitreisenden beeinflussen?

Das obige Szenario wurde in einer Untersuchung mit über 2500 Bahngästen durchgespielt (Herrmann, Rossberg, Huber, Landwehr & Henkel, 2015). Natürlich konnte keine der Versuchspersonen ahnen, dass es sich bei den Fahrgästen A,B und C um Komplizen des Versuchsleiters handelte.

Auch in einer zweiten Versuchsbedingung, in der man die Komplizen mit ihren frisch gekauften Brezeln vor der Verkäuferin herlaufen ließ (dabei waren sie voll des Lobes: „Mmm, riecht das gut!“), war es unmöglich zu erkennen, dass es sich um eine Marketingstrategie handelte.

Wie sehr sich die Bahngäste vom Verhalten der Komplizen beeinflussen ließen, kann Abbildung 8.7 entnommen werden. Während in der Kontrollgruppe nur jeder 12. Fahrgast eine Brezel kaufte, hatte in den Experimentalbedingungen jeder 7. bzw. jeder 6. Fahrgast auf einmal Lust auf eine Brezel.

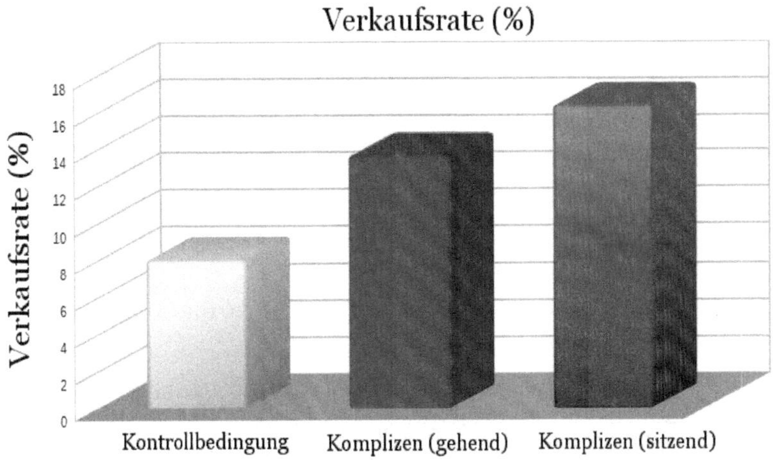

Abbildung 8.7 Basierend auf Daten von: Herrmann, A., Rossberg, N., Huber, F., Landwehr, J. R., & Henkel, S. (2011). The impact of mimicry on sales - Evidence from field and lab experiments. Journal of Economic Psychology, 32, 502-514.

Könnte das also die Zukunft der Werbung sein? Gekaufte Schauspieler, die aussehen wie Du und ich, infiltrieren unseren Alltag, um Konsumartikel in Szene zu setzen?

Medienberichten zufolge sind sie schon längst unter uns. Schon im Jahr 2010 berichtete die New York Daily News über „Stealth Marketing“ des Handyherstellers BlackBerry (Osterhout, 2010). Dieser habe gutaussehende Frauen beauftragt, sich in sozialen Hotspots (z.B. Bars in New York) unter das Volk zu mischen und mit dem neuen Handy „herumzuwedeln“. Eine besonders miese Masche bestand darin, Männern das Handy hinzuhalten und zu beteuern: „Gib mir Deine Nummer. Ich werde Dich definitiv anrufen. Wir gehen auf ein Date!“

Natürlich rief die Frau nie zurück. Aber immerhin blieb den Männern ja noch die schöne Erinnerung an das Handy.

Stealth Marketing – inspiriert durch Hollywood

Im September 2009 wurde die Hollywood-Produktion „The Joneses – Verraten und verkauft“ veröffentlicht. Der Film beschreibt das Leben einer von Marketingexperten zusammengestellten Bilderbuchfamilie, deren Aufgabe es ist, ahnungslose Nachbarn zum Kauf von allerlei (unnötigen) Produkten zu bewegen. Nahezu jede Gelegenheit wird von der gekauften Schauspielerfamilie dazu genutzt, Lippenstifte, Golfschläger oder Flatscreen-TVs anzupreisen.

Im Juni 2010 wurde aus der Hollywood-Fiktion pure Realität. Im Rahmen eines Reality-TV-Formats ließ Martin Lindstrom eine gecastete Schauspielerfamilie (Die Morgensons) in eine kalifornische Nachbarschaft einziehen. Im Laufe des 3-monatigen Experiments besuchten 129 Personen das Haus der Morgensons. Während dieser Besuche schwärmte ihnen z.B. Gina Morgenson (Ehefrau) von einer Kosmetikmarke mit natürlichen Inhaltsstoffen vor. Tatsächlich verzeichneten manche angepriesenen Marken in der Folge große Umsatzsteigerungen.

9 Die Low-ball-Technik – Schlechter als vermutet und wir fallen trotzdem drauf rein…

Das folgende Beispiel basiert auf einem Feldexperiment von Guéguen, Pascual & Dagot (2002):

Stellen Sie sich vor, Sie wären gerade mit Ihrem Hund spazieren, als Sie per Handy erfahren, Ihre Oma sei ins Krankenhaus eingeliefert worden. Zum Glück ist das Krankenhaus nur 5 Minuten entfernt. Als Sie jedoch ankommen, fällt Ihnen sofort das Schild an der Eingangstür ins Auge: „Das Mitführen von Hunden ist im Krankenhaus strengstens untersagt."

Sie beschließen kurzerhand, einen Passanten zu bitten, auf Ihren Hund aufzupassen:

„Entschuldigen Sie, ich muss meine Oma im Krankenhaus besuchen. Aber Hunde sind im Krankenhaus nicht erlaubt. Könnten Sie eine ***halbe Stunde*** *auf meinen Hund aufpassen, damit ich sie besuchen kann?"*

Falls Sie Ihre Bitte auf diese Weise formulieren, ist Ihre Erfolgsquote ziemlich gering. (In der Studie von Guéguen et al. 2002) erklärten sich nur 12,5% bereit, auf den Hund aufzupassen).

Was passiert jedoch, wenn Sie die lange Wartezeit von 30 Minuten zunächst verheimlichen und sich zuerst mal die prinzipielle Einwilligung geben lassen?

Obwohl sich die andere Person sicherlich etwas überrumpelt gefühlt haben wird, verbessern sich Ihre Chancen dramatisch. In der Studie von Guéguen und Kollegen (2002) lag die Einwilligungsquote mehr als doppelt so hoch wie in der Kontrollgruppe (30% vs. 12,5%).

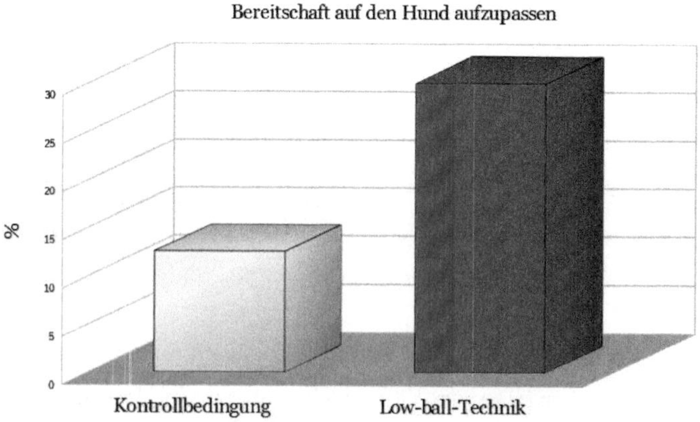

Abbildung 9.1 Basierend auf Daten von: Guéguen, N., Pascual, A., & Dagot, L. (2002). Low-ball and compliance to a request: An application in a field setting. Psychological Reports, 91, 81-84.

Die Wirksamkeit der hier verwendeten Beeinflussungstechnik **(Low-ball-Technik)** wurde in vielen Experimenten nachgewiesen (z.B. Cialdini, Basset, Miller & Miller, 1978; Guéguen, Pascual, 2014).
Die grundlegende Vorgehensweise ist schnell erklärt:

> Man bittet um etwas oder macht ein Angebot, das die andere Person wohl kaum ablehnen wird. Nachdem die andere Person ihre Zusage gemacht hat, werden Zusatzkosten (z.B. längere Wartezeit) offenbart.

Obwohl man vermuten könnte, dass die offenbarten Zusatzkosten Verärgerung und Reaktanz hervorrufen müssen (was in einigen Fällen sicherlich der Fall ist), führt die Low-ball-Technik zuverlässig zu einer Erhöhung der Erfolgsquoten.

Offensichtlich ist ihr Wirkmechanismus stärker als das mulmige Gefühl, das sich einstellt, wenn man den Eindruck hat, über den Tisch gezogen zu werden.

Die Low-ball-Technik basiert – ähnlich wie die Foot-in-the-door-Technik – auf dem Prinzip: **Wer A sagt, muss auch B sagen.** Wenn wir uns also prinzipiell bereit erklären, auf den Hund unseres Mitmenschen aufzupassen, fällt es uns schwer, einen Rückzieher zu machen, nur weil wir jetzt länger warten müssen als ursprünglich vermutet. Schließlich haben wir uns als weißer Ritter präsentiert. Ein (Selbst-)Bild, das wir nur allzu ungern wieder zerstören.

Was passiert jedoch, wenn wir aus irgendeinem Grund daran gehindert werden, A zu sagen? Sagen wir dann trotzdem noch B?

Dieser Frage gingen Burger und Cornelius (2003) nach, als sie 216 Studenten telefonisch kontaktierten, um sie für einen Charity-Lauf (3 Meilen = ca. 5km) für bedürftige Kinder zu gewinnen.
Normalerweise ist es kein Problem, Studenten für ein solches Event zu gewinnen. Die Sache hatte jedoch einen Haken: Der Lauf für den

guten Zweck fand entweder Samstag oder Sonntag morgens um 8.00 Uhr statt. Und da hört für manch einen Studenten der Spaß auf. Nur 15,7% der angerufenen Studenten in der Kontrollgruppe erklärten sich bereit, zu dieser Uhrzeit an der Veranstaltung teilzunehmen.

Was passierte jedoch, wenn man die Low-ball-Technik einsetzte und die Uhrzeit zunächst verschwieg?

Erneut erwies sich die Technik als äußerst effektiv. Mehr als doppelt so viele Versuchspersonen (39,7%) machten auch dann keinen Rückzieher mehr, wenn man ihnen die unangenehme Uhrzeit erst im Nachhinein mitteilte.

Dieser Effekt der Low-ball-Technik verpuffte jedoch vollständig, wenn die Versuchspersonen daran gehindert wurden, ihre prinzipielle Bereitschaft am Lauf teilzunehmen, kundzutun. Hierzu sagte der Anrufer in just dem Moment, in dem die Versuchsperson zusagen wollte: „Entschuldigen Sie mich für einen Moment." Dann schien der Anrufer für einen Moment lang nicht mehr am Telefon zu sein. Als er wieder am Apparat war, teilte er mit, um wie viel Uhr der Charity-Lauf stattfinden solle. Somit wurde zwar eine Low-ball-Bitte ausgesprochen, aber die prinzipielle Zusage nicht eingeholt. Unter diesen Umständen sank die Erfolgsquote unter das Niveau der Kontrollgruppe (siehe Abbildung 9.2).

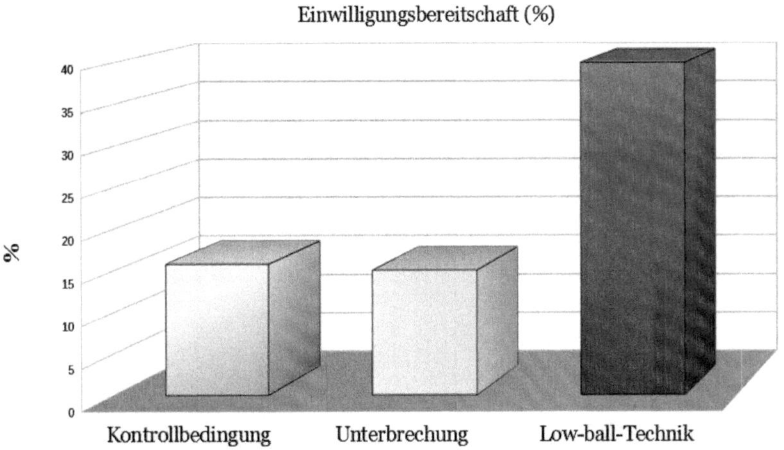

Abbildung 9.2 Basierend auf Daten von: Burger, J. M., & Cornelius, T. (2003). Raising the price of agreement: Public commitment and the low-ball compliance procedure. Journal of Applied Social Psychology, 33, 923-934.

Funktioniert die Low-ball-Technik auch dann noch, wenn wir uns nicht als Weißer Ritter präsentiert haben?

In den bisher beschriebenen Experimenten wurde die Low-ball-Technik verwendet, um sozial erwünschtes Verhalten zu fördern. Man könnte argumentieren, dass es in solchen Fällen besonders schwer sei, einen Rückzieher zu machen, da man in solchen Fällen in besonderem Maße mit gesellschaftlicher Ächtung zu rechnen hat. Daher stellt sich die Frage, ob die Beeinflussungstechnik auch dann noch funktioniert, wenn wir dazu bewegt werden sollen, ein fast schon illegales Verhalten zu zeigen. Schließlich kann uns dann keiner vorwerfen, wir seien ein Unmensch.

In einer Studie der französischen Forscher Guéguen und Pascual (2014) wurde diese Frage in zwei Experimenten untersucht. In Experiment 1 wurden rauchende Passanten von einem Studenten um Feuer gebeten. Als diese zusagten (alle haben zugesagt), kramte der Student in seiner Tasche nach seinen Zigaretten. Aber zum Vorschein kam keine normale Zigarette, sondern ein großer Cannabis-Joint. Vor dem Hintergrund, dass Cannabis-Konsum in Frankreich verboten ist und mit einer Geldstrafe von bis zu 3500 Euro und einer Freiheitsstrafe von bis zu einem Jahr bestraft werden kann, ist es schon erstaunlich, dass 80% der Passanten bereit waren, beim Anzünden des Joints behilflich zu sein.

In der Kontrollbedingung, in der sofort zu erkennen war, um welche Art von „Zigaretten" es sich drehte, lag die Erfolgsquote nur bei 38% (siehe Abbildung 9.3).

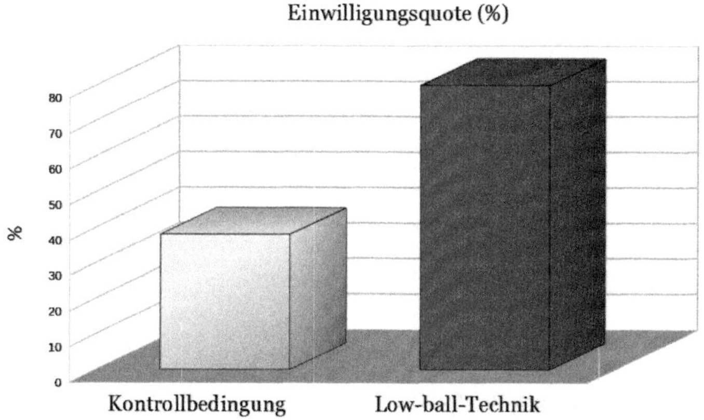

Abbildung 9.3 Basierend auf Daten von: Guéguen, N., Pascual, A. (2014). Low-ball and compliance: Commitment even if the request is a deviant one. Social Influence, 9(3), 162-171.

Die Wirksamkeit der Low-ball-Technik bei deviantem Verhalten konnten Guéguen und Pascual (2014) auch in ihrem zweiten Experiment nachweisen. Diesmal wurden 480 Passanten (Alter: 30-50 Jahre) der Stadt Vannes (Atlantikküste Frankreich) gefragt, ob sie bereit seien, sich für ein lokales Magazin fotografieren zu lassen. In der Low-ball-Versuchsbedingung wurde ihnen jedoch, erst nachdem sie ihre prinzipielle Zusage erteilt hatten, mitgeteilt, wie das Shooting ablaufen solle. Und zwar würde es darum gehen, sich mit einem Getränk besonders witzig in Szene zu setzen. Die Getränke variierten zwischen den Versuchsgruppen:

a) **eine Flasche Minz-Sirup** (harmlos)
b) **eine Flasche Bier** (schon problematischer)
c) **eine Flasche Absinth** (sehr problematisch)

Nicht jeder ist begeistert, wenn er mit Alkohol posierend in einem Magazin abgebildet werden soll. Zudem ist Absinth in Frankreich verboten. Um dies allen Probanden nochmals ins Gedächtnis zu rufen, hatte man auch einen Sticker mit der Aufschrift „ILLEGAL PRODUCT“ auf die Flasche aufgeklebt.

Auf die Wirksamkeit der Low-ball-Technik schien dies jedoch keinen Einfluss zu haben (siehe Abbildung 9.4).

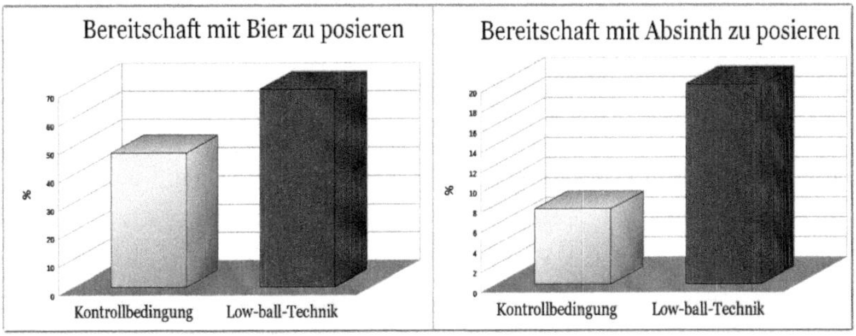

Abbildung 9.4: Basierend auf Daten von: Guéguen, N., & Pascual, A. (2014). Low-ball and compliance: Commitment even if the request is a deviant one. Social Influence, 9(3), 162-171.

Somit scheint für die Wirksamkeit der Low-ball-Technik weniger entscheidend zu sein, dass man ungern als wankelmütiger weißer Ritter wahrgenommen werden möchte, der beim Auftauchen kleinerer Probleme gleich das Weite sucht. Entscheidender scheint zu sein, dass man prinzipiell nicht als wankelmütig wahrgenommen werden möchte. Und zwar selbst dann, wenn man sich damit am Rande der Legalität bewegt.

Andererseits weisen auch die Autoren der Studie darauf hin, dass die befragten Passanten womöglich zumindest in den Augen des Bittstellers als hilfsbereite Menschen wahrgenommen werden wollten. In diesem Falle wäre die Hypothese, die Low-ball-Technik funktioniere vor allem bei Verhaltensweisen, in denen sich die Zielpersonen als weiße Ritter präsentieren wollen, nicht gänzlich entkräftet. Schließlich haben die Versuchspersonen in den Experimenten von Guéguen und Pascual (2014) sich gegenüber dem Bittsteller auch dann noch als hilfsbereit präsentiert, als ihnen klar wurde, dass sie mit dem Gesetz in Konflikt geraten konnten. Welch ein Heldenmut!

9.1 Foot-in-the-door vs. Low-ball-Technik

Bleibt abschließend noch die Frage zu klären, auf welche der beiden Beeinflussungstechniken wir häufiger reinfallen. Der Vergleich der beiden Techniken gestaltet sich allerdings nicht einfach, da man sich nicht sicher sein kann, dass die gewählten Umsetzungen auch jeweils die bestmöglichen Realisierungsmöglichkeiten der beiden Techniken sind. Mit anderen Worten: Es macht keinen Sinn, eine perfekte Umsetzung einer Low-ball-Technik mit der stümperhaften Umsetzung einer Foot-in-the-door-Technik zu vergleichen.

Trotzdem sprechen derzeit einige Studien dafür (z.B. Hornik, Zaig, Shadmon & Barbash, 1990; Joule, 1987), dass mit der Low-ball-Technik häufiger ein Tor erzielt wird.

Besonders interessant ist in diesem Zusammenhang die Studie von Hornik et al. (1990), weil hier nicht nur die Wirksamkeit der beiden Techniken verglichen wurde, sondern auch noch eine Kombination beider Beeinflussungstechniken (Foot-in-the-door + Low-ball) zum Einsatz kam.

Als Szenario diente eine Situation, die uns allen wohl bekannter ist, als uns lieb ist: eine Telefonumfrage.

Anrufer: „Hallo, wir rufen im Namen der Universität XY an und führen eine Umfrage zum Gesundheitssystem durch. Die Umfrage wird 20 Minuten dauern. Wären Sie bereit, daran teilzunehmen?"

Wurde die Anfrage auf diese Weise vorgetragen (Kontrollbedingung), waren nur 48,1% der Probanden bereit, 20 Minuten für die Umfrage zu opfern.
Es gab jedoch noch drei weitere Versuchsbedingungen:

a) Foot-in-the-door: In einem ersten Telefongespräch wurden die Probanden um einen kleinen Gefallen gebeten: *„Würden Sie drei Fragen zum Gesundheitssystem beantworten?"*
Zu einem späteren Zeitpunkt wurden sie erneut angerufen und gefragt, ob sie nun an einer 20-minütigen Umfrage teilnehmen würden.

b) Low-ball: In einem ersten Telefongespräch wurden die Probanden gefragt, ob sie bereit seien, zu einem späteren Zeitpunkt an einer 10-minütigen Umfrage zum Gesundheitssystem teilzunehmen.
Als sie zu einem späteren Zeitpunkt erneut angerufen wurden, teilte man ihnen mit, dass die Universität einige Fragen hinzugefügt habe und die Umfrage nun 20 Minuten dauern würde.

c) Foot-in-the-door + Low-ball: In einem ersten Telefongespräch wurden die Probanden gefragt, ob sie bereit seien, zu einem späteren Zeitpunkt an einer 10-minütigen Umfrage zum Gesundheitssystem teilzunehmen. Aber noch während des ersten Gesprächs gab es auch die Bitte, schon mal drei Fragen zu beantworten: „Während wir telefonieren, könnten Sie vielleicht schon mal 3 Fragen zum Thema Gesundheit beantworten."

Als sie zu einem späteren Zeitpunkt erneut angerufen wurden, teilte man ihnen mit, dass die Universität einige Fragen hinzugefügt habe und die Umfrage nun 20 Minuten dauern würde.

Die Ergebnisse der Studie (siehe Abbildung 9.5) sprechen für eine Überlegenheit der Low-ball-Technik gegenüber der Foot-in-the-door-Technik. Allerdings scheint eine Kombination der Beeinflussungstechniken sogar noch effektiver zu sein.

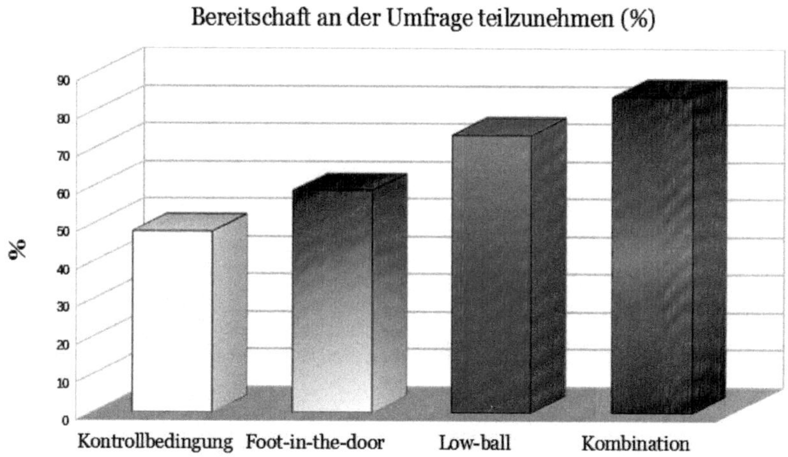

Abbildung 9.5 Basierend auf Daten von: Hornik, J., Zaig, T., Shadmon, D., & Barbash, G. I. (1990). Comparison of three inducement techniques to improve compliance in a health survey conducted by telephone. Public Health Reports, 105, 524-529.

9.2 Die Low-ball-Technik im Alltag

Vor einigen Jahren bin ich selbst – wie ein blutiger Anfänger – auf die Low-ball-Technik der Firma Vistaprint reingefallen. Beim Surfen im Internet stieß ich auf ein extrem verlockendes Angebot (Low-ball-Angebot). Angeblich hätte ich einen Gutschein für einen Druck von 250 Visitenkarten im Wert von zehn Euro gewonnen. Die Visitenkarten wurden damit lächerlich günstig (1,99 Euro). Eigentlich brauchte ich gar keine Visitenkarten. Aber durch das unglaubliche Angebot begannen meine Gedanken darum zu kreisen: „Ja, warum eigentlich nicht. Für den Preis...! Da kann man nichts falsch machen."

Also entschied ich mich kurzerhand, meine eigenen Visitenkarten zu erstellen. Obwohl die Visitenkarten mit einem Online-Tool individuell designt werden konnten, dauerte der gesamte Prozess doch deutlich länger, als ich geplant hatte. Schließlich wollte ich, dass die Visitenkarten perfekt aussahen. Nach ca. einer halben Stunde Herumwerkeln und Design-Auswahl ging es dann ans Bezahlen. Jetzt kam das große Erwachen. Natürlich hatte ich damit gerechnet, dass ich noch Versandkosten zu zahlen hätte, aber als ich die Versandoptionen sah, war ich schon sehr „überrascht":

a) Versand innerhalb von 3 Tagen: 19,31 Euro
b) Versand innerhalb von 7 Tagen: 14,65 Euro
c) Versand innerhalb von 10 Tagen: 10,89 Euro
d) Versand innerhalb von 21 Tagen; 6,40 Euro

Immerhin hatte ich es nicht eilig und konnte mich für die 6,40 Euro Versandoption entscheiden. Aber ich dachte mir schon, dass der eine oder andere, der auf eine schnelle Zusendung der Visitenkarten angewiesen war, wohl schon sein blaues Wunder erlebt hatte (und tatsächlich gibt es im Internet zahlreiche Berichte wenig amüsierter Kunden).

Zu den Versandkosten kamen jedoch zu allem Übel auch noch Bearbeitungsgebühren von 2,99 Euro dazu. Auch diese waren im Vorfeld absolut verschwiegen worden.

Also, wie sollte ich auf diese Abzocke reagieren?

Natürlich hätte ich in diesem Moment vom Kauf Abstand nehmen sollen. Schließlich hatte sich auf einmal eine Summe ergeben, die ein Vielfaches von dem betrug, was ich zunächst eingeplant hatte.

Ich entschied mich jedoch traurigerweise anders:

Anstatt ein Zeichen zu setzen und das Internetfenster sofort zu schließen, entschied ich mich, weitere 250 Visitenkarten!! zum Preis von 4,99 Euro zu kaufen. Warum nur? Na ja, ich hatte schon so viel Zeit und Arbeit investiert, sodass bei einem Rückzieher all das umsonst gewesen sein sollte (sunk-cost-effect). Zudem waren bei solch horrenden Versandkosten die zweiten 250 Visitenkarten quasi ein Schnäppchen.

Die Visitenkarten liegen übrigens immer noch bei mir zuhause rum...

Ein weiteres Beispiel für Low-ball-Angebote, welches mittlerweile in fast jedem Psychologie-Lehrbuch zu finden ist, wurde von Robert Cialdini beschrieben. Stellen Sie sich vor, Sie müssten ein neues Auto kaufen. Sie haben im Internet schon viele Preise unterschiedlicher Autohäuser verglichen, wobei Ihnen ein Angebot eines etwas weiter entfernten Anbieters besonders ins Auge gefallen ist. Im Vergleich zu allen anderen Angeboten ist dieses satte 700 Euro günstiger! Sie fahren zu dem Autohaus, inspizieren das Auto, machen eine Probefahrt und sind begeistert. Es passt alles perfekt. Sie sind sicher, Sie werden das Auto kaufen. Und Sie können es kaum erwarten, es Ihren Freunden vorzuführen. Nichts kann mehr schief gehen…

Als jedoch die Unterzeichnung des Kaufvertrags ansteht, teilt ihnen der Verkäufer mit großem (geschauspielerten) Bedauern mit, dass er das Auto leider nicht zum vereinbarten Preis verkaufen darf. Sein Boss habe im letzten Moment dazwischengefunkt und darauf aufmerksam gemacht, dass das Autohaus bei diesem Preis einen Verlust einfahren würde.

Was machen Sie jetzt? Immerhin haben Sie den weiten Weg zu genau diesem Autohaus angetreten. Sie haben das Auto Probe gefahren. Sie haben schon so viel Zeit investiert (sunk cost). Und bei anderen Autohäusern gibt es das Auto auch nicht viel günstiger…

Auch wenn der Zorn auf den „Boss" wohl groß ist, werden viele den Deal trotzdem abschließen. Der Autoverkäufer reibt sich die Hände. Schließlich hat er soeben ein Auto an einen Kunden verkauft, der normalerweise nicht den weiten Weg zu ihm angetreten hätte.

Low-ball-Angebote sind jedoch so effektiv, dass sie nicht nur von Verkäufern, sondern von uns allen – teilweise völlig unbewusst und mit den besten Absichten – intuitiv eingesetzt werden. Man denke nur an einen Markt, auf dem Low-ball-Angebote eine lange Tradition haben, aber durch den technischen Fortschritt in den letzten Jahren deutlich vielfältiger wurden: die Partnerbörse.

Auf Facebook werden nur die schönsten Selfies und Urlaubsbilder gepostet. Online-Dating-Profile werden frisiert. Es wird geschminkt, parfümiert, gebotoxt, künstliche Haare eingeflochten und Brüste werden zumindest gepusht. Im persönlichen Gespräch werden positive Aspekte hervorgehoben (spannende Hobbys) und negative Aspekte verschwiegen (Erkrankungen, gewalttätige Verwandte etc.). All diese Maßnahmen erzeugen den Eindruck, dass es sich hier um ein hervorragendes „Angebot" handelt. Im Nachhinein fällt dem Käufer dann zwar auf, dass manche Dinge bei Weitem nicht so gut ausfallen, wie zunächst versprochen. Trotzdem tritt er/sie selbst nach Monaten oder Jahren nicht vom Kauf zurück. Schließlich hat man schon viel Zeit und Anstrengung investiert (sunk cost), und wenn man ehrlich ist, hat man wohl auch selbst den einen oder anderen Low-ball gespielt.

10 Die Köder-Technik – Wenn wir uns durch ein Köder-Angebot anlocken lassen…

Stellen Sie sich vor, ein Student würde Sie auf der Straße ansprechen und darum bitten, an einem dieser beiden Experimente teilzunehmen:

1) Im Rahmen eines Experiments zum Thema „Konzentration" sollen Sie ein kurzes Video anschauen und dann ein paar Fragen dazu beantworten. Das Experiment dauert insgesamt 15 Minuten und Sie erhalten *6 Euro* als Aufwandsentschädigung.

2) Im Rahmen eines Experiments zum Thema „Konzentration" sollen sie 15 Minuten lang Symbole abmalen. Sie erhalten dafür aber *keine Bezahlung.*

Es liegt wohl auf der Hand, dass Experiment 1 wesentlich attraktiver ist. Zum einen klingt es inhaltlich unterhaltsamer, zum anderen winkt eine gute Bezahlung. Das zweite Experiment wirkt dagegen ziemlich trocken und langweilig. Und da es auch keine Aufwandsentschädigung gibt, müsste man schon eine clevere Beeinflussungstechnik anwenden, um Menschen dazu zu bewegen, an diesem Experiment teilzunehmen. Eine Möglichkeit besteht darin, die andere Person mit dem ersten Experiment zu ködern (siehe Comic).

Wenn die Versuchspersonen (insgesamt 160 Studenten) auf diese Weise geködert wurden, erklärten sich 70% dazu bereit, an dem langweiligen und unbezahlten Experiment teilzunehmen. Im Vergleich zu einer Kontrollgruppe, in der man direkt gefragt hatte, ob sie an Experiment 2 teilnehmen wollten, hatte sich die Zustimmungsrate also verdoppelt!

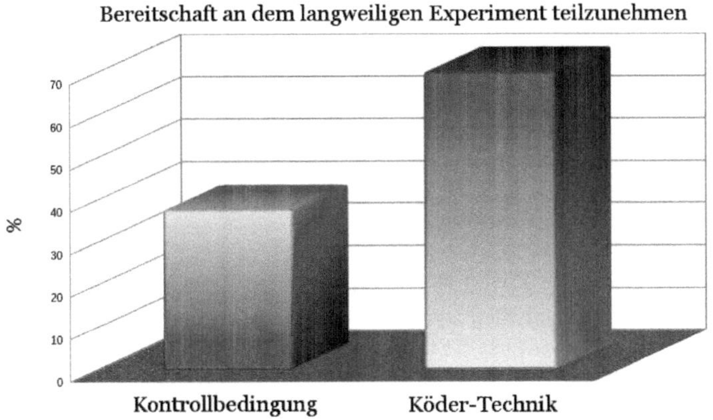

Abbildung 10.1 Basierend auf Daten von: Marchand M., Joule R.-V., & Guéguen, N. (2015). The lure technique: Generalization and moderating effects. Revue Européenne de Psychologie Appliquée, 65(2).

Die Köder-Technik sieht der Low-ball-Technik zum Verwechseln ähnlich. In beiden Fällen wird die Zielperson mit einem ungewöhnlich guten Angebot angelockt. Während sich bei der Low-ball-Technik jedoch *ein und dasselbe Angebot* im Nachhinein verschlechtert, wird bei der Köder-Technik ein *gänzlich neues – aber schlechteres – Angebot* unterbreitet. Da sich die beiden Techniken jedoch ansonsten sehr ähnlich sind, sollen die theoretischen Überlegungen zur Wirksamkeit der Köder-Technik nur kurz anhand aktueller Experimente verdeutlicht werden. Die Ergebnisse sind sicherlich auch weitgehend auf die Low-ball Technik anwendbar.

10.1 Funktioniert die Köder-Technik, weil man schon etwas investiert hat?

In der oben genannten Studie wurde den Versuchspersonen erst auf dem Weg zum Versuchsraum eröffnet, dass sie leider nicht an dem gewünschten Experiment teilnehmen können. Somit hatten sie also schon ein bisschen Zeit und einen kurzen Fußmarsch in dieses Projekt investiert. Beide Investitionen wären völlig umsonst, würde man nicht auf das zweite Angebot eingehen. Falls dies für die Versuchspersonen wirklich ein Beweggrund gewesen sein sollte, dann müsste eine Strategie, bei der man sie zu noch größeren Investitionen zwingt, noch erfolgversprechender sein.

Guéguen, Joule und Marchand (2013) warteten, bis die Versuchspersonen den gesamten Weg zum Versuchsraum zurückgelegt hatten. Erst dann wurde ihnen eröffnet, dass das attraktive Experiment nun leider nicht mehr durchgeführt werde.

Obwohl man vermuten könnte, dass die späte Offenlegung zu größerer Verärgerung führe, zeigte sich, dass diese dreiste Anwendung der Köder-Technik noch erfolgreicher war (siehe Abbildung 10.2). Vermutlich spielen sich im Kopf der Versuchspersonen Gedanken ab wie: „Na ja, jetzt wo ich schon hier bin, kann ich auch an der anderen Studie teilnehmen…“

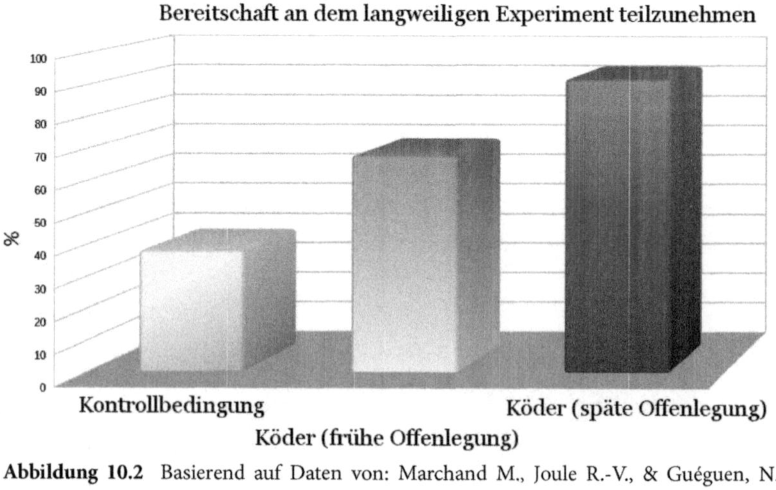

Abbildung 10.2 Basierend auf Daten von: Marchand M., Joule R.-V., & Guéguen, N. (2015). The lure technique: Generalization and moderating effects. Revue Européenne de Psychologie Appliquée, 65(2).

10.2 Funktioniert die Köder-Technik, weil man einen guten Eindruck hinterlassen möchte?

Mit unserer Zusage, an Experiment 1 teilzunehmen, haben wir uns als hilfsbereit und kontaktfreudig dargestellt. Wenn wir nun die Teilnahme an Experiment 2 verweigern würden, dann würden wir diesen guten Eindruck aufs Spiel setzen. Falls dieser konsistenztheoretische Erklärungsansatz zutrifft, sollte die Wirkung der Köder-Technik deutlich zurückgehen, sobald man den Versuchsleiter austauscht. Schließlich hat die Versuchsperson ja nur gegenüber dieser Person ihr Gesicht zu verlieren. Tritt nun ein zweiter Versuchsleiter auf, mit dem man noch nie zuvor interagiert hat, sollte es keinen Grund mehr geben, sich zu verstellen.

Marchand, Joule & Guéguen testeten diese Hypothese, indem sie erneut Studentinnen[25] mit der Aussicht auf ein interessantes und gut bezahltes Experiment (Experiment 1; siehe oben) ins Labor lockten. Dort angelangt wurde ihnen jedoch von der Versuchsleiterin unter einem Vorwand mitgeteilt, dass sie nun leider doch nicht an dem Experiment 1 teilnehmen könnten. Nachdem diese Versuchsleiterin den Schauplatz verlassen hatte, wurden die Probanden von einer zweiten – noch völlig unbekannten – Versuchsleiterin gebeten, an Experiment 2 teilzunehmen.

Überraschenderweise machte es keinen signifikanten Unterschied, ob die Bitte um die Teilnahme an dem Experiment von der gleichen Versuchsleiterin oder von einer bisher unbekannten Versuchsleiterin kam. Somit scheinen Selbstdarstellungstendenzen wohl weniger die treibende Kraft der Köder-Technik zu sein.

25 Warum es sich nur um weibliche Versuchspersonen handelte, ist in der Studie nicht vermerkt.

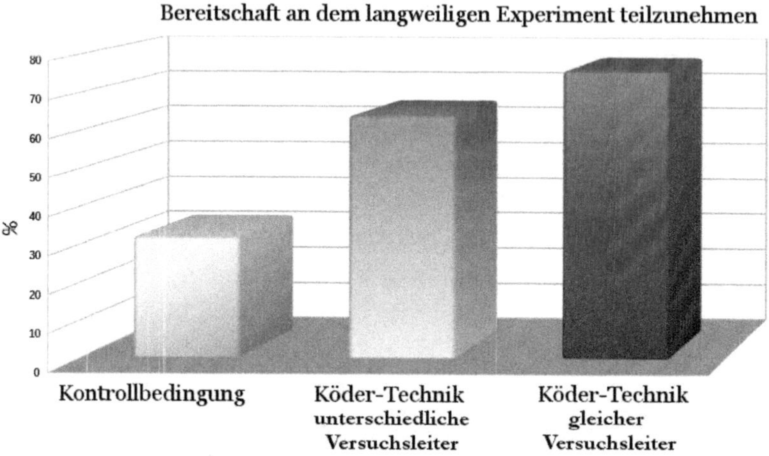

Abbildung 10.3 Basierend auf Daten von: Marchand M., Joule R.-V., & Guéguen, N. (2015). The lure technique: Generalization and moderating effects. Revue Européenne de Psychologie Appliquée, 65(2).

10.3 Funktioniert die Köder-Technik, weil eine neue Motivation entstanden ist?

Wenn Angler tagelang Boilies (kugelförmige Köder) auswerfen, um Fische anzulocken, entwickeln diese einen Drang, immer wieder an dieser Stelle nach Nahrung zu suchen, bis sie schließlich irgendwann an den Haken gehen.

So wie sich beim Fisch durch die Köder-Fütterung eine gänzlich neue „Motivation" entwickelt, immer wieder an einer bestimmten Stelle nach Nahrung zu suchen, könnte sich auch beim menschlichen Versuchsobjekt eine neue Motivation entwickelt haben.

Schließlich gehört es zur Natur des Menschen, nach einer Entscheidung zusätzliche Gründe zu erfinden, weshalb diese Entscheidung eine gute war. Wenn man sich also bereit erklärt, an dem interessanten und gut bezahlten Experiment teilzunehmen, ist es möglich, dass man diese Entscheidung im Nachhinein rechtfertigt (siehe Comic).

Diese neuerlich generierten Beweggründe könnten zumindest noch für einige Zeit aktiv sein. Aber so wie ein Fisch nach einer Periode ohne Köder-Fütterung den Drang verliert, an den Ort der Fütterung zurückzukehren, könnte auch beim Menschen diese Motivation im Laufe der Zeit zurückgehen. Um dies zu überprüfen, ließ man in einer weiteren Studie unterschiedlich viel Zeit verstreichen, bevor man um die Teilnahme am Alternativ-Experiment bat. Wie Abbildung 10.4 zu entnehmen ist, ließ sich tatsächlich beobachten, dass die Motivation, am langweiligen und unbezahlten Experiment teilzunehmen, immer weiter zurückging, je mehr Zeit man verstreichen ließ. Nach einer halben Stunde fiel die Bereitschaft sogar leicht unter das Niveau der Kontrollgruppe.[26]

26 Rein numerischer, aber kein statistisch signifikanter Effekt. D.h. es könnte sich dabei auch um einen Zufall handeln.

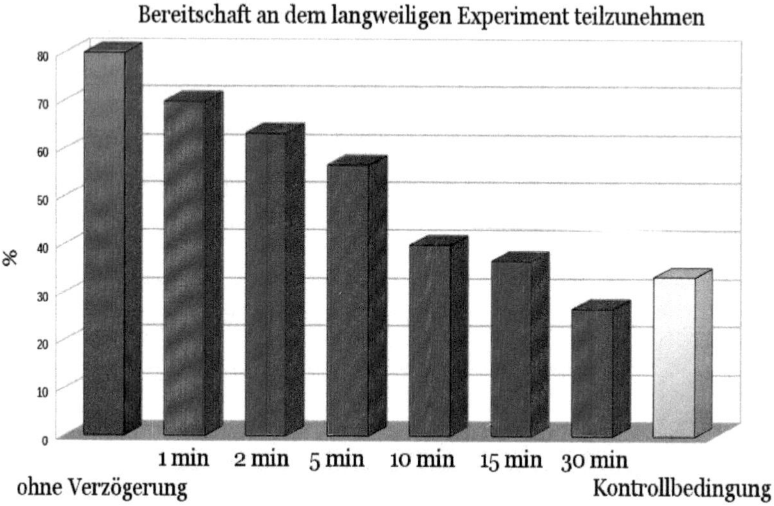

Abbildung 10.4 Basierend auf Daten von: Marchand M., Joule R.-V., & Guéguen, N. (2015). The lure technique: Generalization and moderating effects. Revue Européenne de Psychologie Appliquée, 65(2).

10.4 Die Köder-Technik im Alltag

Ähnlich wie bei der Low-ball-Technik sind die Anwendungsmöglichkeiten für die Köder-Technik nahezu unbegrenzt. Viele Geschäfte locken z.B Kunden mit außergewöhnlichen Sonderangeboten an. Nicht selten sind diese jedoch innerhalb kürzester Zeit ausverkauft. Wenn ein Kunde allerdings eine zweistündige Autofahrt auf sich genommen hat, um die wahnsinnig günstige Couch-Garnitur zu kaufen, stehen die Chancen gut, dass er auf ein (wesentlich teureres) Alternativ-Angebot ausweicht. Auch die Macher von Dating-Webseiten setzen gezielt Köder-Angebote ein, indem sie Fake-Accounts von idealtypischen Menschen mit makellosem Aussehen erstellen. Aber wer sich in der Hoffnung auf ein Date mit einem Topmodel auf solch einer Webseite angemeldet hat, muss relativ schnell feststellen, dass er sich vielleicht doch mit einem „normalen" Partner zufrieden geben muss.

11 Die Door-in-the-face-Technik – Wenn sich Verkäufer absichtlich die Tür vor der Nase zuschlagen lassen

11.1 Die Studie, mit der alles begann...

Im Jahr 1975 publizierten Cialdini und Kollegen eine viel beachtete Studie, die bis heute als Grundstein für die Forschung zur Door-in-the-face-Technik angesehen werden kann:

Die Versuchsleiter gaben sich als Mitarbeiter des „County Youth Counseling Program" aus, die auf der Suche nach Freiwilligen seien, welche unentgeltlich eine Gruppe jugendlicher Straftäter bei einem Zoobesuch betreuen würden (zwei Stunden an einem Nachmittag).

Erwartungsgemäß waren in dieser Kontrollbedingung nur wenige Versuchspersonen (17%) dazu bereit, ihre kostbare Zeit für die Resozialisation der jugendlichen Straftäter zu opfern.

Ein anderes Bild ergab sich jedoch, wenn sich der Versuchsleiter zunächst absichtlich die Tür vor der Nase zuschlagen ließ.

Wenn die Versuchspersonen nämlich zuerst darum gebeten wurden, über einen großen Zeitraum von mindestens zwei Jahren (2 Std. pro Woche) quasi als große(r) Bruder/Schwester den jugendlichen Straftätern als Berater zur Seite zu stehen, lehnten zwar zunächst alle Befragten erwartungsgemäß ab. Die Wahrscheinlichkeit, dass sie aber daraufhin der vergleichsweise harmlosen Bitte nach dem einmaligen Zoobesuch nachgaben, erhöhte sich auf bemerkenswerte 50% (siehe Abbildung 11.1).

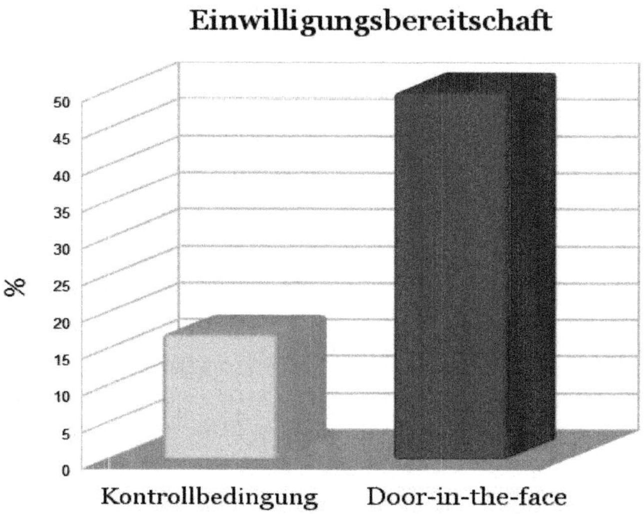

Abbildung 11.1 Basierend auf Daten von: Cialdini, R. B., Vincent, J. E., Lewis, S. K., Catalan,J., Wheeler, D. W., & Darby, B. L. (1975). Reciprocal concessions procedure for inducing compliance: The door-in-the-face technique. Journal of Personality and Social Psychology, 31, 206-215.

Cialdini und Kollegen erklären die Wirksamkeit der Door-in-the-face-Technik anhand der Reziprozitätsnorm:

> Wenn uns jemand in einer Verhandlung entgegenkommt, fühlen wir uns verpflichtet, ebenfalls einen Schritt auf ihn zuzugehen.

Wenn also jemand sein „Angebot" dahingehend revidiert, dass wir nun anstelle von zwei Jahren nur noch zwei Stunden investieren müssen, haben wir das Gefühl, dass wir auf das großzügige Angebot eingehen sollten. Und eventuell fühlen wir uns am Ende sogar als Gewinner. Schließlich haben wir ihn ja quasi runtergehandelt.

Weitere prominente Erklärungsansätze zur Door-in-the-face-Technik konzentrieren sich auf:

a) Kontrastprinzip:
Im Vergleich zum ersten, extrem kostspieligen Angebot wirkt das zweite Angebot wesentlich attraktiver.

b) Schuld (insbesondere bei prosozialen Themen wie Spendenaktionen): Wenn wir die erste große Bitte ablehnen, haben wir ein schlechtes Gewissen.

c) Selbstpräsentation (insbesondere bei prosozialen Themen):
Um nicht als völlig herzlos dazustehen, erklären wir uns bereit, zumindest der zweiten Bitte nachzukommen.

11.2 Neue Forschungsergebnisse zur Door-in-the-face-Technik

Wer jetzt glaubt, die Door-in-the-face-Technik würde heute bestimmt nicht mehr funktionieren, da wir Menschen ja im heutigen Medienzeitalter deutlich aufgeklärter und manipulationserprobter seien, der liegt leider falsch. In einer neueren Untersuchung (Lecat, Hilton & Crano, 2009) ließen sich nicht nur die Ergebnisse der klassischen Studie von Cialdini et al. (1975) direkt replizieren, sondern die Forscher konnten auch zeigen, dass es einen Unterschied macht, ob der Fragesteller zur eigenen Gruppe (In-Group) oder zu einer anderen Gruppe (Out-Group) gehört. Wenn die Fragesteller nämlich normale Studentenbekleidung trugen (Jeans, T-Shirt, Sportschuhe) und die Versuchsperson (Studenten der gleichen Universität) mit dem informellen „Du“ ansprachen, lag die Erfolgsquote deutlich höher, als wenn sich die Fragesteller als Studenten einer „Private Business School“ verkleideten (Anzug, Krawatte, elegante Schuhe) und die Versuchspersonen mit dem formellen „Sie“ ansprachen (Ergebnisse siehe Abbildung 11.2).

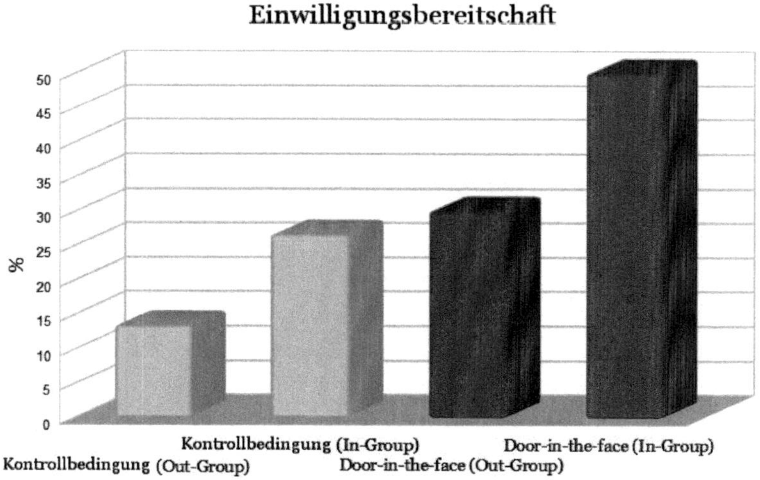

Abbildung 11.2: Basierend auf Daten von: Lecat, B., Hilton, D.J., & Crano, W.D. (2009). Group status and reciprocity norms: Can the door-in-the-face be obtained in an out-group context? Group Dynamics: Theory, Research, and Practice, 13, 178-189.

Mittlerweile wurde die Door-in-the-face-Technik in vielen Anwendungsbereichen getestet.

Gueguen (2014) konnte beispielsweise zeigen, dass sich die Bereitschaft von Studenten, an einer Blutspendenaktion teilzunehmen, im Vergleich zur Kontrollgruppe nahezu verdoppelte (14% vs. 26%), wenn man sie zuvor gefragt hatte, ob sie nicht Langzeit-Blutspender werden wollten (alle 2-3 Monate; 3 Jahre lang!).

Terrier, Joule & Marfaing (2011) versuchten 168 Studentinnen dazu zu bringen, einen Samstag im Dienste einer Hilfsorganisation zu verbringen. Ihre Aufgabe würde darin bestehen, arme und hilfsbedürftige Menschen zu unterstützen und Körbe mit Nahrungsmitteln zu richten. Wenn man sie zuerst um ein Langzeitarrangement bat (jedes Wochenende, mind. ein Jahr lang!), stieg die Zustimmungsrate im Vergleich zur Kontrollgruppe von knapp 29% auf 52%. Darüber hinaus ließ sich die Effektivität der Door-in-the-face-Technik sogar noch auf bemerkenswerte 74% steigern, wenn man den Studentinnen gezielt ein schlechtes Gewissen einredete. Hierzu genügte es, der ersten großen Bitte hinzuzufügen:

> *„Wenn man bedenkt, wie hilfreich diese Arbeit ist, kann ich überhaupt nicht verstehen, dass es Menschen gibt, die ablehnen."*

Dies mag dazu geführt haben, dass sich die Studentinnen nach der Ablehnung der ersten Bitte noch schuldiger gefühlt hatten. Schließlich ließen sie die hilfsbedürftigen Menschen einfach im Stich. Um ihre Schuld zu begleichen (und vielleicht auch um als weniger herzlos dazustehen), waren nun deutlich mehr Studentinnen bereit, zumindest einen Samstag für den guten Zweck zu opfern.

Für diese „Schuld-Hypothese" spricht auch die Tatsache, dass die Wirksamkeit der Door-in-the-face-Technik auf das Niveau der Kontrollgruppe zurückging (alle Ergebnisse siehe Abbildung 11.3), wenn man Verständnis für ihre Ablehnung der großen Bitte zeigte:

> *„Egal wie hilfreich diese Arbeit auch sein mag, ich kann durchaus verstehen, dass manche Leute ablehnen."*

Ist es Ihnen schon einmal passiert, dass Sie in einem Geschäft oder einer Bar kurz vor dem Bezahlen gemerkt haben, dass sie gar kein Geld dabei haben? In solch einer Situation sind wir darauf angewiesen, dass uns wildfremde Menschen Geld leihen oder sogar schen-

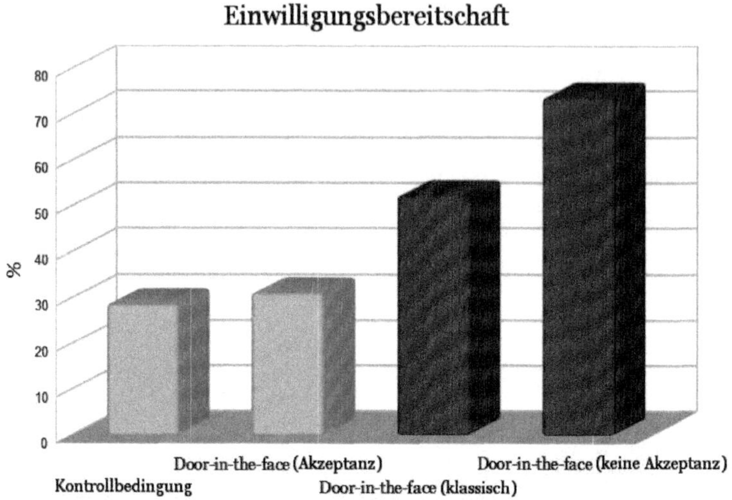

Abbildung 11.3 Basierend auf Daten von: Terrier, L., Joule, R.V. & Marfaing, B. (2011). Requester's acceptance and non-acceptance of the refusal of the initial request: How to improve the door-in-the-face effects? Current Research in Social Psychology, 17(1), 1-9.

ken. Aber welche Strategie sollte man verfolgen, um das Geld für die Rechnung zusammenzukratzen?

Die Forscher Alexandre Pascual und Nicolas Guéguen (2006) gingen dieser Frage auf den Grund, indem sie ein (vermeintliches) Liebespaar eine kurze theatralische Szene vorspielen ließen:

Ein Mann und eine Frau (beide ca. 20 Jahre alt; gut gekleidet) betraten eine Bar und nahmen an einem Tisch Platz. Die Sitzposition wurde so gewählt, dass eine Person am Nachbartisch (ahnungslose Versuchsperson) nahezu jedes Wort mithören konnte. Nachdem die beiden sich etwas zu trinken bestellt hatten (Limonade), unterhielten sie sich über ihr Studium und Sommerjobs. Als beide ausgetrunken hatten, sagte der Freund zur Freundin: „Ich geh jetzt das Bremskabel für mein Fahrrad kaufen. Ich treff Dich dann um 6.00 Uhr im Pascal's. Bis später."

Zwei Minuten, nachdem der Freund die Bar verlassen hatte, machte auch die Frau Anstalten zu gehen. Unglücklicherweise musste sie jedoch feststellen, dass ihr Freund vergessen hatte, die Rechnung zu zahlen. Da sie selbst offenbar kein Geld dabei hatte, versuchte sie nun die ahnungslose Versuchsperson vom Nachbartisch anzupumpen. Dabei wurden zwei unterschiedliche Strategien erprobt:

a) Door-in-the-face-Technik:
1. Große Bitte: *„Könnten Sie die (gesamte) Rechnung übernehmen?"*
2. Kleinere Bitte: *„Könnten Sie 2-3 Francs zur Rechnung beitragen?"*

b) Kontrollbedingung:
Nur die kleinere Bitte: *„Könnten Sie 2-3 Francs zur Rechnung beitragen?"*

Auch in diesem Szenario erwies sich die Door-in-the-face-Technik als deutlich überlegen. Es waren nicht nur mehr Versuchspersonen dazu bereit, etwas zur Rechnung beizutragen (75% vs. 10%), sondern es wurde auch durchschnittlich mehr Geld gegeben (2,53 Francs vs. 1,50 Francs). Die (ungewöhnlich) hohe Effektivität der Door-in-the-face-Technik in diesem Szenario ist eventuell darauf zurückzuführen, dass aufgrund der ersten Bitte eine gewisse Dringlichkeit und Verzweiflung zum Ausdruck gebracht wird. Für die Versuchsperson könnte der Eindruck entstanden sein, „Wenn ich ihr nicht helfe, hat sie anscheinend wirklich ein großes Problem."

11.3 Door-in-the-face auch im Verkaufs-Kontext?

Dem aufmerksamen Leser mag aufgefallen sein, dass in den bisher genannten Studien die Door-in-the-face-Technik ausschließlich dafür verwendet wurde, pro-soziales Verhalten zu fördern (Hilfsorganisationen unterstützen, Blutspenden etc.). Tatsächlich ging man auch in der Forschung lange davon aus, ernstzunehmende Effekte seien nur zu erwarten, wenn es darum geht, die Hilfsbereitschaft unserer Mitmenschen zu fördern (z.B. Dillard, Hunter & Burgoon, 1984; O' Keefe & Figgé, 1999). Schließlich beruht die Effektivität der Beeinflussungstechnik nicht zuletzt auf dem Schuldgefühl, das sich einstellt, wenn man die erste große Bitte ablehnt. Dieses Schuldgefühl ist sicherlich größer, wenn man bedürftigen Menschen Hilfe verwehrt, als wenn man einem Unternehmen ein gutes Geschäft vermasselt.

Aber ist die Door-in-the-face-Technik wirklich die Mutter Theresa unter den Beeinflussungstechniken oder kann sie auch im Verkaufs-Kontext dazu eingesetzt werden, uns zu größeren Ausgaben zu verführen?

Zwei neuere Untersuchungen (Ebster & Neumayr, 2008; Guéguen, Jacob, Meineri, 2011) mit großen Versuchspersonenzahlen (375 und 558) sprechen dafür, dass die Technik auch in so mancher Verkaufssituation erfolgreich eingesetzt werden kann.

So empfingen Ebster und Neumayr (2008) Touristen in einer Berghütte in den österreichischen Alpen, um ihnen ein halbes Kilo hausgemachten Käse zum Preis von 4 Euro anzudrehen. Wenn man das Angebot direkt unterbreitete (Kontrollbedingung), waren nur 9% bereit, den Käse zu kaufen. Wenn sich jedoch die Verkäuferin zunächst die Tür vor der Nase zuschlagen ließ, indem sie ein ganzes Kilo zum Preis von 8 Euro anbot (niemand wollte ein ganzes Kilo Käse durch die Alpen schleppen), erhöhte sich die Verkaufsrate auf 24%. Wenn die Verkäuferin sich im Dirndl präsentierte (um die

Glaubwürdigkeit zu erhöhen) und zusätzlich verbal darauf hinwies, dass das zweite Angebot ja ein guter Kompromiss sei, erhöhte sich die Verkaufsrate sogar auf unglaubliche 49%.

Guéguen, Jacob und Meineri (2011) schulten Kellnerinnen eines Restaurants in der Door-in-the-face-Technik und ließen sie zunächst fragen, ob der Gast noch ein Dessert haben wolle (Preis: 4,00–8,50 Euro). Wenn der Gast verneinte, wurde das zweite, kostengünstigere Angebot vorgetragen: „Ok. Möchten Sie dann vielleicht eine Tasse Kaffee oder Tee (Preis: 1,20–1,40 Euro)?"

Im Vergleich zu einer Kontrollgruppe, der man direkt Kaffee/Tee angeboten hatte, wurde bei Anwendung der Door-in-the-face-Technik deutlich häufiger Kaffee/Tee verkauft (18% vs. 50%). Wenn man nun bedenkt, dass bei Weitem nicht alle Gäste das teurere Dessert ablehnten, erkennt man, dass es sich um eine „win-win" Situation für den Restaurantbesitzer handelt. Wenn der Gast auf das teurere Angebot (Dessert) eingeht, macht der Restaurantbesitzer sehr viel Gewinn. Wenn der Gast ablehnt, erhöht sich immerhin die Wahrscheinlichkeit, dass er das zweite Angebot annimmt (Kaffee/Tee). So oder so, für den Restaurantbesitzer lohnt sich der Einsatz der Door-in-the-face-Technik letztlich immer.

11.4 Door-in-the-face in der Kindererziehung?

Wie bekommt man Kinder dazu, mehr zu lernen? Viele Eltern erzeugen Druck mithilfe von „Wenn-Dann-Formeln":

„Wenn Du Deine Hausaufgaben nicht machst, darfst Du heute Abend nicht an die PlayStation."

Mal abgesehen davon, dass durch das drohende PlayStation-Verbot die Spielkonsole eine (ungewollte) Aufwertung erfährt (siehe Reaktanz), haben solche Wenn-Dann-Formeln häufig den Nachteil, dass sie Druck und Angst erzeugen. Sicherlich wäre es wünschenswerter, wenn man durch intensive Gespräche und Diskussionen, sein Kind dazu bringen könnte, aus eigenem Antrieb Matheaufgaben zu büffeln. Die pädagogische Realität ist allerdings leider häufig weit von diesem Idealbild entfernt.

Es waren chinesische Forscher (Chan & Au, 2011), die sich daher die Frage stellten:

Sollte der pädagogische Werkzeugkasten durch Techniken wie Foot-in-the-door und Door-in-the-face erweitert werden?

Schließlich spricht man in der Forschung bei diesen Techniken davon, dass sie „compliance without pressure" (Zustimmung ohne Druck) ermöglichen.

In ihrer Pilotstudie (Chan & Au, 2011) mit 60 chinesischen Schulkindern (6-8 Jahre) bescheinigten sie insbesondere der Door-in-the-face-Technik ein gewisses Potential. Ziel der Studie war es, die Kinder dazu zu bringen, während einer Freistunde, die normalerweise für freies Spielen und Entspannung reserviert war, zwanzig Matheaufgaben zu bearbeiten.
Hierzu wurden drei Strategien erprobt:

a) Kontrollgruppe:
Der Tutor sagte einfach nur: *„Könnt ihr bitte dieses Arbeitsblatt (mit 20 Aufgaben) bearbeiten?"*

b) Foot-in-the-door:
1. Kleine Bitte: 5 Aufgaben.
2. Normale Bitte: 20 Aufgaben.

c) Door-in-the-face:
1. Riesige Bitte: 100 Aufgaben.
2. Normale Bitte: 20 Aufgaben.

Auch wenn die Ergebnisse (siehe Abbildung 11.4) aufgrund der geringen Versuchspersonenzahl mit Vorsicht zu genießen sind, liefern sie doch einen Hinweis, dass die beiden Techniken im pädagogischen Alltag effektiv sein könnten.

Als kuriose Fußnote sei noch erwähnt, dass in der Door-in-the-face-Versuchsbedingung fünf Kinder aus der Datenanalyse herausgenommen werden mussten, da sie – zur Überraschung der Forscher – bereit waren, ihre Freistunde mit dem Lösen von 100 Matheaufgaben zu verbringen. Ob das auch bei deutschen Kindern der Fall gewesen wäre?

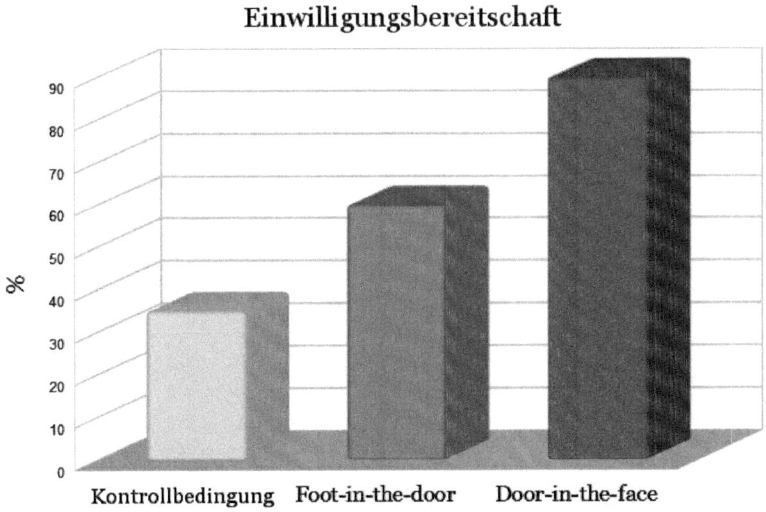

Abbildung 11.4 Basierend auf Daten von: Chan, A. C., & Au, T. K. (2011). Getting children to do more academic work: Foot-in-the-door versus door-in-the-face. Teaching and Teacher Education, 27(6), 982-985.

11.5 Zusammen noch stärker?

Door-in-the-face + Foot-in-the-mouth

Da wir uns im Alltag selten mit nur einer Beeinflussungstechnik konfrontiert sehen, erproben Forscher zunehmend die Wirksamkeit kombinierter Beeinflussungstechniken.

Eine Technik, die sich aufgrund ihrer Kürze und Einfachheit problemlos mit anderen Techniken kombinieren lässt, ist die Foot-in-the-mouth-Technik (siehe Kapitel 4). Schließlich reicht für diese Technik schon ein einfaches vorangestelltes „Wie geht's?" aus.

Fointiat (2000) verband die beiden Techniken im Rahmen einer Nahrungsmittelspendenaktion für bedürftige Menschen:

Wie den Ergebnissen in Abbildung 11.5 zu entnehmen ist, führte diese Vorgehensweise zu deutlich größerer Spendenbeteiligung.

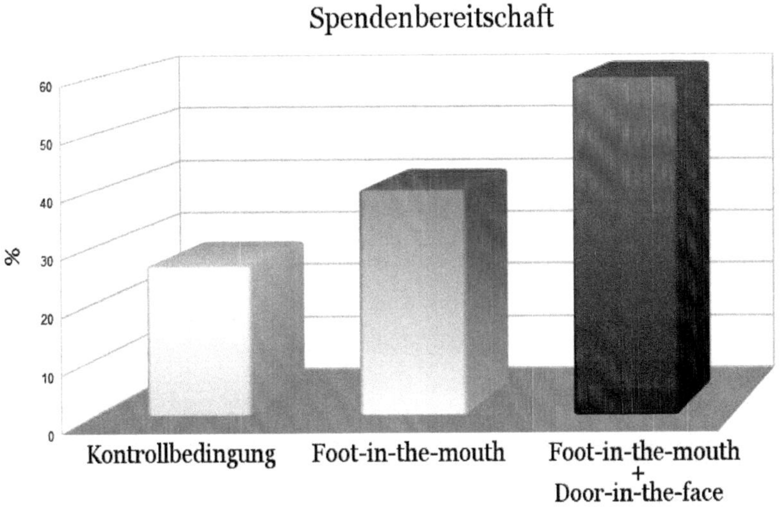

Abbildung 11.5 Basierend auf Daten von: Fointiat,V. (2000)."Foot-in-the-Mouth" vs. "Door-in-the-Face" requests. The Journal of Social Psychology, 140, 264-266.

12 Zwischen Foot-in-the-door und Door-in-the-face – Die Foot-in-the-face-Technik

Nachdem Forscher zeigen konnten, dass Menschen leichter zu überreden sind, wenn man zuvor eine kleine Bitte (Foot-in-the-door) oder eine sehr große Bitte (Door-in-the-face) vorgetragen hatte, stellte sich die Frage, was wohl passieren würde, wenn man eine gleich große Bitte als Einstieg wählen würde.

Um dies zu überprüfen, muss man allerdings zunächst sicherstellen, dass zwei Bitten tatsächlich als gleich kostspielig wahrgenommen werden. In der Praxis gestaltet sich dies gar nicht so einfach, da eine Gefälligkeit nicht nur Zeit kostet, sondern auch Anstrengung. Aber woher soll man wissen, ob zwei Tätigkeiten tatsächlich als gleich anstrengend wahrgenommen werden?

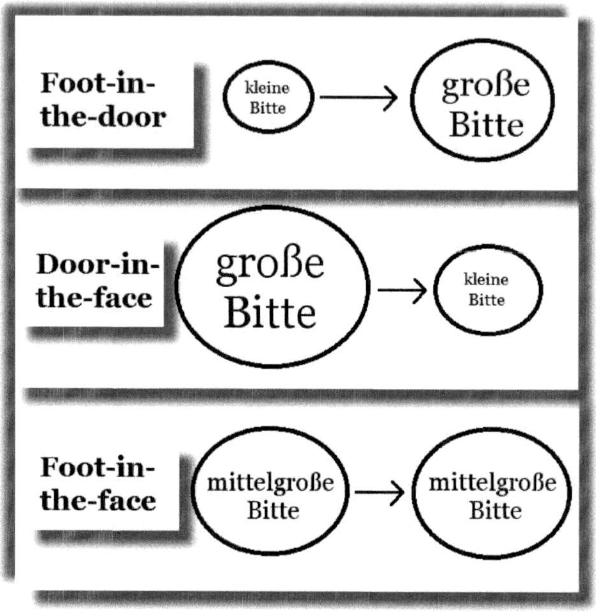

In der Forschung kann man dieses Problem recht einfach durch Pilotstudien lösen. In der Studie von Dolinski (2011) stellte man daher mithilfe einer kleinen Pilotstudie zunächst sicher, dass die folgenden beiden Anfragen von Studenten nahezu gleich häufig abgelehnt bzw. akzeptiert wurden:

a) Wärst Du bereit, für einen blinden Studenten einen Fragebogen auszufüllen (Dauer: 30 min.)?

b) Wärst Du bereit, für einen blinden Studenten Auszüge aus dem Lehrbuch auf Band zu sprechen (Dauer: 15-20 min)?

Als man nun mit diesen beiden äquivalenten Bitten die Foot-in-the-face-Technik testete, zeigte sich tatsächlich, dass die Studenten eher bereit waren, einen Fragebogen für den blinden Studenten auszufüllen, wenn man sie zuvor gebeten hatte, einen Textauszug aus einem Lehrbuch auf Band zu sprechen.[27] Im Vergleich zur Kontrollbedingung, in der man direkt um das Ausfüllen eines Fragebogens gebeten hatte, war die Hilfsbereitschaft etwas höher (59% vs. 48,8%). Allerdings ließ sich die Erfolgsquote auf 66,8% steigern, wenn die Fragesteller flexibel auf die Ablehnung bzw. Zustimmung der ersten Bitte reagierten:

a) Wurde die erste Bitte abgelehnt, wurde sofort die zweite Bitte vorgetragen.

b) Wurde der ersten Bitte zugestimmt, wartete man 2-3 Tage, bevor die zweite Bitte vorgetragen wurde.

Aber weshalb sollte man bei der Foot-in-the-face-Technik nach einer Zusage lieber 2-3 Tage warten, bevor man erneut um einen Gefallen bittet?

Vielleicht entsteht dadurch nicht das ungute Gefühl, jemand wolle unsere Gutmütigkeit gezielt ausnutzen:

Gerade haben wir uns bereit erklärt, den Fragebogen auszufüllen, und nur Sekunden später werden wir gebeten, den Vorleser zu spielen. Was kommt denn bitte noch alles? Es ist besser, wir setzen dem schnell ein Ende...

Lässt man dagegen 2-3 Tage verstreichen, bevor man die zweite Bitte vorträgt, wird dieser Verdacht eventuell nicht so schnell gehegt. Zudem werden die Kosten (Zeit/Aufwand) bei dieser Vorgehensweise besser verteilt. Anstatt die andere Person direkt mit einer in der Gesamtsumme (insgesamt 50 min) teuren Anfrage zu konfrontieren, werden die Kosten hier auf zwei Zeitpunkte verteilt (30 min + 20 min).

27 Beide Anfragen wurden gleich häufig als Einstiegsbitte verwendet.

Abschließend bleibt noch die Frage zu klären, weshalb die Foot-in-the-face-Technik überhaupt funktioniert. Liegt es eher daran, dass man durch das erste Zugeständnis einen Fuß in die Tür bekommt (Foot-in-the-door), oder liegt es eher daran, dass sich die andere Person nach der Ablehnung der ersten Bitte schuldig fühlt (Door-in-the-face). Die Ergebnisse der Untersuchung von Dolinski (2011) sprechen eher für einen Foot-in-the-door-Effekt, da sich die Hilfsbereitschaft vor allem dann erhöhte, wenn die Versuchspersonen sich mit der ersten Bitte einverstanden erklärten.

13 Die „That's-not-all"-Technik – „Das ist aber noch nicht alles!"

Fast jeder kennt wohl die extrem nervigen Teleshopping-Werbesendungen, in denen Küchenmesser, Schmuck, Allzweck-Werkzeuge und Fitnessgeräte angepriesen werden. Und manch einer mag sich schon gefragt haben, weshalb immer wieder Leute auf diesen Schwachsinn reinfallen. Schließlich wird da häufig Krempel verkauft, den man unter normalen Bedingungen kaum an den Mann oder die Frau bringen kann.

Ein Erfolgsgeheimnis solcher Dauerwerbesendungen ist sicherlich die intensive Verwendung der „That's-not-all"-Technik. Anstatt gleich den tatsächlichen Preis für den „Evolution Bodyshaper" zu nennen, wird zunächst mal die unverbindliche Preisempfehlung genannt (z.B. 599 Euro).

Da es sich aber um ein spezielles und einmaliges Angebot handle, würde der „Evolution Bodyshaper" heute nicht 599 Euro kosten, auch nicht 499, noch nicht mal 399, sondern „nur" 299 Euro!

Eine solche – natürlich künstliche – Reduktion des Preises ist die erste Variante der That's-not-all-Technik.

Die zweite Variante der That's-not-all-Technik ist nicht weniger weit verbreitet und gab der Beeinflussungstechnik ihren Namen. Denn in der Regel ist vom Verkäufer auch noch Folgendes zu hören:

„Das ist aber noch nicht alles! Im Rahmen unseres Super-Sonderangebots erhalten sie kostenlos die „Evolution-Bodyshaper-Trainings-DVD" im Wert von 49 Euro gratis dazu."

Häufig ist aber selbst dann noch nicht Schluss:

„Aber selbst das war noch nicht alles! Wenn Sie noch heute anrufen, erhalten sie den „Evolution Bodyshaper Ernährungsplan" kostenlos dazu. ... Und falls Sie unter den ersten 100 Anrufern sein sollten, erhalten sie auch noch dieses wunderschöne Handtuch gratis dazu!"

So nervig das ständige Nachbessern des Angebots für den Nicht-Interessierten erscheinen mag, so scheint die That's-not-all-Technik doch ziemlich gut zu funktionieren.

In der ersten einflussreichen Studie zur That's-not-all-Technik (Burger, 1986) konnte beispielsweise gezeigt werden, dass sich Muffins und Kekse deutlich besser verkaufen ließen, wenn man entweder zunächst einen Dollar als Preis für den Muffin veranschlagte (späterer Verkaufspreis: 75 Cent) oder wenn man die Kekse als Bonus präsentierte (Ergebnisse siehe Abbildung 13.1).

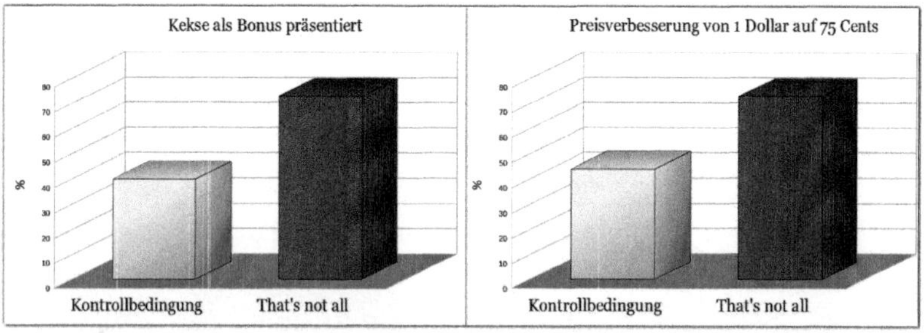

Abbildung 13.1: Basierend auf Daten von: Burger, J. M. (1986). Increasing compliance by improving the deal: The That's-Not-All technique. Journal of Personality and Social Psychology, 51, 277-283.

Weshalb die That's-not-all-Technik so gut funktioniert, ist noch nicht abschließend geklärt (siehe z.B. Banas & Turner, 2011). Da sich die Technik nur dahingehend von der Door-in-the-face-Technik unterscheidet, dass man nicht erst darauf wartet, dass einem die andere Person die Tür vor der Nase zuschlägt, wurden zunächst die gleichen Wirkmechanismen angenommen (Reziprozität, Kontrasteffekte).

Für die Hypothese, dass man das Nachbessern des Angebots als Entgegenkommen der anderen Seite wahrnimmt, woraufhin man selbst als Gegenleistung bereit ist, von den eigenen Preisvorstellungen abzurücken (Reziprozität), spricht das Ergebnis eines weiteren Experiments von Burger (1986). In diesem Experiment wurde nämlich der vorgeschobene Grund für den Preisnachlass gezielt variiert. Studenten, die von Haus zu Haus gingen, um Kerzen zum Preis von zwei Dollar zu verkaufen, verwendeten hierzu drei unterschiedliche Strategien:

a) Kontrollbedingung:
Es wurde direkt gesagt, dass die Kerzen *zwei Dollar* kosten.

b) That's-not-all (ohne Entgegenkommen):
Der erste Student sagte, dass eine Kerze *drei Dollar* koste. Aber noch bevor die andere Person antworten konnte, wurde der erste Student vom zweiten Studenten angestoßen: „Nein. Wir haben doch alle von der Sorte verkauft."
Als wenn er sich jetzt wieder erinnern würde sagte der erste Student daraufhin zum potentiellen Käufer: „Mein Fehler. Wir haben alle von der Sorte (Drei-Dollar Kerzen) verkauft. Daher ist der Preis für diese Kerzen *zwei Dollar.*"

c) That's-not-all (mit Entgegenkommen):
Der erste Student sagte, dass eine Kerze *drei Dollar* koste. Aber noch bevor die andere Person antworten konnte, wurde der erste Student vom zweiten Studenten angestoßen: „Nein. Wir haben doch entschieden, die Kerzen jetzt für *zwei Dollar* zu verkaufen."
Als wenn er sich jetzt wieder erinnern würde, sagte der erste Student daraufhin zum potentiellen Käufer: „Mein Fehler. Wir ha-

ben uns entschieden, mehr Kerzen zu einem günstigeren Preis zu verkaufen. Daher kostet jede Kerze nur noch *zwei Dollar.*

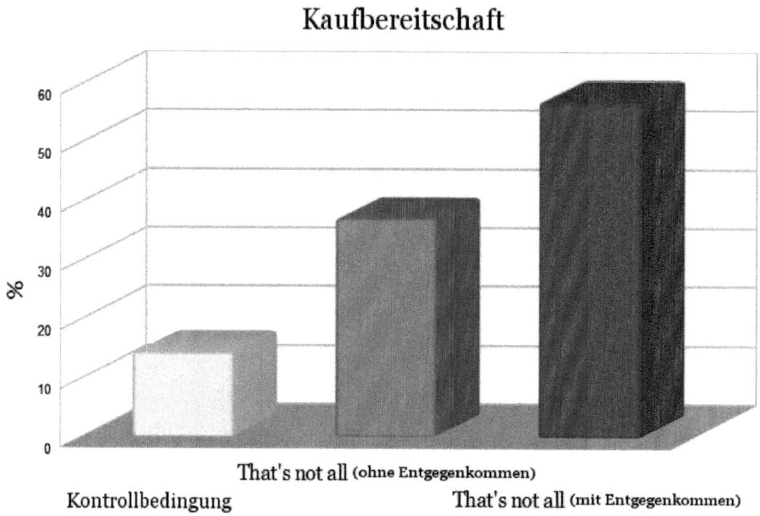

Abbildung 13.2 Basierend auf Daten von: Burger, J. M. (1986). Increasing compliance by improving the deal: The That's-Not-All technique. Journal of Personality and Social Psychology, 51, 277-283.

Falls für die Funktion der That's-not-all-Technik also tatsächlich die Reziprozitätsnorm eine Rolle spielen sollte, müsste Strategie c) mit höherer Wahrscheinlichkeit zum Erfolg führen. Schließlich war der Preisnachlass hier auf ein Entgegenkommen der Verkäufer zurückzuführen. Die Ergebnisse (siehe Abbildung 13.2) stützen diese Hypothese. Allerdings zeigte sich auch, dass die That's-not-all-Technik auch dann noch der Kontrollbedingung überlegen war, wenn die Preiskorrektur dadurch erklärt wurde, dass es sich hier ja um das günstigere Produkt handle (Zwei-Dollar Kerze). Das teurere Produkt sei ja schon längst ausverkauft. Dies liegt wohl zum einen daran, dass dadurch der Eindruck erweckt wurde, die Kerzen seien prinzipiell ziemlich beliebt, zum anderen waren die Kerzen im Vergleich zum erstgenannten Preis relativ günstig (Kontrasteffekt).

Sofern der oben genannte Kontrasteffekt ebenfalls geeignet ist, die Effektivität der That's-not-all-Technik zu erklären, sollte ein größerer Kontrast (ein höheres Einstiegsangebot) einem geringeren Kontrast überlegen sein.

Banas & Turner (2011) testeten diese Hypothese, indem sie 324 Studenten Kaffeetassen zum Verkauf anboten. Während den Versuchspersonen einer Kontrollgruppe sofort mitgeteilt wurde, dass die Tassen 3$ kosten, wurde den übrigen Versuchspersonen zunächst erzählt, dass die Tassen normalerweise für 7$ bzw. 15$ verkauft werden. Da es sich jedoch um ein besonderes Angebot für Studenten dieser Universität handle, würden die Tassen nun zu einem Preis von 3$ verkauft. In Übereinstimmung mit der Kontrast-Hypothese zeigte sich, dass bei hohem Einstiegspreis (15$) noch mehr Studenten bereit waren, eine solche Kaffeetasse zu kaufen (Ergebnisse siehe Abbildung 13.3).

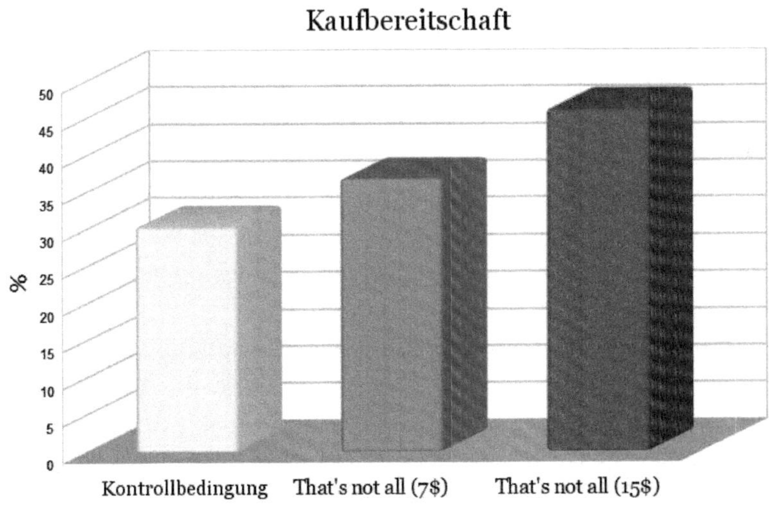

Abbildung 13.3 Basierend auf Daten von: Banas, J. A., & Turner, M. M. (2011). Exploring the "that's-not-all" effect: A test of theoretical explanations. Southern Communication Journal, 76, 305-322.

Ähnlich wie bei der Door-in-the-face-Technik darf man jedoch nicht den Fehler machen zu glauben, die Wirksamkeit der Technik ließe sich durch extrem hohe Einstiegsangebote beliebig steigern.

Das Gegenteil ist der Fall: Wählt man das Einstiegsangebot zu hoch, kann die Anwendung der That's-not-all-Technik sogar nach Hinten los gehen. Auf einen solchen Bumerang-Effekt stießen beispielsweise Burger und Kollegen (1999), als sie die That's-not-all-Technik in einem neuen (nicht monetären) Kontext erproben wollten. Ziel war es, Studenten dazu zu gewinnen, bei der Organisation der Faschingsparty einer Grundschule mitzuhelfen. Während man den Versuchspersonen der Kontrollgruppe direkt mitteilte, dass man ihre Hilfe nur an einem Samstag von 11.00 bis 14.00 Uhr benötige, wurde den übrigen Versuchspersonen zunächst gesagt, dass man sowohl samstags als auch sonntags (jeweils von 11.00 bis 14.00 Uhr) auf ihre Hilfe angewiesen sei. Nachdem jedoch der Versuchsleiter von seinem Kollegen darauf hingewiesen wurde, dass sie für den Sonntag schon ausreichend viele Helfer hätten, reduzierte sich die zu investierende Zeit auf das gleiche Niveau der Kontrollgruppe. Trotz dieser inszenierten Verbesserung des Angebots stieg die Zustimmungsrate jedoch keineswegs. Im Gegenteil: Sie verschlechterte sich von 27% in der Kontrollgruppe auf 3% in der That's-not-all-Gruppe.

Vermutlich hatte die hohe Einstiegsbitte, an beiden Wochenendtagen zu helfen, die Studenten derart vor den Kopf gestoßen, dass sie im Nachhinein überhaupt nicht mehr bereit waren, das zweite, verbesserte Angebot zu durchdenken.[28]

Dafür spricht auch das Ergebnis einer Folgestudie (Burger et al., 1999), in welcher gezeigt werden konnte, dass die That's-not-all-Technik bei Verwendung einer moderateren Einstiegsbitte durchaus geeignet ist, die Hilfsbereitschaft zu erhöhen. Neben den beiden Versuchsbedingungen aus der vorhergehenden Studie wurde nämlich

28 Genauso würden wahrscheinlich viele Interessenten sofort den Sender wechseln, wenn beim Teleshopping der „Bodyshaper Evolution" zunächst zu einem Preis von 1299 Euro präsentiert wird...

eine weitere eingeführt. Hier wurde als Einstieg darum gebeten, die Organisation der Grundschul-Faschingsparty an einem Samstag von 11.00 bis 16.00 Uhr zu unterstützen.

Wie in Abbildung 13.4 zu erkennen ist, führte diese moderatere Einstiegsbitte am ehesten zum Erfolg.

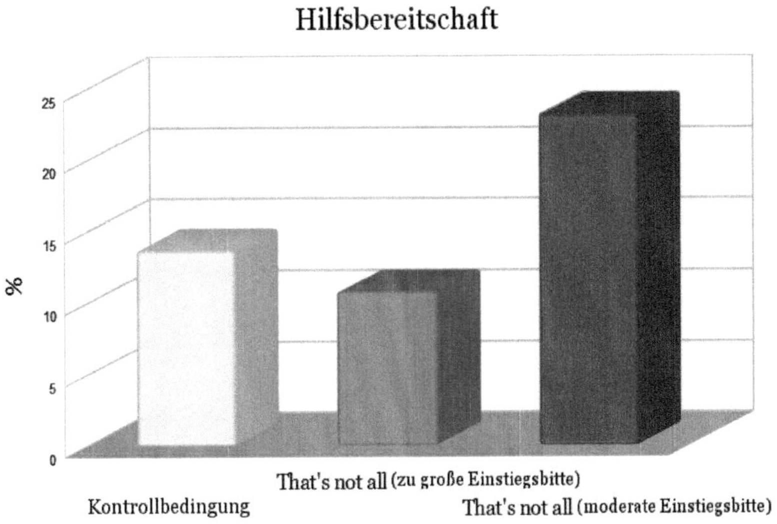

Abbildung 13.4 Basierend auf Daten von: Burger, J. M., Reed, M., DeCesare, K., Rauner, S., & Rozolis, J. (1999). The effects of initial request size on compliance: More about the that's-not-all technique. Basic and Applied Social Psychology, 21, 243-250.

14 Die „But you are free to …“-Technik – „Sie können sich frei entscheiden.“

(Und werden genau das tun, was ich von Ihnen will.)

Nicht wenige Menschen träumen davon, durch eine Zauberformel an Überzeugungskraft zu gewinnen. Vielerorts wird doch schließlich die „Macht der Worte“ beschworen. Daher sollte es doch möglich sein, schon durch geringe Veränderungen in der Formulierung größere Erfolge zu verzeichnen. Die sogenannte „But you are free to ...“-Technik (auch „evoking freedom“-Technik) gehört zu den wenigen gut erforschten Techniken, welche diese hohen Erwartungen tatsächlich erfüllen könnten.

Die Anwendung der Technik könnte kaum einfacher sein. Sie tragen eine Bitte vor und fügen einfach hinzu: *„Aber Sie können sich frei entscheiden, ob Sie das machen wollen oder nicht* (But you are free to accept or to refuse.)“

Die Idee dahinter (Guéguen & Pascual, 2000) ist, der Reaktanz der anderen Person zuvorzukommen. Man möchte unter allen Umständen vermeiden, dass sich die andere Person in die Ecke gedrängt fühlt und mit einer Trotzreaktion versucht, die eigene Freiheit wieder herzustellen.

Eine wesentlich einfachere Erklärung könnte lauten, dass die Formulierung den Bittsteller deutlich freundlicher, vielleicht sogar unterwürfiger erscheinen lässt. Und wer möchte nicht gerne hofiert werden?

Unabhängig davon, welche Erklärung nun zutrifft, konnte die Wirksamkeit der Beeinflussungstechnik mittlerweile in vielen Settings nachgewiesen werden. Am häufigsten wurde dabei folgendes Szenario verwendet (Guéguen & Pascual, 2000; Guéguen et al., 2013):

Stellen Sie sich vor, Sie hätten vor, mit dem Bus nach Hause zu fahren. Als sie jedoch das Busticket kaufen wollen, müssen Sie leider feststellen, dass Sie Ihren Geldbeutel zu Hause vergessen haben. Da keine Zeit mehr bleibt, den Geldbeutel zu Hause zu holen, beschließen Sie kurzerhand, Ihre Mitmenschen um Hilfe zu bitten:

„Entschuldigen Sie bitte. Könnten Sie mir ein bisschen Kleingeld geben, damit ich den Bus nehmen kann?“

Vielleicht ergeht es Ihnen wie den Studenten in der Studie von Guéguen et al. (2013) und der Erfolg ist eher mäßig. Nur 16,4% der Befragten gaben ein wenig Geld für das Busticket (Im Durchschnitt 1,04 Euro).

Was passiert jedoch, wenn Sie Ihre Bitte durch die „But you are free to“- Zauberformel ergänzen?

In dem beeindruckenden Experiment von Guéguen und Kollegen (2013), in dem insgesamt 2160 Passanten um Kleingeld gebeten wurden, stieg die Erfolgsquote auf 40,6% (siehe Abbildung 14.1). Zudem wurde unter Verwendung der „But you are free to...“- Formulierung auch mehr Geld erbettelt (1,54 Euro).

In weiteren Experimenten (Guéguen et al., 2013) mit ebenfalls beeindruckenden Versuchspersonenzahlen (über alle Experimente hinweg sagenhafte 17693 Probanden!) konnte die Effektivität der

„But you are free to ...“ - Formel auch für andere Situationen nachgewiesen werden. So konnten mit der Technik u.a. leichter Zigaretten geschnorrt werden (Erfolgsquote: 85% vs. 71,3%), Pfannkuchen verkauft werden (70% vs. 49%) oder Versuchspersonen zur Teilnahme an einer Studie bewegt werden (27,7% 18,5%).

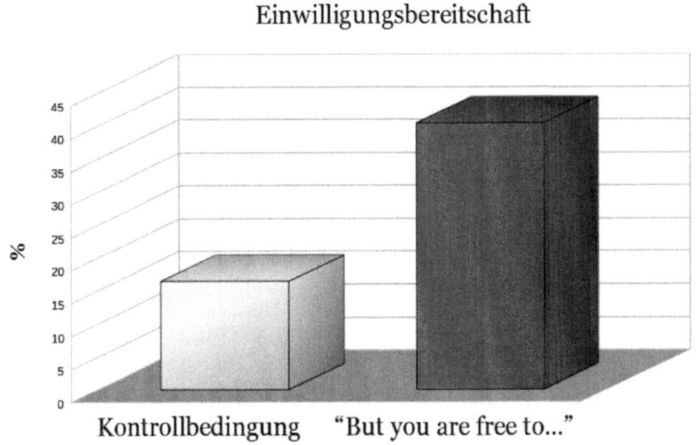

Abbildung 14.1 Basierend auf Daten von: Guéguen, N., Joule , R. V., Halimi-Falkowicz, S., Pascual, A., Fischer-Lokou, J., & Dufourcq-Brana, M. (2013). I'm free but I'll comply with your request: generalization and multidimensional effects of the “evoking freedom” technique. Journal of Applied Social Psychology, 43, 116-137.

Allerdings handelte es sich in den bisher genannten Experimenten stets um face-to-face-Interaktionen. Somit ist nicht auszuschließen, dass zumindest ein Teil der Effekte auf nonverbale Signale (Gestik, Mimik, längerer Augenkontakt, Stimmlage etc.) zurückzuführen sind. Es könnte nämlich sein, dass die Bittsteller (auch wenn sie i.d.R. geschult werden, um solche Versuchsleitereffekte zu vermeiden) bei Verwendung der „But you are free to ...“-Formulierung deutlich optimistischer auftraten. Nach dem Motto: „Jetzt verwende ich die Zauberformel. Jetzt wird es auf jeden Fall funktionieren.“

Handelt es sich also lediglich um eine self-fulfilling prophecy?

Zwar sprechen die Ergebnisse einer Meta-Analyse (Carpenter, 2013), in der Studien mit insgesamt 22333 Versuchspersonen zusammenfassend analysiert wurden, tatsächlich dafür, dass die Effekte geringer ausfallen, wenn man dem Bittsteller nicht direkt gegenübersteht (z.B. bei Emailanfragen). Allerdings sind die für face-to-face Interaktionen beobachteten Effekte zu groß, um ausschließlich mit mit der self-fulfilling prophecy erklärt werden zu können. Zum anderen liegen Experimente vor (Guéguen et al., 2013), in denen gezeigt werden konnte, dass Probanden selbst dann mithilfe der „But you are free to..." - Formel eher zur Teilnahme an einer Umfrage bewegt werden konnten, wenn diese Anfrage per Telefon (Erfolgsquote: 63,7% vs. 43,4%), per Brief (21,9 vs. 12,9%) oder per Email (0,024% vs. 0,012%) übermittelt wurde.

14.1 Funktioniert die Technik auch mit anderen Formulierungen?

„But you are free to..." vs. „Do not feel obliged..."

Nachdem die Forscher zeigen konnten, dass die „But you are free to..." - Formel in vielen unterschiedlichen Situationen erfolgreich eingesetzt werden kann, stellten sie sich einem weiteren skeptischen Einwand ihrer Kritiker. Vielleicht funktioniert die Technik ja nur mit dieser einen Formulierung? Schließlich assoziieren wir mit dem Wort „free" i.d.R. nur Gutes. Insofern könnten die Effekte womöglich darauf zurückzuführen sein, dass schon allein durch das Wort „free" positive Emotionen bei der anderen Person ausgelöst werden.

Um diese Hypothese zu überprüfen, baten Guéguen und Kollegen (2013) erneut 300 Passanten um ein wenig Kleingeld für ein Busticket.

Während bei einem Teil der Versuchspersonen die altbewährte „But you are free to...“-Formulierung zum Einsatz kam, wurde bei einer anderen Gruppe die Formulierung „But do not feel obliged. (Aber fühlen Sie sich nicht verpflichtet)“ eingesetzt.

Wie in Abbildung 14.2 zu sehen ist, war die neue Formel keineswegs unterlegen.

Somit scheint geklärt, dass die Effektivität der Beeinflussungstechnik keineswegs an den genauen Wortlaut „But you are free to...“ gebunden ist. Stattdessen scheint es ausreichend zu sein – mit welcher Formulierung auch immer – beim Verhandlungspartner das

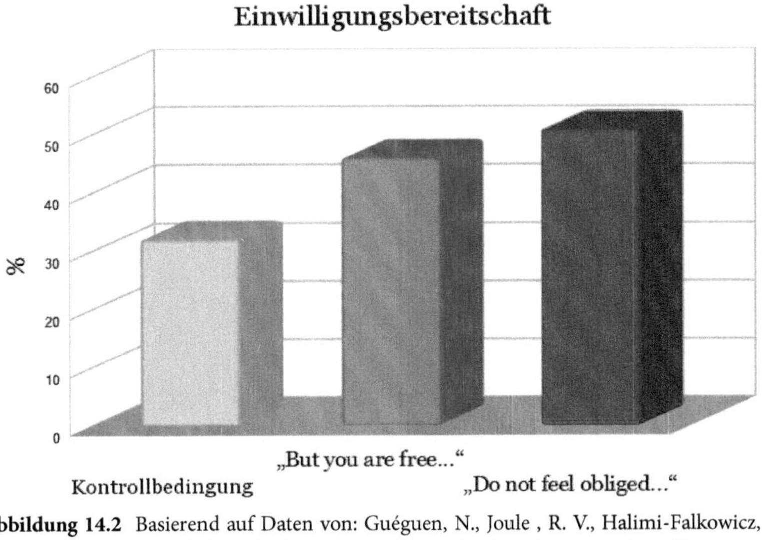

Abbildung 14.2 Basierend auf Daten von: Guéguen, N., Joule , R. V., Halimi-Falkowicz, S., Pascual, A., Fischer-Lokou, J., & Dufourcq-Brana, M. (2013). I'm free but I'll comply with your request: generalization and multidimensional effects of the "evoking freedom" technique. Journal of Applied Social Psychology, 43, 116-137.

Gefühl der freien Entscheidung hervorzurufen. Daher gehen Guéguen und Kollegen (2013) auch zunehmend dazu über, ihre Technik nicht länger „But you are free to..." zu nennen, sondern generalisierend von der „evoking freedom"-Technik zu sprechen.

14.2 Lässt sich die Effektivität der „evoking freedom"- Technik noch steigern?

Doppelt gemoppelt hält besser…

Im Grunde ist es schon erstaunlich, dass wir auf die „evoking freedom"-Technik hereinfallen. Schließlich teilt man uns durch die „Zauberformel" etwas mit, was wir schon längst wissen: Wir können uns frei entscheiden. Ohne die vielen empirischen Belege könnte man genauso gut vermuten, dass solch eine Formulierung nach Hinten losgeht. Schließlich könnte es doch sein, dass sich der Verhandlungspartner für dumm verkauft vorkommt: „Natürlich kann ich mich frei entscheiden. Was soll der Schwachsinn."

Neuere Experimente (Guéguen et al., 2013) legen allerdings nahe, dass wir selbst dann nicht misstrauisch werden, wenn man uns sogar zweimal hintereinander darauf hinweist, dass wir uns nicht verpflichtet fühlen sollen („Do not feel obliged..."):

> *„Entschuldigen Sie bitte. Ich muss Sie etwas fragen.* ***Aber fühlen Sie sich jetzt bitte nicht verpflichtet.*** *Ich muss unbedingt mit diesem Bus fahren und ich habe meinen Geldbeutel vergessen. Könnten Sie mir bitte helfen, indem Sie mir ein Busticket geben oder mir ein bisschen Kleingeld geben, damit ich mir eine Fahrkarte kaufen kann?* ***Aber wie ich schon sagte, fühlen Sie sich nicht verpflichtet.*** *"* (Übersetzt nach Guéguen et al., 2013)

Führte diese doppelt gemoppelte Formulierung dazu, dass der Beeinflussungsversuch aufflog? Im Gegenteil: Die Erfolgsquote war sogar deutlich höher, als wenn die Phrase nur einmalig (am Anfang oder am Ende) eingesetzt wurde (siehe Abbildung 14.3).

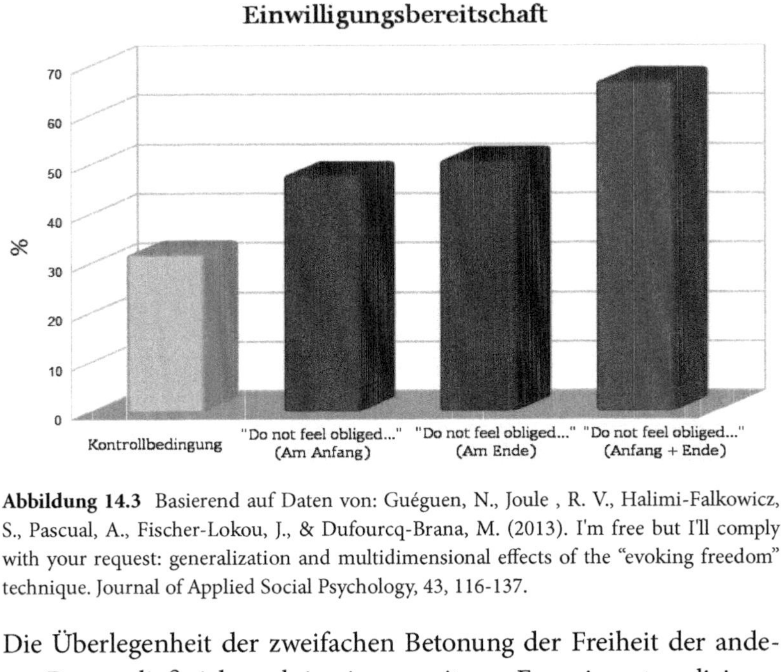

Abbildung 14.3 Basierend auf Daten von: Guéguen, N., Joule , R. V., Halimi-Falkowicz, S., Pascual, A., Fischer-Lokou, J., & Dufourcq-Brana, M. (2013). I'm free but I'll comply with your request: generalization and multidimensional effects of the "evoking freedom" technique. Journal of Applied Social Psychology, 43, 116-137.

Die Überlegenheit der zweifachen Betonung der Freiheit der anderen Person, ließ sich auch in einem weiteren Experiment replizieren (Guéguen et al., 2013). Diesmal kombinierte man jedoch die beiden bewährten Formulierungen:

> *„Entschuldigen Sie bitte. Ich muss Sie etwas fragen. Aber Sie können* ***frei entscheiden,*** *ob Sie mir helfen oder nicht.* ***Fühlen Sie sich also auf keinen Fall verpflichtet.*** *Ich muss unbedingt mit diesem Bus fahren...“* (Übersetzt nach Guéguen et al., 2013)

Auch in diesem Experiment mit 400 Versuchspersonen ließ sich die Hilfsbereitschaft der Passanten durch zweifaches Betonen ihres freien Willens erhöhen. Die Ergebnisse können Abbildung 14.4 entnommen werden:

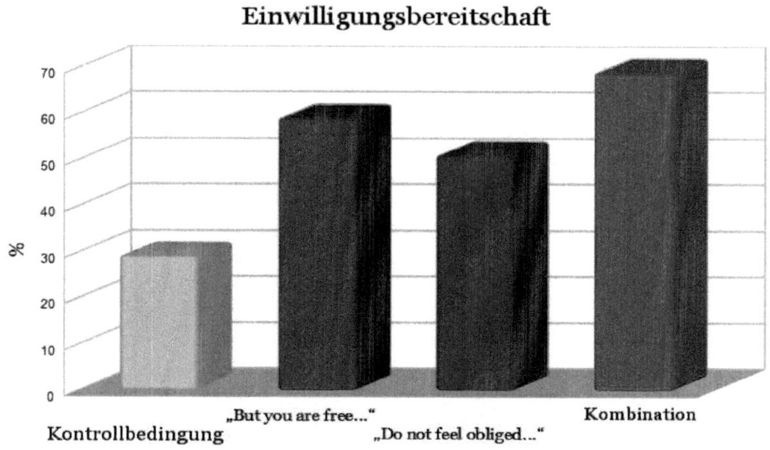

Abbildung 14.4 Basierend auf Daten von: Guéguen, N., Joule , R. V., Halimi-Falkowicz, S., Pascual, A., Fischer-Lokou, J., & Dufourcq-Brana, M. (2013). I'm free but I'll comply with your request: generalization and multidimensional effects of the "evoking freedom" technique. Journal of Applied Social Psychology, 43, 116-137.

Da die „evoking freedom"-Technik nur das Hinzufügen einer kurzen Formulierung erfordert, kann sie ohne Probleme mit anderen Beeinflussungstechniken (z.B. Foot-in-the-door-Technik) kombiniert werden.

Guéguen, Meineri, Martin und Grandjean (2010) ließen eine Studentin 200 Hausbesitzer befragen, ob sie bereit wären, für eine Studie zum Thema Mülltrennung ihren Abfall in einem „Müll-Tagebuch" fein säuberlich zu dokumentieren. Einen Monat lang sollten sie ihren Müll zählen, wiegen und die Ergebnisse im Tagebuch notieren.

Wenn die die Hausbesitzer direkt gefragt wurden (Kontrollbedingung), erklärten sich immerhin 40% dazu bereit, die Studentin bei ihrem Forschungsprojekt zu unterstützen.

Die Einwilligungsquote ließ sich jedoch mit folgenden Strategien noch weiter steigern (Ergebnisse siehe Abbildung 14.5):

a) Foot-in-the-door:
1. Kleine Bitte: „Könnten Sie bitte vier kurze Fragen beantworten?“
2. Große Bitte: „Wären Sie bereit, einen Monat lang Tagebuch zu führen.“

b) „But you are free to…“:
„Wären Sie bereit, einen Monat lang Tagebuch zu führen. *Aber Sie können sich frei entscheiden, ob Sie das machen wollen oder nicht.*“

c) Foot-in-the-door + „But you are free to…“:
1. Kleine Bitte: „Könnten Sie bitte vier kurze Fragen beantworten?“
2. Große Bitte: „Wären Sie bereit, einen Monat lang Tagebuch zu führen. *Aber Sie können sich frei entscheiden, ob Sie das machen wollen oder nicht.*“

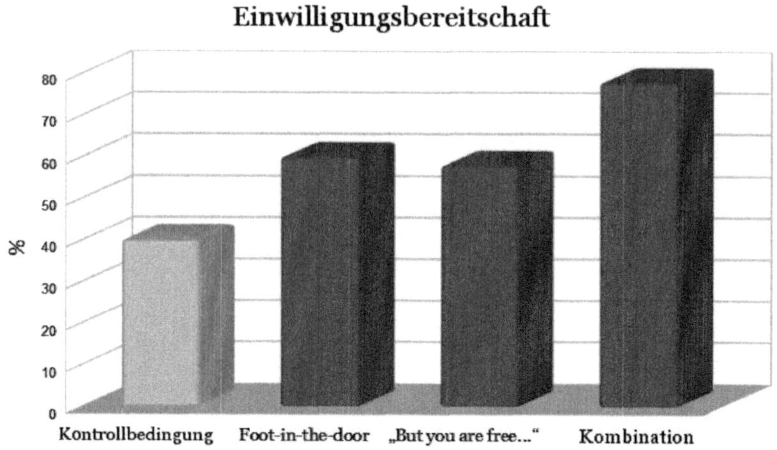

Abbildung 14.5 Basierend auf Daten von: Guéguen, N., Meineri, S., Martin, A., & Grandjean, I. (2010). The combined effect of the foot-in-the-door technique and the "but you are free" technique: an evaluationon the selective sorting of household wastes. Ecopsychology, 2(4), 231-237.

Wenn die Foot-in-the-door-Technik durch die „But you are free to...“- Formel ergänzt wurde, ließ sich die Einwilligungsrate auf erstaunliche 78% steigern. Zudem zeigte sich auch auf der Verhaltensebene, dass immerhin 44,7% ihren Worten auch Taten folgen ließen und das Tagebuch tatsächlich einen Monat lang lückenlos ausfüllten. In der Kontrollgruppe waren es lediglich 8,2%.

15 (Fadenscheinige) Begründungen – „Entschuldigung, könnte ich bitte vor Ihnen den Kopierer nutzen, weil ich Kopien machen muss?“

Stellen Sie sich vor, Sie stehen in der Schlange am Kopierer. Da sie dringend fünfzehn Kopien für Ihren nächsten Termin machen müssen, fragen Sie die Person vor Ihnen, ob sie bereit wäre, Sie vorzulassen:

„Wär's O.K., wenn ich den Kopierer vor Ihnen benutzen würde?“
Sozialpsychologische Studien, in denen exakt diese Situation simuliert wurde (Key, Edlund, Sagarin & Bizer, 2009; Langer, Blank & Chanowitz (1978), legen nahe, dass bei obiger Formulierung immerhin schon ca. 60% der Befragten bereit sind, Ihnen den Vortritt zu lassen.

Wenn Sie Ihrer Bitte jedoch noch einen triftigen Grund hinzufügen („ …, weil ich es sehr eilig habe.“), steigt die Erfolgsquote auf 90%.

Soweit so interessant – und auch plausibel. Aber hätten Sie gedacht, dass man nahezu den gleichen Erfolg hat (Ergebnisse siehe Abbildung 15.1), wenn man die folgende Pseudo-Begründung verwendet:

„Wär's O.K., wenn ich den Kopierer vor Ihnen benutzen würde, weil ich Kopien machen muss?“

(Fadenscheinige) Begründungen – „Entschuldigung, könnte ich bitte vor Ihnen den Kopierer nutzen, weil ich Kopien machen muss?"

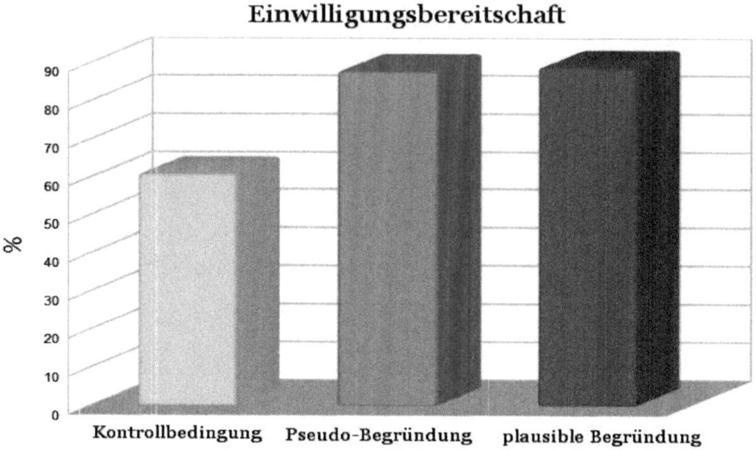

Abbildung 15.1 Basierend auf Daten von: Key, M. S., Edlund, J. E., Sagarin, B. J., & Bizer, G. Y. (2009). Individual differences in susceptibility to mindlessness. Personality and Individual Differences, 46, 261-264.

Aber warum lassen wir uns von so einer schwachsinnigen Begründung überzeugen? Die Forscher vermuten, dass wir bei solch einer kleinen Bitte (15 Kopien sind schnell gemacht) vermutlich gar nicht genau hinhören bzw. den Inhalt nicht genau analysieren. Wir hören bzw. verarbeiten wahrscheinlich nur:

„Wär's O.K., wenn ich den Kopierer vor Ihnen benutzen würde, weil blablabla..."

Unser Gehirn spart also Energie, indem es auf die folgende Heuristik (Faustregel) zurückgreift: „Er hat „weil" gesagt. In der Vergangenheit haben fast alle, die „weil" gesagt haben, einen sinnvollen Grund vorgebracht."

Sofern diese Hypothese der unachtsamen und automatischen Verarbeitung wirklich zutrifft, sollte die Wirksamkeit von Pseudo-Begründungen bei bewussterer Verarbeitung gegen Null gehen. Aber wie erreicht man eine bewusstere Verarbeitung? Na ja, man bittet die andere Person um einen Gefallen, der so groß ist, dass sie zweimal überlegen muss, ob sie bereit ist einzuwilligen. Als beispielsweise in der Studie von Langer, Blank und Chanowitz (1978) Versuchspersonen darum gebeten wurden, jemandem am Kopierer den Vortritt zu lassen, der 20 Kopien zu machen habe, stellte sich die Begründung „... ‚weil ich Kopien machen muss.“ als völlig wirkungslos heraus (Ergebnisse siehe Abbildung 15.2). Jetzt könnte man einwenden, dass 20 Kopien doch auch schnell gemacht seien. In der heutigen Zeit ja. Aber nicht im Jahr 1978, als die Studie durchgeführt wurde...

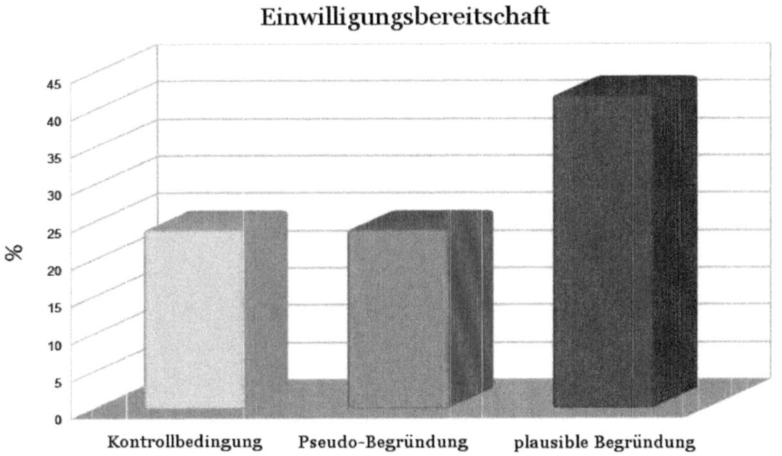

Abbildung 15.2 Basierend auf Daten von: Langer, E., Blank, A., & Chanowitz, B. (1978). The mindlessness of ostensibly thoughtful action: The role of "placebic"information in interpersonal interaction. Journal of Personality and Social Psychology, 36, 635-642.

16 Die Verwirrungstaktik – Wenn ungewöhnliche Anfragen unsere normalen Handlungsmuster durchbrechen…

Vor einigen Jahren bin ich selbst auf die folgende Masche reingefallen:

Es klingelte an unserer Haustür. Als ich die Tür öffnete, stand ein ärmlich gekleideter Mann vor mir (Herkunft: vermutlich Bulgarien/Rumänien; Alter: schätzungsweise 40 Jahre). Mein Bauchgefühl sagte mir, dass es sich womöglich um einen Bettler handelte, und mein Kopf bereitete sich schon darauf vor, den Bettler mit einer der üblichen Phrasen abzuwimmeln. Schließlich handelt es sich bei solchen „Bettlern", die von Haus zu Haus ziehen, nicht selten um Mitglieder organisierter Banden, die nicht nur die Gutherzigkeit von Bürgern ausnutzen, um schnell an Geld zu kommen, sondern auch gleichzeitig die Gelegenheit nutzen, um Haus und Hof auszuspionieren. Im ungünstigsten Fall ist man dann einige Zeit später nicht nur die gespendeten fünf Euro los, sondern auch noch einen großen Teil seiner Habseligkeiten.

Bevor ich jedoch auch nur das Geringste sagen konnte, drückte mir der Mann einen Zettel in die Hand, auf welchem mit guter Handschrift und in gutem Deutsch in etwa das Folgende zu lesen war:

„Hallo. Mein Name ist Alexandru. Meine Familie und ich (Frau und zwei Kinder) sind auf der Durchreise. Leider ist uns das Benzin ausgegangen und wir haben kein Geld mehr übrig. Können Sie uns helfen und uns ein bisschen Geld für Benzin geben, damit wir wieder in die Heimat fahren können?
Vielen Dank.“

Jetzt wusste ich überhaupt nicht mehr, was ich davon halten sollte. Ich war verwirrt. Was, wenn es sich um ein ehrlich gemeintes Hilfegesuch handelte? Sollte ich Alexandru und seine Familie im Stich lassen?

Nein. Ohne größeres Zögern entschied ich mich, mein Gewissen zu beruhigen und holte 15 Euro aus der Brieftasche. Eine für meine Verhältnisse ungewöhnlich hohe Spendensumme. Soweit ich mich erinnern kann, sogar die höchste Summe, die ich jemals an der Haustür gespendet habe. Aber schließlich sollte dem armen Alexandru und seiner Familie ja nicht nach zehn Kilometern erneut das Benzin ausgehen.

Nachdem Alexandru sich artig bedankt hatte, zog er zufrieden von dannen. Durchs Fenster konnte ich jedoch beobachten, dass er keineswegs die von unserem Haus nur 150 Meter entfernte Tankstelle ansteuerte, sondern in entgegengesetzter Richtung jedes einzelne Haus abklapperte. Man könnte jetzt zu seiner Verteidigung einwenden, dass er vielleicht noch mehr Geld für eine größere Tankfüllung zu sammeln versuchte. Die Unschuldsvermutung löste sich jedoch gänzlich in Luft auf, als ich eine Stunde später in einer Seitenstraße beobachten durfte, wie Alexandru und seine „Familie“ (vier Männer) in einen Transporter einstiegen. Offensichtlich hatten sie das gesamte Dorf mit dieser Methode abgegrast.

Seither hat sich dieses Schauspiel schon vielfach wiederholt. Die Masche wurde sogar durch das Mitführen eines Kinderwagens (mit und ohne Kind) noch weiter verfeinert, um die Coverstory noch glaubhafter zu machen.

16.1 Empirische Befunde

Mittlerweile liegen interessante Studienergebnisse vor, die nahelegen, dass ungewöhnliche Anfragen tatsächlich geeignet sind, unseren automatischen Abwehrmechanismus außer Kraft zu setzen (z.B. Burger, Hornisher, Martin, Newman & Pringle, 2007; Guéguen, Meineri, Pascual, Girandola & Silone, 2015; Santos, Leve & Pratkanis, 1994).

Burger und Kollegen (2007) ließen beispielsweise als Bettler verkleidete Studenten bei insgesamt 321 Passanten um Geld bitten. Dabei verwendeten sie bei einer Hälfte der Versuchspersonen die übliche Formel:

> *„Entschuldigen Sie bitte. Haben Sie vielleicht ein bisschen Kleingeld für mich übrig?"*

Die andere Hälfte der Probanden wurde mit einer ungewohnten Bettel-Anfrage konfrontiert:

> *„Entschuldigen Sie bitte. Haben Sie vielleicht 37 Cents für mich übrig?"*

Es zeigte sich, dass im Falle der ungewöhnlichen Anfrage nicht nur doppelt so viele Menschen bereit waren zu helfen (siehe Abbildung 16.1), sondern es wurde auch tatsächlich mehr als doppelt so viel Geld gegeben (im Durchschnitt: 0,18$ vs. 0,07$).

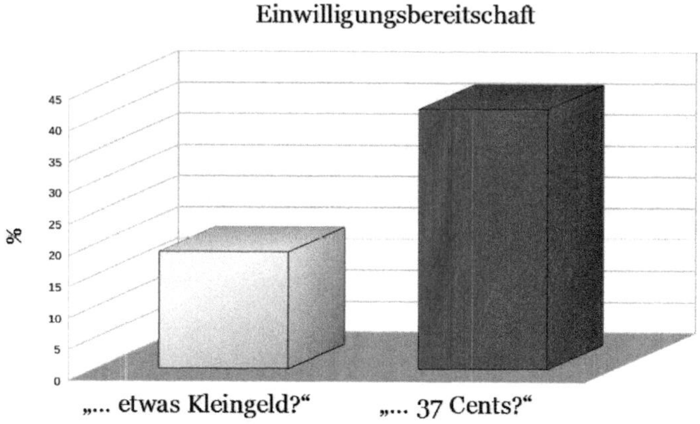

Abbildung 16.1 Basierend auf Daten von: Burger, J. M., Hornisher, J., Martin, V. E., Newman, G., & Pringle, S. (2007). The pique technique: Overcoming mindlessness or shifting heuristics? Journal of Applied Social Psychology, 37, 2086-2096.

Besonders interessant ist auch ein weiterer Befund dieser Studie, wonach die Erfolgsquote besonders hoch war (79%), wenn die Passanten nach dem Grund für die ungewöhnliche Summe fragten. Man könnte also sagen, das Nachfragen der anderen Person ist quasi ein Erfolgsindikator für die Beeinflussungstechnik. Man hat die andere Person am Haken.

Erstaunlicherweise zeigte sich, dass sich die andere Person selbst dann nicht mehr vom Haken losriss, wenn man ihr eine fadenscheinige Begründung auftischte. Erzählte man den nachfragenden Passanten nämlich, dass man halt noch ein „paar Sachen" zu kaufen habe, lag die Erfolgsquote immer noch bei bemerkenswerten 70%. Dies lässt sich zum einen damit erklären, dass man durch die ungewöhnliche Anfrage schon erfolgreich den Fuß in die Tür (Foot-in-the-door) gesetzt hatte und die andere Person trotz der fadenscheinigen Begründung nun keinen Rückzieher mehr machen wollte. Zum anderen könnte dieses irrationale Verhalten auch damit erklärt werden, dass die Anfrage tatsächlich eine gewisse Verwirrung ausgelöst haben könnte.

Dafür sprechen zumindest auch die Ergebnisse eines weiteren Feldexperiments (Guéguen et al., 2015), in welchem man 300 Passanten zur Teilnahme an einer kurzen Umfrage bewegen wollte. Es stellte sich nicht nur heraus, dass die unkonventionelle Anfrage („Haben Sie *37 Sekunden* Zeit, ...?“) im Vergleich zur üblichen Anfrage („Haben Sie *kurz* Zeit, ...?“) zu deutlich höherer Teilnahmebereitschaft führte (60% vs. 42%), sondern es zeigte sich auch, dass die Versuchspersonen der 37-Sekunden-Versuchsbedingung deutlich konfuser waren. Als man sie nämlich befragte, weshalb sie sich eigentlich bereit erklärt hatten, an der Umfrage teilzunehmen, antworteten sie deutlich häufiger mit „Ich weiß nicht“ oder „Einfach so halt“.

17 Erst verwirren, dann erklären – Die Disrupt-then-reframe-Technik

Die erst seit jüngerer Zeit erforschte Disrupt-then-reframe-Technik kann als Erweiterung der o.g. Verwirrungstechnik (Pique-Technik) angesehen werden. Die aktuelle Studienlage lässt vermuten, dass sie noch effektiver ist (Carpenter & Boster, 2015; Guéguen, Meineri, Pascual & Girandola, 2015). Die Meta-Analyse von Carpenter (2009), in welcher die durchschnittliche Effektstärke aus 14 Experimenten mit insgesamt 1106 Versuchspersonen errechnet wurde, lässt sogar vermuten, dass die Technik deutlich effektiver ist als die „traditionellen" und gut erforschten Beeinflussungstechniken (Foot-in-the-door, Door-in-the-face).

Die Grundidee der Disrupt-then-reframe-Technik basiert auf einer Methode zur Trance-Induktion des berühmten Hypnotiseurs Milton H. Erickson. Dieser war nämlich davon überzeugt, dass es zur Herstellung eines hypnotischen Trancezustands hilfreich sei, den bewussten Geist der anderen Person durch Verwirrung zu beschäftigen, um so den Weg zum Unterbewusstsein frei zu machen. Sobald das Bewusstsein beschäftigt sei, könne man das Unterbewusstsein mit hypnotischen Suggestionen füttern. Klassisches Beispiel für diese Methode ist die sogenannte „Handshake-Induction", bei welcher der Hypnotiseur der anderen Person die Hand reicht, aber im letzten Moment wieder zurückzieht, um z.B. stattdessen die Hand der anderen Person in Richtung ihres Kopfes zu führen. Die andere Person wird durch diese extrem ungewöhnliche Aktion verwirrt und fällt spontan in einen Trance-Zustand, in welchem ihr Unterbewusstsein aufnahmefähiger für die Suggestionen des Hypnotiseurs wird. Auch wenn die Effektivität solcher Techniken durchaus umstritten ist und im Internet viele Fake-Videos zur „Handshake-Induction" kursieren, lieferte die Technik doch die Blaupause für die Disrupt-then-reframe-Technik.

In einem ersten Schritt wird die andere Person durch die Nennung eines ungewöhnlichen Preises verwirrt (z.B.: „Diese Weihnachtskarten kosten *300 Cent.*"). In einem zweiten Schritt wird die ungewöhnliche Darstellung des Preises erklärt (Reframe:"... Das sind 3 Euro. Das ist ein sehr günstiges Angebot."). Der erklärende Zusatz („Das ist ein sehr günstiges Angebot") entspricht also quasi der hypnotischen Suggestion.

In der einflussreichen Studie von Davies und Knowles (1999) zeigte sich, dass unter Verwendung dieser Disrupt-then-reframe-Technik tatsächlich fast doppelt so viele Weihnachtskarten verkauft werden konnten als in einer Kontrollgruppe, in welcher der Preis der Weihnachtskarten völlig normal präsentiert worden war („Diese Weihnachtskarten kosten 3 Euro.").

Man könnte jetzt einwenden, dass die Technik vielleicht schon allein aufgrund der Suggestion „Das ist ein sehr günstiges Angebot" effektiv ist. Allerdings konnten die Forscher anhand mehrerer Kontrollbedingungen (siehe Abbildung 17.1) zeigen, dass die Technik wirklich nur dann funktioniert, wenn der Suggestion die verwirrende Preisnennung vorausgeht.

Wie Abbildung 17.1 zu entnehmen ist, wendeten Davies und Knowles (1999) nicht nur die Disrupt-then-reframe-Technik erfolgreich an. Auch die That's-not-all Technik erwies sich den Kontrollbedingungen überlegen. So konnte der Absatz der Weihnachtskarten schon dadurch verdoppelt werden, wenn man den Versuchspersonen sagte: „Der Preis war 5$. Aber wir verkaufen sie jetzt für 3$."

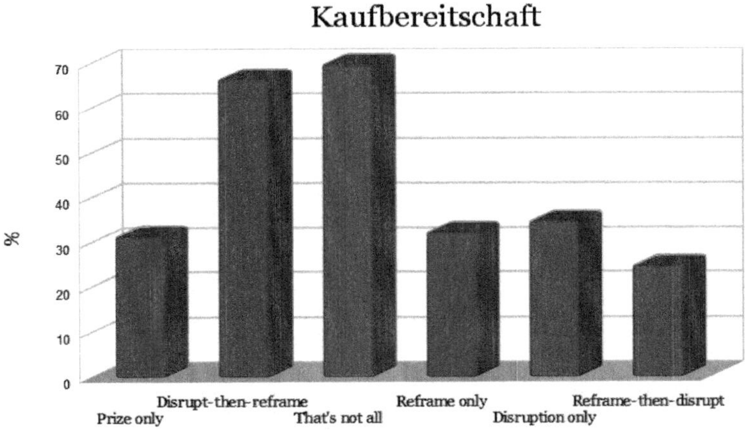

Abbildung 17.1 Basierend auf Daten von: Davis, B. P., & Knowles, E. S. (1999). A disrupt-then-reframe technique of social influence. Journal of Personality and Social Psychology, 76, 192-199.

In einer weiteren einflussreichen Studie (Fennis, Das & Pruyn, 2004) zur Disrupt-then-reframe-Technik sollten Studenten davon überzeugt werden, eine Petition zur Erhöhung der Studiengebühren um 75$ zu unterschreiben. Zwar können höhere Studiengebühren natürlich dazu beitragen, Forschung und Lehre an der Universität zu verbessern. Wer jedoch um die notorische Geldnot von Studenten weiß, kann sich denken, dass es sich hier geradezu um eine „Mission Impossible" handelt.

Daher verwundert es wenig, dass unter „normalen" Bedingungen nur jeder fünfte Student bereit war, seine Unterschrift unter die Petition zu setzen. Deutlich besser fielen die Ergebnisse (siehe Abbildung 17.2) jedoch aus, wenn man eine der folgenden Strategien verwendete:

a) Disrupt-then-reframe:
Der Versuchsperson wurde gesagt: *„Die Studiengebühren sollten um 7500 Cent erhöht werden."*
Nach zwei sekündiger Pause:
„... das sind 75 Euro. Das ist wirklich nicht viel."

b) Foot-in-the-door:
Bevor die Versuchsperson um ihre Unterschrift gebeten wurde, sollte sie darüber Auskunft geben, ob sie den folgenden Aussagen zustimme:
1. „Um die akademische Lehre zu verbessern, müssen mehr finanzielle Mittel zur Verfügung gestellt werden."
2. „Wir brauchen wissenschaftliche Forschung von hoher Qualität, um gesellschaftliche Probleme besser verstehen und lösen zu können."
Wahrscheinlich würde so ziemlich jeder diesen Aussagen zustimmen. Wenn man dies jedoch tut, fällt es einem schwerer, einer folgerichtigen Erhöhung der Studiengebühren nicht zuzustimmen. Wieder einmal ist der Fuß in der Tür...

c) Foot-in-the-door + Disrupt-then-reframe:
Die Kombination der beiden Beeinflussungstechniken sah so aus, dass die Versuchsperson zunächst um ihre Meinung zu den obigen Fragen gebeten wurde (Foot-in-the-door). Danach kam die Disrupt-then-reframe-Technik zum Einsatz (siehe oben).

Während sowohl die beiden Beeinflussungstechniken für sich genommen schon fast zu einer Verdopplung der Erfolgsquote führten, fiel das Ergebnis für die Kombination der beiden Techniken absolut verblüffend aus. Unglaubliche 90% der Studenten waren auf einmal bereit, eine Petition zu unterschreiben, welche dazu führen könnte, dass sie in jedem Semester 75 Euro weniger in der Tasche haben würden.

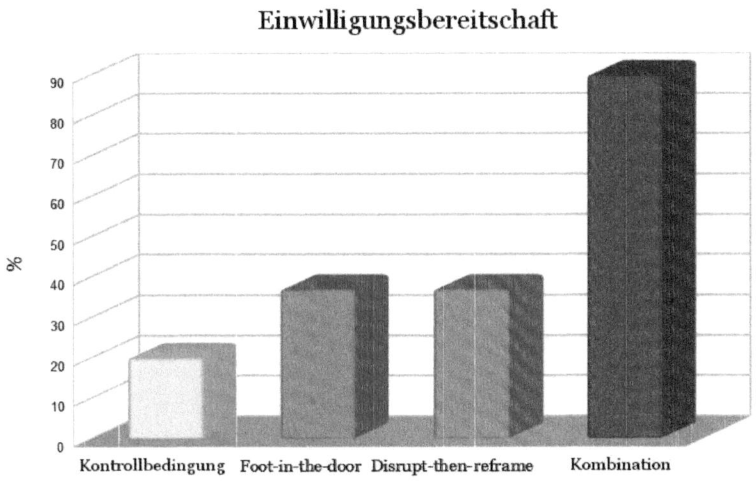

Abbildung 17.2 Basierend auf Daten von: Fennis, B. M., Das, E. H. H. J., & Pruyn, A. Th. H. (2004). „If you can't dazzle them with brilliance, baffle them with nonsense“: Extending the impact of the disrupt-then-reframe technique of social influence. Journal of Consumer Psychology, 14, 280-290.

Die Autoren der Studie erklären dieses Ergebnis damit, dass durch die Verwirrungstaktik kognitive Ressourcen gebunden wurden, die normalerweise dafür gebraucht werden, solche dreisten Beeinflussungsversuche zu durchschauen. Sowohl Foot-in-the-door-Technik als auch die Suggestion („Das ist wirklich nicht viel“) könnten somit vom gezielt eingeleiteten „System Overload“ profitiert haben.

Der aktuelle Trend der Forschung zur Disrupt-then-reframe-Technik geht dahin zu untersuchen, ob die Technik auch bei Verwendung anderer Verwirrungsmethoden (nicht nur ungewöhnliche Preisdarstellungen) funktioniert. So berichten beispielsweise Deval und Kollegen (2010), dass ein Verkäufer beim Verkauf eines Flat-Screen-Fernsehers gut daran täte, zunächst allerlei technisches Kauderwelsch zu erzählen (Disrupt), um dann im nächsten Schritt die sich daraus ergebenden Vorteile für den Kunden aufzuzählen (Reframe). Dies sei effektiver, als den potentiellen Käufern sofort alle Vorteile aufzuzählen.

18 Emotionale Verwirrungstaktik – Erst Angst, dann Erleichterung

Stellen Sie sich vor, Sie hätten ihr Auto aus Versehen (oder wissentlich) im Parkverbot abgestellt. Als sie zu ihrem Auto zurückkehren, ist ein Zettel unter den Scheibenwischer geklemmt. Als sie sich den (vermeintlichen) Strafzettel ansehen, um zu schauen, welche Summe Sie diesmal zu zahlen haben, stellen sie mit Erleichterung fest: „Das ist ja gar kein Strafzettel! Es ist nur eine Werbung für ein Haarwuchsmittel."

Genau in diesem Moment der Erleichterung tritt ein Student an Sie heran und bittet Sie um einen Gefallen:

„Hallo. Ich bin Student der Universität Opole[29]. Würden Sie bitte einen Fragebogen für mich ausfüllen? Es geht um ..."

Sind sie aufgrund der Erleichterung über den nicht erhaltenen Strafzettel eher bereit, dem Studenten zu helfen? Die Ergebnisse einer Studie mit 250 Falschparkern (Dolinski & Nawrat, 1998) sprechen dafür:

Wenn die Versuchspersonen glaubten, sie hätten gerade nochmal Glück gehabt, waren immerhin 56% bereit, den Studenten bei seiner Umfrage zu unterstützen.

29 Die Studie wurde in Polen durchgeführt.

Wurde die Werbung dagegen am Türgriff des Autos platziert und daher nicht für einen Strafzettel gehalten, willigten in der Folge nur 34% der Versuchspersonen ein.

Ähnliche Ergebnisse waren zu beobachten, wenn es sich bei dem vermeintlichen Strafzettel um einen Aufruf zum Blutspenden handelte (68% vs. 40%). Die Hilfsbereitschaft war im Vergleich zu den Versuchsbedingungen mit der Haarwuchsmittel-Werbung sogar etwas größer. Dies könnte daran liegen, dass durch die Aufforderung zur Blutspende zu gehen, Gedanken an hilfsbereites Verhalten vorbereitet wurden (Priming). Nach dem Motto: „Ja, ich könnte mal wieder was Gutes tun." Dieses (unbewusste) Motiv konnte dann gegenüber dem nach Unterstützung suchenden Studenten ausgelebt werden.

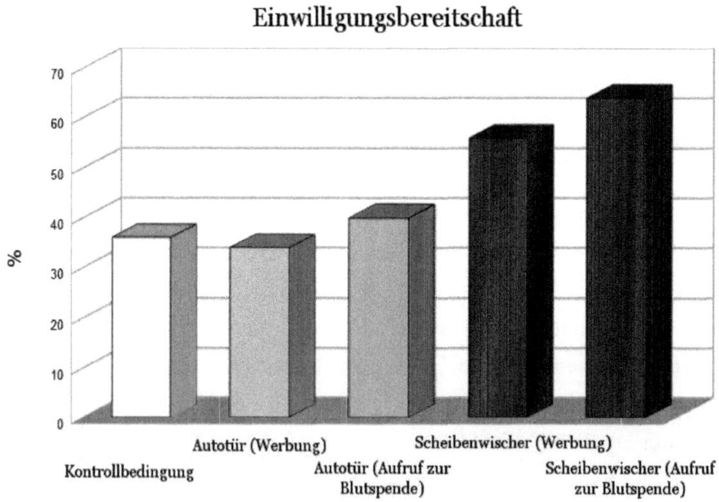

Abbildung 18.1 Basierend auf Daten von: Dolinski, D., & Nawrat, R. (1998). "Fear-then-relief" procedure for producing compliance: Beware when the danger is over. Journal of Experimental Social Psychology, 34, 27-50.

Mittlerweile konnte die Effektivität der Fear-then-relief-Technik in unterschiedlichsten Situationen nachgewiesen werden.

So konnten Dolinski und Nawrat (1998) in einem weiteren Experiment zeigen, dass Fußgänger, welche die Straße an einer Stelle überqueren wollten, an der es nicht erlaubt war, bereitwilliger an einer Umfrage teilnahmen, wenn man ihnen 20 Sekunden zuvor einen Schrecken eingejagt hatte. Als sie nämlich die Straße zur Hälfte überquert hatten, ertönte eine Polizei-Trillerpfeife. Viele Passanten fühlten sich wohl ertappt und beschleunigten intuitiv ihren Schritt oder schauten sich nach dem Polizisten um. Als sie sich jedoch umblickten, war niemand zu sehen.[30] Aus dieser Erleichterung heraus erklärten sich immerhin 59% der Versuchspersonen dazu bereit, an einer zehnminütigen Umfrage teilzunehmen. In einer Kontrollgruppe mit Passanten, die völlig ungestört die Straße hatten überqueren können, lag die Einwilligungsrate bei lediglich 46%.

In einem anderen Experiment (Dolinski & Nawrat, 1998) erzählte man Schülern, dass sie im Rahmen eines Lernexperiments bei Falschantworten Elektroschocks erhalten würden. Bei einem Teil der Schüler gab es jedoch kurz vor Beginn des Experiments Entwarnung. Angeblich habe sich der Professor im letzten Moment doch dafür entschieden, ein anderes Experiment durchzuführen. Wurden nun diese Schüler gebeten, sich an der Organisation einer Spendenaktion für Waisenkinder zu beteiligen, lag die Zustimmungsrate bei 75%. In den beiden Kontrollgruppen, in denen es entweder keine Entwarnung gegeben hatte oder von Beginn an keine Rede von Elektroschocks gewesen war, fiel die Teilnahmebereitschaft deutlich geringer aus (37,5% bzw. 52,5%).

30 Der Pfiff mit der Trillerpfeife kam von einem Versuchsleiter, der nicht zu sehen war.

18.1 Warum funktioniert die Fear-then-relief-Technik?

Eine unerwartete Antwort

Womöglich wird der eine oder die andere beim Lesen der o.g. Forschungsergebnisse gedacht haben:

„Na ja, ist ja kein Wunder, dass die Technik funktioniert. Schließlich waren die Versuchspersonen am Ende erleichtert. Erleichterung ist eine positive Emotion. Und wer gut gelaunt ist, ist eher hilfsbereit."

Erstaunlicherweise scheint dies allerdings nur die halbe Wahrheit zu sein. Die emotionale Verwirrungstaktik scheint nämlich selbst dann zu funktionieren, wenn die zuletzt erlebte Emotion nicht Erleichterung, sondern Enttäuschung/Verärgerung ist. Um dies zu demonstrieren, platzierten Nawrat und Dolinski (2007) einen Fake-Geldschein (Wert: 50 Sloty = ca. 10 Euro) auf dem Gehweg. So groß die Freude der Passanten über den vermeintlichen Geldschein im ersten Moment gewesen sein mag, so groß muss wohl die Enttäuschung gewesen sein, als sie ihren Fund näher betrachteten. Es handelte sich nämlich lediglich um eine Werbung für eine Autowäsche. Trotz dieser vorausgegangenen Enttäuschung zeigten sich diese Passanten jedoch wenige Sekunden später gegenüber einer Studentin hilfsbereiter (52,5% vs. 27,5%). Diese Studentin war vom Versuchsleiter beauftragt worden, gegenüber jedem Passanten das folgende Skript abzuspulen:

> *„Entschuldigen Sie bitte. Kann ich Sie schnell um Hilfe bitten? Ich muss ganz dringend zu meinem Freund im fünften Stock. Die Tasche hier (schwere Reisetasche) ist zu schwer. Ich kann sie leider nicht mit hoch nehmen. Es dauert auch nicht länger*

> *als fünf Minuten. Würde es Ihnen etwas ausmachen, kurz auf meine Tasche aufzupassen?“*

Wenig überraschend waren übrigens Männer eher bereit, der Studentin zu helfen (Männer: 51% vs. Frauen: 30%).

In einem zweiten Experiment riefen die Forscher 150 Versuchspersonen an, um ihnen mitzuteilen, dass bei der letzten Telefonabrechnung wohl ein kleiner Fehler unterlaufen sei. Die Telekom habe aus Versehen 116 Zloty (ca. 30 Euro) zu viel abgerechnet. Diese Summe werde daher bei der nächsten Telefonrechnung gutgeschrieben. Die Freude über die 30 Euro mehr auf dem Konto schlug jedoch im nächsten Moment in Enttäuschung um, als die Anruferin peinlich berührt mitteilen musste, dass sie sich in der Telefonnummer geirrt habe. Die 30 Euro würden einem anderen Kunden der Telekom gutgeschrieben.

Um zu testen, ob durch dieses emotionale Auf und Ab (emotional seesaw) die Kooperationswahrscheinlichkeit der Probanden erhöht war, bat man sie um einen sehr kuriosen Gefallen:

> *„... bei dieser Gelegenheit würde ich Sie gerne um einen Gefallen bitten. Und zwar testet die polnische Telekom gerade die Qualität der Telefonübertragung mithilfe des neuen Systems TELPOCOL. Würden Sie daher bitte den Telefonhörer an Ihr anderes Ohr halten?“*

Obwohl diese Bitte wirklich absoluter Blödsinn ist (linkes und rechtes Ohr verarbeiten Töne natürlich identisch), leisteten 47% der Versuchspersonen Folge (Ergebnisse siehe Abbildung 18.2).

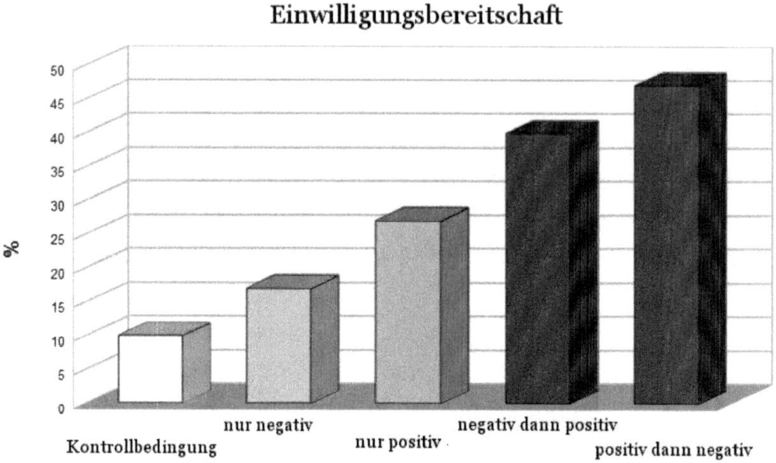

Abbildung 18.2 Basierend auf Daten von: Nawrat, R., & Dolinski, D. (2007). "Seesaw of emotions" and compliance: Beyond the fear-then-relief rule. Journal of Social Psychology, 147, 556-571.

Erklärung:
a) Kontrolbedingung: Die Probanden wurden direkt gebeten, den Hörer ans andere Ohr zu nehmen.
b) nur negativ: Es wurde mitgeteilt, dass noch 30 Euro zu zahlen seien.
c) nur positiv: Es wurde mitgeteilt, dass man noch 30 Euro zurückbekomme.
d) wie b) aber dann revidiert.
e) wie c) aber dann revidiert.

Wenn jedoch emotionale Erleichterung keine notwendige Bedingung für den Erfolg der Technik darstellt, weshalb funktioniert sie dann überhaupt? Die Forscher gehen davon aus, dass das emotionale Auf und Ab (emotional seesaw) zu einem kurzen Moment der Verwirrung führt. In diesem Zustand sind wir unaufmerksam und unsere üblichen Abwehrmechanismen können versagen. Der aufmerksame Leser mag sich bei diesem Erklärungsansatz an die Pique-Technik oder die Disrupt-then-reframe-Technik (siehe Kapitel 17) erinnert fühlen. Während jedoch bei diesen beiden Beeinflussungstechniken ein Zustand geistiger (kognitiver) Verwirrung erreicht wird, führt die Fear-then-relief-Technik eher zu emotionaler Indisponiertheit.

Dass Personen nach Anwendung der Fear-then-relief-Technik tatsächlich ein wenig neben der Spur sein können, zeigte sich auch schon in einem Experiment von Dolinski & Nawrat (1998):

Nachdem man Fußgängern beim unerlaubten Überqueren einer Straße durch den Pfiff mit einer Polizeitrillerpfeife einen Schrecken eingejagt hatte, gab man durch Winken und Lächeln zu erkennen, dass es sich nur um einen Scherz gehandelt habe. Auf der anderen Straßenseite angelangt wurden die Fußgänger dann von zwei elegant gekleideten Verbündeten des Versuchsleiters (ausgestattet mit einer Spendenbox) um eine Geldspende gebeten.

Die Formulierung der Bitte variierte jedoch zwischen den Versuchsbedingungen:

a) **Bitte + echte Begründung**: *„Entschuldigen Sie bitte. Wir sind Mitglieder der Organisation „Students for the Handicapped". Würden Sie bitte an unserer Spendenaktion teilnehmen, weil wir soviel Geld wie möglich sammeln müssen, um die Finanzierung eines Freizeitcamps für geistig behinderte Kinder zu sichern."*

b) **Bitte + Pseudo-Begründung**: *„Entschuldigen Sie bitte. Wir sammeln Geld. Würden Sie uns bitte etwas Geld geben, weil wir soviel Geld sammeln müssen wie möglich."*

c) **Bitte ohne Begründung**: *„Entschuldigen Sie bitte. Würden Sie uns etwas Geld geben?"*

Wie den Ergebnissen in Abbildung 18.3 zu entnehmen ist, war in der Kontrollgruppe kaum jemand bereit, Geld zu spenden, wenn kein ernstzunehmender Grund vorgetragen wurde. Ganz anders fiel jedoch das Ergebnis für jene Gruppe aus, welche durch das Trillerpfeifenmanöver kurzzeitig aus dem Konzept gebracht worden war. In dieser Gruppe war die Spendenbereitschaft selbst dann noch vergleichsweise hoch, wenn überhaupt keine Begründung oder nur eine Pseudo-Begründung („... weil wir soviel Geld sammeln müssen wie möglich.") genannt wurde. Insbesondere der enorme Anstieg der Erfolgsquote in der Pseudo-Grund-Versuchsbedingung (von 15% auf 76%) lässt vermuten, dass die Passanten tatsächlich für einen kurzen Moment geistig verwirrt gewesen sein müssen. Gestützt wird diese Hypothese von der Beobachtung, dass diese Versuchspersonen auch deutlich seltener kritisch nachfragten und zusätzliche Informationen einforderten (14,3% vs. 52,7%).

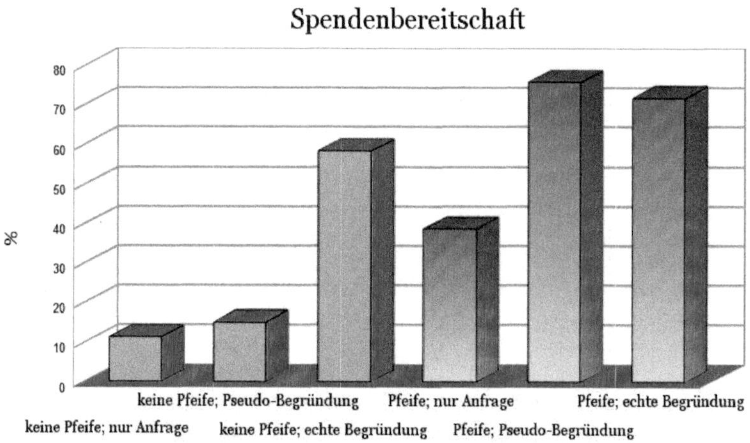

Abbildung 18.3 Basierend auf Daten von: Dolinski, D., & Nawrat, R. (1998)."Fear-then-relief" procedure for producing compliance: Beware when the danger is over. Journal of Experimental Social Psychology, 34, 27-50.

18.2 Neuere Forschung

Wie schon erwähnt weist die Fear-then-relief-Technik auch Parallelen zur Disrupt-then-Reframe-Technik auf. Beide Techniken setzen auf eine Verwirrung (Disrupt) des Verhandlungspartners. Allerdings wird bei der Disrupt-then-Reframe-Technik die Verwirrung der anderen Person auch noch dazu ausgenutzt, eine als Erklärung getarnte Suggestion wirkungsvoll zu platzieren (Bsp: Die Weihnachtskarten kosten 300 Cent. - Das sind 3 Euro. *Das ist wirklich sehr günstig.*)

Könnte solch eine zusätzliche Suggestion dann nicht auch die Fear-then-relief-Technik noch effektiver machen?

In einer Studie mit dem treffenden Titel „Emotional disrupt-then-reframe technique of social influence" sind Dolinski und Szczucka (2013) dieser Frage anhand mehrerer Experimente auf den Grund gegangen.

In einem ersten Experiment wurde Besuchern eines Bahnhofs zunächst ein kleiner Schrecken eingejagt, indem man sie glauben machte, sie hätten ihren Geldbeutel verloren. Hierzu positionierte sich eine Studentin einen Meter hinter der Zielperson, beugte sich vornüber und hielt dabei einen Geldbeutel in Richtung Boden, als hätte sie diesen soeben gefunden. Während sie sich wieder aufrichtete, sagte sie:

> *„Entschuldigen Sie bitte. Haben Sie vielleicht gerade Ihren Geldbeutel verloren?"*

Intuitiv begannen die meisten Versuchspersonen sofort ihre Hosentaschen und Handtaschen zu durchwühlen, um dann erleichtert festzustellen, dass es sich offensichtlich doch nicht um ihren Geldbeutel handelte.

Etwas scheinheilig fuhr die Studentin fort:

> *„Oh, dann muss ich den Geldbeutel beim Info-Schalter abgeben... Aber da wir gerade sowieso miteinander reden... Ich bin Soziologie-Studentin. Wären Sie bereit, an einer Umfrage für meine Master-Arbeit teilzunehmen?"*

Bei einem Teil der Versuchspersonen wurde diese Formulierung durch eine kurzes Argument (Reframe) ergänzt:

„Es wird nicht länger als drei Minuten dauern. Es ist kurz."

Wie in Abbildung 18.4 zu sehen ist, machte es in einer Kontrollgruppe, in welcher man auf das Schauspiel um den verlorenen Geldbeutel verzichtet hatte, keinen Unterschied, ob ein zusätzliches Argument angeführt wurde. Wenn Passanten jedoch durch die Fear-then-relief-Prozedur verwirrt worden waren, führte das Argument zu noch größerer Zustimmung (78,33%).

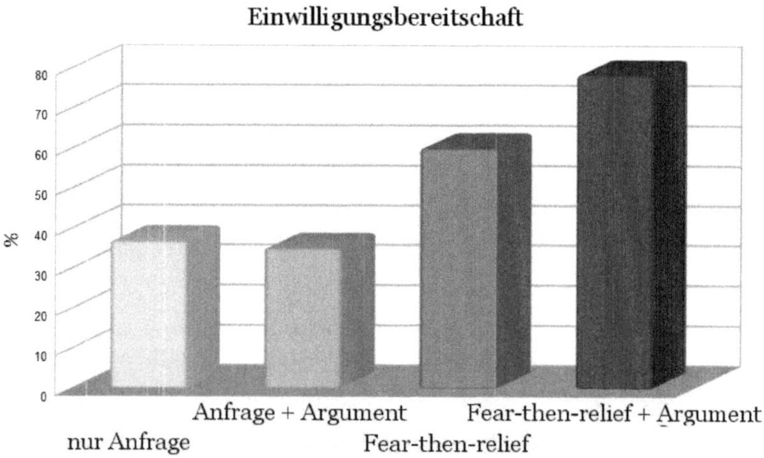

Abbildung 18.4 Basierend auf Daten von: Dolinski, D., & Szczucka, K. (2013). Emotional disrupt-then-reframe technique of social influence. Journal of Applied Social Psychology, 43, 2031-2041.

Die Forscher geben allerdings selbst zu bedenken, dass nicht auszuschließen ist, dass zumindest ein Teil des Effekts auf die Reziprozitätsnorm (hilfst Du mir, so helfe ich Dir) zurückzuführen sein könnte. Schließlich hatte sich die Studentin als äußerst hilfsbereit präsentiert, als sie auf den (vermeintlich) verlorenen Geldbeutel hinwies.

Warum also nicht im Gegenzug der Studentin bei ihrer Masterarbeit helfen? Vor allem, wenn es nur drei Minuten dauert.

Um diesen alternativen Erklärungsansatz ausschließen zu können, führten die Forscher noch zwei weitere Experimente mit insgesamt 480 Versuchspersonen durch. Dabei erprobten sie die „emotional disrupt-then-reframe“-Technik in zwei Szenarien, die schon in früheren Experimenten (siehe oben) durchgespielt worden waren. So zeigte sich zum einen, dass Schüler, die im Rahmen eines „Lernexperiments“ unangenehme Elektroschocks erwarteten, aber im letzten Moment mitgeteilt bekamen, dass sie nun doch an einem anderen, harmlosen Experiment teilnehmen würden, dreimal soviel Geld für wohltätige Zwecke zu spenden bereit waren, wenn man folgende Phrase hinzufügte:

„It is sublime to help people who are helpless.“ (Es ist nobel, jenen zu helfen, die hilflos sind.)

Das zweite Experiment verdient noch mehr Aufmerksamkeit, da hier u.a. gezeigt werden konnte, dass die Fear-then-relief-Technik auch im Verkaufskontext funktioniert. Anstatt die Versuchspersonen um eine Geldspende oder Teilnahme an einer Studie zu bitten, versuchte man ihnen indische Räucherstäbchen anzudrehen. Um einen günstigen Zustand der emotionalen Verwirrung zu erreichen, klemmte man wieder vermeintliche Strafzettel (in Wirklichkeit: Flyer-Werbung für Haarshampoo) unter den Scheibenwischer ihres Autos. Kurz nachdem ein Autobesitzer realisiert hatte, dass er zum Glück kein Bußgeld zu bezahlen habe, trat eine Verbündete des Versuchsleiters heran und sagte:

„Hi. Ich verkaufe indische Räucherstäbchen. Der Preis pro Box ist sechs Zlotys (ca. 1,40 Euro).“

Bei einem Teil der Versuchspersonen wurde noch die Phrase „*It's a bargain*“ (Das ist ein Schnäppchen.) angefügt.

Wie schon in den beiden anderen Experimenten stellte sich heraus, dass in der Kontrollbedingung (Flyer an der Autotür; keine emotionale Verwirrung) das Hinzufügen der Reframe-Phrase zu keiner signifikanten Verbesserung führte. Waren die Probanden jedoch emotional indisponiert, schien die Phrase tatsächlich die üblichen Abwehrmechanismen zu passieren und einen Wirkungstreffer zu erzielen (Ergebnisse siehe Abbildung 18.5).

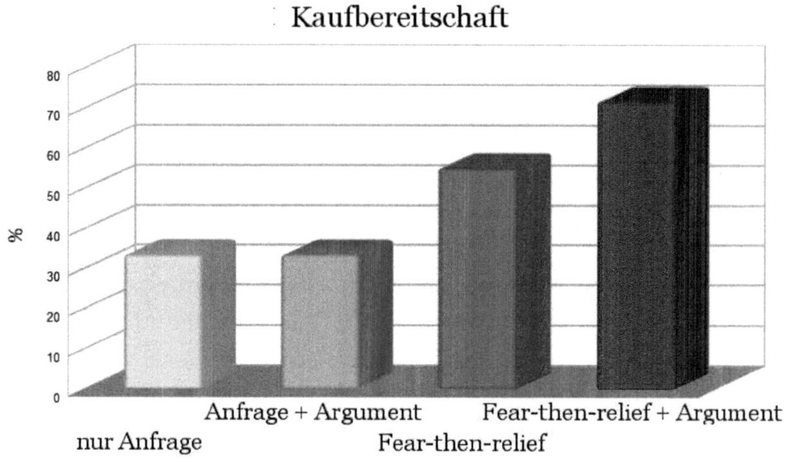

Abbildung 18.5 Basierend auf Daten von: Dolinski, D., & Szczucka, K. (2013). Emotional disrupt-then-reframe technique of social influence. Journal of Applied Social Psychology, 43, 2031-2041.

19 „Schon ein einziger Cent würde helfen."

–

Ausreden den Wind aus den Segeln nehmen

Gehören Sie auch zu den Menschen, die eine Standard-Ausrede parat haben, wenn man Sie auf offener Straße oder an der Haustür um eine „Spende für einen guten Zweck" bittet?

Vielleicht kommt Ihnen eine der folgenden Ausreden bekannt vor:

- "Ich kann nicht allen Geld spenden."
- "Ich tue doch schon so viel andere gute Dinge (z.B. Ehrenamt)"
- "Ich habe im Moment nicht genug Geld zum Spenden dabei."
- "Ich bin selbst arm."

Selbst wenn man diese Ausreden (die in manchen Fällen durchaus der Wahrheit entsprechen mögen) nicht laut ausspricht, dienen sie doch häufig als interne Legitimation.

Was passiert jedoch, wenn der Bittsteller eine kurze, scheinbar harmlose Phrase hinzufügt, die unsere Standard-Ausreden ziemlich schäbig aussehen lässt:

„Schon ein einziger Cent würde helfen."

Sofort wirken alle oben genannten Argumente ziemlich kleinkariert. Einen einzelnen Cent sollte doch wohl jeder übrig haben. Selbst dann, wenn er schon anderen Organisationen viel Geld gespendet hat oder selbst in relativ armen Verhältnissen lebt.

Wie man sich allerdings denken kann, bleibt es in den seltensten Fällen bei dem einen Cent. Denn sobald man sich entschieden hat, als Samariter aufzutreten, möchte man dieses gute Image nicht gleich wieder durch eine armselige 1-Cent-Spende zunichte machen.

Diese theoretischen Überlegungen konnten mittlerweile durch eine Reihe empirischer Befunde untermauert werden (z.B. Andrews, Carpenter, Shaw & Boster, 2008; Cialdini & Schroeder, 1976).

In einer ersten, wegweisenden Studie (Cialdini & Schroeder, 1976) gingen die Forscher von Haus zu Haus und baten im Namen der amerikanischen Krebsgesellschaft um eine Geldspende. Durch die Verwendung der Formulierung „Even a penny will help" ließ sich sowohl die allgemeine Spendenbereitschaft steigern (28,6% vs. 50%) als auch die absolute Spendensumme.

Obwohl es auf den ersten Blick einleuchtend ist, dass bei höherer Spendenbeteiligung auch eine höhere Spendensumme erzielt wird, ist dies bei der „Even a penny will help"-Technik keineswegs selbstverständlich. Denn durch den geringen vorgeschlagenen Betrag wird ein Referenzwert ins Spiel gebracht, der völlig ungewollt als Anker (siehe „That's-not-all" Technik) fungieren könnte. Selbst wenn kaum jemand wirklich nur einen Cent spendet, könnte manch einer, der normalerweise 3 Euro gespendet hätte, nun auf die Idee kommen, bspw. nur 2 Euro zu spenden. Nach dem Motto: „Na ja, wenn denen schon 1 Cent reichen würde..."

Tatsächlich ließ sich daher in der einen oder anderen Studie beobachten, dass die Technik zwar dazu führte, dass mehr Menschen bereit waren, überhaupt eine Spende zu tätigen, die absolute Spendensumme aber nur leicht bzw. gar nicht.

Demzufolge liegt der Schluss nahe, dass die Technik besonders effektiv ist, wenn sehr kleine Spendenbeträge ohnehin die Regel sind. So wurden z.B. in einer Studie von Guéguen (2013) Spendenboxen in 16 französischen Bäckereien aufgestellt. Ziel der Spendenaktion war es, eine humanitäre Hilfsaktion in Togo zu unterstützen. Es zeigte sich, dass die Versuchspersonen vornehmlich übrig gebliebenes Kleingeld in die Box warfen (2 Cent oder 5 Cent). Wenn jedoch auf der Box neben dem üblichen Text auch noch der Zusatz „Even a penny will help“ zu lesen war, wurde ca. 50% mehr Kleingeld gespendet.

In einer Studie von Shearman und Yoo (2007) versuchte man die Problematik des geringen Referenzwertes dadurch zu lösen, indem man einfach einen weiteren Referenzwert einführte. Um den Studenten eine Orientierung zu bieten, wie viel sie denn spenden könnten, wurde einfach gesagt:

„Von Studenten wie Dir haben wir in der Regel Spenden in Höhe von 3-5$ erhalten.“

Bei dieser angeblich gutgemeinten Aussage handelt es sich im Grunde um eine eigene Beeinflussungstechnik, die auch sehr häufig von Verkäufern eingesetzt wird. Unter dem Deckmantel, die Entscheidung über die Spendenhöhe erleichtern zu wollen, wird hier eine soziale Norm untergejubelt:

„Alle anderen machen das so. Es wäre komisch, wenn Du es nicht so machen würdest.“

Wie den Ergebnissen in Abbildung 19.1 zu entnehmen ist, führte schon die alleinige Anwendung dieser Technik zu einer gewissen Erhöhung der Spendenbereitschaft (29,4% vs. 7,69% in der Kontrollgruppe). In Kombination mit der „Even a penny will help“-Zauberformel stieg die Spendenbereitschaft sogar auf sagenhafte 66%!

Und während in der einfachen „Even a penny will help“- Versuchsbedingung, die oben beschriebene Problematik zu beobachten war (große Spendenbereitschaft, aber geringe Spendensumme), führte die Kombination der beiden Techniken auch zu einer großen Spendensumme.

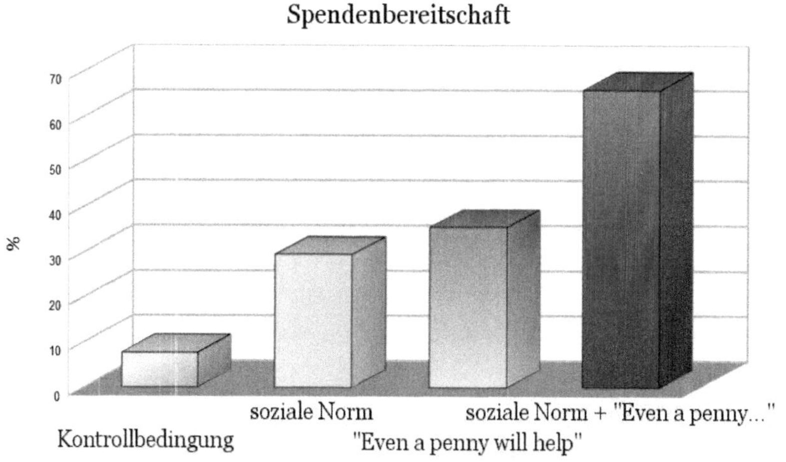

Abbildung 19.1 Basierend auf Daten von: Shearman, S. M., & Yoo, H. J. (2007). "Even a penny will help!" Legitimization of paltry donation and social proof in soliciting donation to a charitable organization. Communication Research Reports, 24, 271-282.

19.1 „Even a penny will help...“ als T-Shirt-Aufdruck?

In jüngster Zeit wurde von französischen Forschern eine äußerst innovative Umsetzung der „Even a penny will help...“-Technik erprobt. In mittlerweile drei Studien (Guéguen, Martin & Meineri, 2013;

Guéguen, 2013; Jacob, Charles-Sire & Guéguen, 2012) mit insgesamt 2881 Versuchspersonen wurde die „Even a ...“- Formel nicht mündlich vorgetragen, sondern lediglich als T-Shirt-Aufdruck mit sich herumgetragen. Eine weitere Neuerung dieser Untersuchungen liegt in der Verwendung von Variationen der Originalformulierung:

- ***„Schon eine einzige Packung Nudeln würde helfen.“*** (Jacob, Charles-Sire & Guéguen, 2012):
  Im Rahmen einer Nahrungsmittel-Spendenaktion wurden die Kunden von Verbündeten des Versuchsleiters um kleine Essensspenden für das "Heart Restaurant" gebeten. Wenn die (vermeintlichen) Vertreter der wohltätigen Organisation T-Shirts mit der Aufschrift „Schon eine einzige Packung Nudeln würde helfen.“ trugen, waren immerhin 29% der Probanden bereit, bedürftigen Menschen eine Mahlzeit zu spendieren. In einer Kontrollgruppe, in der man T-Shirts ohne Aufdruck trug, waren es dagegen nur 20%.

- ***„Schon eine einzige Murmel würde ihn/sie glücklich machen.“*** (Guéguen, Martin & Meineri, 2013):
  Im Rahmen einer weihnachtlichen Spielzeug-Spendenaktion wurden Kunden eines Einkaufszentrums gebeten, Spielzeug-Geschenke für bedürftige Kinder zu kaufen. Trugen die Bittsteller T-Shirts mit der Aufschrift „Schon eine einzige Murmel würde ihn/sie glücklich machen.“, waren nahezu doppelt so viele Versuchspersonen bereit, den bedürftigen Kindern eine Freude zu machen (32% vs. 18%).

- ***„Schon eine einzige Blutspende in Ihrem Leben würde helfen.“*** (Guéguen, 2013):

> Alle Probanden wurden um die Teilnahme an einer Blutspendenaktion gebeten. Der T-Shirt-Aufdruck „Schon eine einzige Blutspende in Ihrem Leben würde helfen." führte zu deutlich stärkerer Beteiligung an der Aktion (16,3% vs. 9,8%).

Angesichts solcher Ergebnisse kann man sich durchaus fragen, ob nicht auch andere T-Shirt-Sprüche Auswirkungen auf unser Verhalten haben können. Welche perfide Manipulationstechnik steckt beispielsweise dahinter, wenn ein einjähriges Kind, das sich noch kaum auf den Beinen halten kann, ein T-Shirt mit der Aufschrift: „Too drunk to fuck." trägt?[31]

19.2 Zusammen noch effektiver?

Fear-then-relief + „Even a penny will help..."

Ähnlich wie die „But you are free to..."-Beeinflussungs-Technik ist die „Even a ..."-Technik denkbar einfach zu implementieren. Schließlich genügt in beiden Fällen schon ein einziger kurzer Satz.

Somit ist auch die „Even a ..."-Technik geradezu prädestiniert, um mit anderen komplexeren Beeinflussungstechniken kombiniert zu werden.

Dolinska & Dolinski, D. (2014) traten daher den Versuch an, die „Even a ..."-Technik mit der oben beschriebenen Fear-then-relief-Technik zu kombinieren. Dabei griffen die Forscher in ihren beiden Feldexperimenten auf Szenarien zurück, die sich schon in früheren Studien zur Fear-then-relief-Technik bewährt hatten:

31 Basierend auf einer wahren Begebenheit. Das Kind taumelte übrigens tatsächlich wie beschwipst hin und her und gab auch sonst Alkoholiker-typisches Lallen von sich... ;)

Experiment 1:

Besuchern eines polnischen Busbahnhofs wurde zunächst ein kleiner Schrecken eingejagt, indem man sie glauben machte, sie hätten ihren Geldbeutel verloren: *„Entschuldigen Sie bitte. Haben Sie vielleicht gerade Ihren Geldbeutel verloren?“* Dabei hielt die Fragestellerin einen Geldbeutel in der Hand, den sie scheinbar gerade vom Boden aufgehoben hatte. Nachdem die Versuchsperson erleichtert festgestellt hatte, dass es sich nicht um ihre Geldbörse handelte und sie somit nicht ihren Personalausweis, Bargeld etc. verloren hatte, fuhr die Studentin fort:

> *„Oh, dann muss ich den Geldbeutel beim Fundbüro abgeben... Aber da wir gerade sowieso miteinander reden... Ich bin Studentin an der Warschauer 'School of Social Sciences and Humanities' und freiwillige Mitarbeiterin der „Handicap“ Foundation. Ich sammle Geld, um geistig behinderten Kindern zu helfen. Wären Sie bereit, uns hierbei zu unterstützen?* ***Schon ein einziger Cent würde helfen.****“*

Wie Abbildung 19.2 zu entnehmen ist, führte die Kombination der beiden Techniken zu deutlich größerer Spendenbeteiligung, als wenn man die Beeinflussungstechniken alleine anwendete. Die größere Spendenbeteiligung führte auch zu deutlich höheren Spendeneinnahmen.

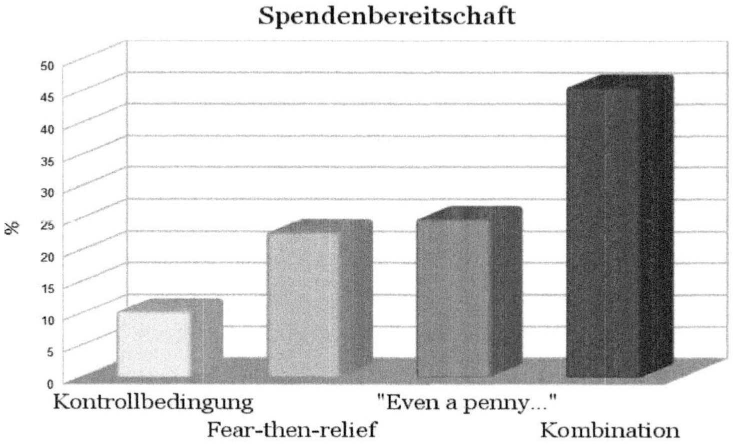

Abbildung 19.2 Basierend auf Daten von: Dolinska, B., & Dolinski, D. (2014). Fear-then-relief, legitimizing a paltry contribution, and charity. European Review of Applied Psychology / Revue Européenne de Psychologie Appliquée, 64(1), 29-34.

Experiment 2:

Im zweiten Experiment fanden Falschparker bei der Rückkehr zu ihrem Auto einen unter den Scheibenwischer geklemmten Strafzettel-ähnlichen Flyer vor. Nachdem sie erleichtert festgestellt hatten, dass es sich lediglich um einen Werbeflyer für Haarshampoo handelte, wurden sie von einem Studenten angesprochen:

> *„Hi. Ich bin Mitglied der Organisation „Students for the Disabled“. Wären Sie bereit sich unserer Spendenaktion anzuschließen, da wir soviel Geld wie möglich sammeln müssen, um die Kosten für ein Freizeitcamp für geistig behinderte Kinder zu decken.* ***Schon ein einziger Cent würde helfen.***“

Auch in diesem Experiment zeigte sich die Kombination der beiden Techniken deutlich überlegen (siehe Abbildung 19.3).

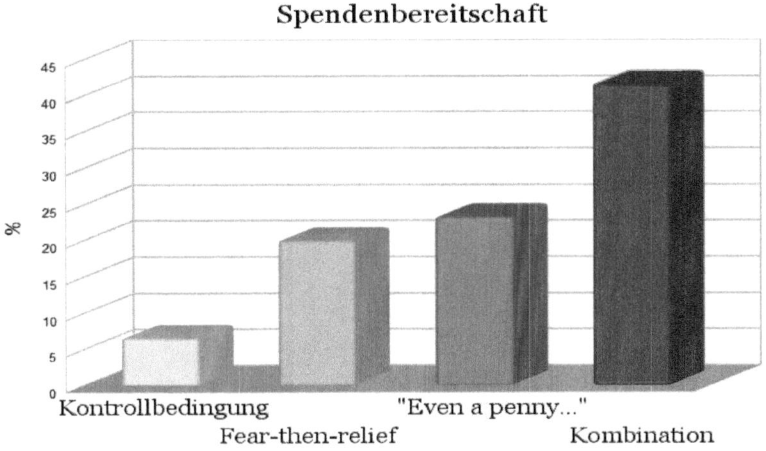

Abbildung 19.3 Basierend auf Daten von: Dolinska, B., & Dolinski, D. (2014). Fear-then-relief, legitimizing a paltry contribution, and charity. European Review of Applied Psychology / Revue Européenne de Psychologie Appliquée, 64(1), 29-34.

19.3 Zusammen noch effektiver?

Smalltalk +„Even a penny will help...“

Lässt sich die Effektivität der „Even a penny will help“-Technik noch weiter steigern, wenn man zuvor etwas Smalltalk betreibt?

Um diese Frage zu beantworten, verwickelten polnische Forscher (Dolinski, Grzyb, Olejnik, Prusakowski & Urban, 2005) Passanten zunächst in ein Gespräch (siehe Comic):

Wie sich Abbildung 19.4 entnehmen lässt, führte diese Vorgehensweise tatsächlich zu enormer Spendenbereitschaft. Während in einer Kontrollgruppe lediglich 33,3% der Befragten bereit waren, die wohltätige Organisation zu unterstützen, waren es bei kombinierter Anwendung der beiden Beeinflussungstechniken beeindruckende 83,3%.[32]

Allerdings ist die große Effektstärke wohl auch auf die clevere Gesprächsführung zurückzuführen. Dem aufmerksamen Leser ist sicherlich aufgefallen, dass es sich nicht um einen normalen Smalltalk über das Wetter oder den letzten Urlaub handelte, sondern um gut platzierte Suggestivfragen, die kaum jemand mit „nein“ beantworten würde. Denn wer würde z.B. schon bestreiten, dass eine wohltätige Organisation es verdient hat, unterstützt zu werden?

32 Wie in vielen Fällen üblich wurde die gesamte Spendensumme wirklich einer wohltätigen Organisation gespendet.

Wer allerdings diese Frage mit „ja“ beantwortet, verspürt natürlich im nächsten Moment enormen (Konsistenz-)Druck, den eigenen Worten auch Taten folgen zu lassen (siehe Kapitel 3; Foot-in-the-door).

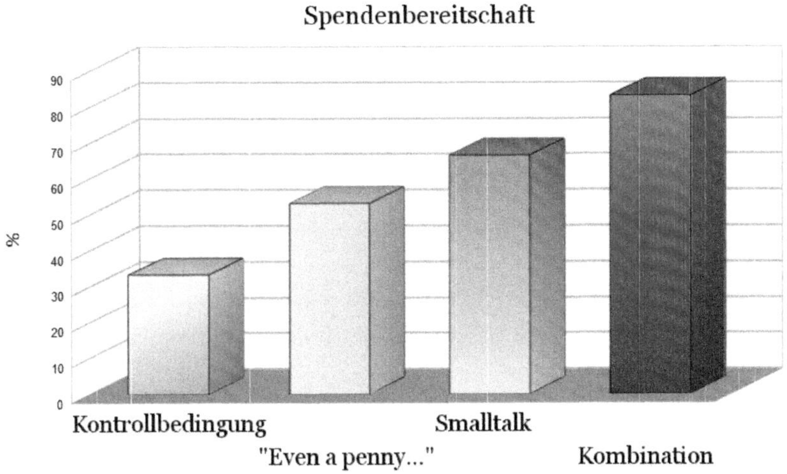

Abbildung 19.4 Basierend auf Daten von: Dolinski, D., Grzyb, T., Olejnik, J., Prusakowski, J., & Urban, K. (2005). Let's dialogue about penny: Effectiveness of dialogue involvement and legitimizing paltry contribution techniques. Journal of Applied Social Psychology, 35, 1150-1170.

19.4 Fazit: Die Mutter Theresa unter den Beeinflussungstechniken?

Die „Even a ...“-Technik wurde von Forschern bislang nur für Spendenaktionen eingesetzt. Eine Anwendung der Technik in Marketing und Verkauf ist wohl nur dann denkbar, wenn der Kauf eines Produkts an eine wohltätige Aktion gekoppelt wird:

„Mit jedem Kasten Bier retten Sie fünf Quadratmeter Regenwald!
Schon eine einzige Flasche würde helfen..."

Allerdings verwendet eine andere Gruppe von Beeinflussungskünstlern schon seit Ewigkeiten eine Abwandlung der „Even a ..."-Technik:

Quengelnde Kinder.

Egal ob beim abendlichen Computerspielen („*Nur noch* ***eine einzige*** *Sekunde/Minute!*") oder im Supermarkt an der Kasse („*Ich will doch nur* ***einen einzigen*** *Schokoriegel*"). Kindern gelingt es zuverlässig, den Gegenargumenten ihrer Eltern den Wind aus den Segeln zu nehmen. Denn was spricht denn schon gegen eine weitere Sekunde Computerspielen? Wer sich hier nicht kompromissbereit zeigt, läuft Gefahr als kleinlich und „fies" beschimpft zu werden.

20 Wissen für ein selbstbestimmtes Leben

Zu der Zeit, als ich im Psychologie-Studium zum ersten Mal mit Beeinflussungstechniken zu tun hatte, trug es sich zu, dass eine junge Frau an unserer Haustür klingelte:

> Frau: „*Hallo, darf ich Ihnen eine kurze Frage stellen? Haben Sie Vorurteile gegen vorbestrafte Jugendliche?*“

Da ich nicht als Riesen-Arsch dastehen wollte, antwortete ich natürlich mit einem entschiedenen: „*Nö, eigentlich nicht.*“

> Frau: „*Oh das ist schön. Es ist nämlich so, dass ich selbst eine solche vorbestrafte Jugendliche bin. Ich nehme an einem Programm teil, das uns helfen soll, wieder ein Teil der Gesellschaft zu werden. Hierzu soll ich Menschen dazu gewinnen, an einer kurzen Umfrage zum Thema 'Wie können vorbestrafte Jugendliche wieder in die Gesellschaft eingegliedert werden' teilzunehmen. Wären Sie dazu bereit?*“

Obwohl ich nicht viel Zeit hatte, hörte ich mich sagen: „*Ja, okay. Können wir machen.*“ Aber schon während wir uns auf dem Weg ins Wohnzimmer befanden, klingelten bei mir die Alarmglocken. Hatte ich nicht wenige Tage zuvor im Sozialpsychologie-Lehr-

buch von solch einer Beeinflussungstechnik gelesen? Wie war der Name noch gleich? Stimmt! Foot-in-the-door!
Aber bis jetzt war nicht klar, was die Frau eigentlich wollte. Wenn es ihr wirklich nur um die Beantwortung von ein paar Fragen ging, dann war mein aufkeimendes Misstrauen vielleicht unberechtigt.
Als jedoch die kurze „Umfrage“[33] vorbei war, fuhr die Frau fort:

> *„Vielen Dank, dass Sie an der Umfrage teilgenommen haben. Die Organisation, in deren Namen ich unterwegs bin, setzt sich dafür ein, vorbestraften Jugendlichen wie mir eine Arbeitsstelle zu besorgen. Dafür ist die Organisation aber auf Spenden angewiesen. Ihre Nachbarn haben auch schon gespendet...“*

Damit war der Groschen endgültig gefallen. Die ganze Masche mit der Umfrage hatte tatsächlich nur dazu gedient, den Fuß in die Tür zu setzen. Freundlich, aber bestimmt wies ich daher die Frau darauf hin, dass ich ihr leider keinen Glauben schenken könne, da sie soeben eine Beeinflussungstechnik aus meinem Sozialpsychologie-Lehrbuch angewendet habe. Ihr Gesichtsausdruck ließ zwar eindeutig darauf schließen, dass sie sich ertappt fühlte, dies hielt sie jedoch nicht davon ab, zusammen mit einer Komplizin, welche auf der anderen Straßenseite unterwegs war, noch weitere Wohnviertel abzugrasen.

Seit damals gab es viele solcher Begegnungen an der Haustür, unzählige Telefonanrufe oder Emails von (verbrecherischen) Firmen und noch deutlich mehr Überzeugungsversuche aus der Werbung. Je mehr ich mich jedoch mit Beeinflussungstechniken beschäftigte, desto früher erkannte ich sie und desto seltener fiel ich darauf rein.

Heute kaufe ich kaum noch unnützes Zeug, das ich eigentlich überhaupt nicht brauche und welches letztlich nur in der Ecke steht

33 Es handelte sich um völlig belanglose Fragen. Wenn ich mal eine etwas längere Antwort gab, machte sie sich keine Mühe die Antwort zu notieren.

oder kaum benutzt in der Mülltonne landet. Mal abgesehen davon, dass dieses Verhalten deutlich umweltfreundlicher und kostengünstiger ist, fühlt es sich auch deutlich besser an, nicht mehr so häufig fremdgesteuert zu agieren, sondern wieder etwas mehr Selbstbestimmung und Freiheit gewonnen zu haben.

Ich will nicht behaupten, dass die Kenntnis der hier beschriebenen Techniken uns völlig immun macht, aber unser Schutzschild gegen Beeinflussungsversuche (Reaktanz; siehe Kapitel 1) wird deutlich robuster. In einer Zeit, in der wir durch Werbung mehr Beeinflussungsversuchen ausgesetzt sind als jemals zuvor in der Geschichte der Menschheit, schadet dies sicherlich nicht.

Bevor Sie dieses Buch weglegen...

Aus der Lernpsychologie weiß man:
Wiederholung ist die Mutter allen Lernens.
Daher kann es sehr nützlich sein, am Ende eines Buches nochmal einen Blick aufs Inhaltsverzeichnis zu werfen und alle Kapitelüberschriften Revue passieren zu lassen. Falls dabei Fragen auftauchen (z.B. Was war nochmal die Disrupt-then-reframe-Technik?), kann man an der entsprechenden Seite nochmal in den Text einsteigen.

Falls Sie an weiteren Erkenntnissen aus der psychologischen Forschung interessiert sein sollten (z.B. Intelligenz, Selbstkontrolle, Meditation etc.) schauen Sie mal auf meinem Youtube-Kanal **psychologie-lernen.de** vorbei. Alle Videos können kostenlos angeschaut werden!

- *Aber Sie können natürlich frei entscheiden, ob Sie das tun wollen oder nicht.*
- *Schon ein einziges Video könnte Ihnen interessante Erkenntnisse liefern.*
- *Manche Videos sind 150 Sekunden lang. Das sind zweieinhalb Minuten. Das ist wirklich kurz.*
- *Sie sollten das unbedingt machen, weil sie das machen sollten.*
- *Hab ich schon erwähnt, dass wir am gleichen Tag Geburtstag haben?*
- *Das ist aber noch nicht alles! Als Geschenk gebe ich Ihnen noch den kostenlosen Audio-Podcast oben drauf, den Sie auf iTunes oder anderen Plattformen finden können.*

21 Literaturverzeichnis

Allensbacher Archiv, IfD-Umfragen 11022 (Aug. 2014).

Andrews, K. R., Carpenter, C. J., Shaw, A. S., & Boster, F. J. (2008). The legitimization of paltry favors effect: A review and meta-analysis. Communication Reports, 21, 59-69.

Areni, C. S., & Kim, D. (1993). The influence of background music on shopping behavior: classical versus top-forty music in a wine store. *Advances in consumer research, 20*(1), 336-340.

Argyle, M., & Henderson, M. (1984). The rules of friendship. Journal of Social and Personal Relationships, 1, 211-237.

Ashton-James, C., van Baaren, R., Chartrand, T.L., & Decety, J. (2007). Mimicry and me: The impact of mimicry on self-construal. Social Cognition, 25, 518- 535.

Aune, R. K., & Basil, M. D. (1994). A relational obligations approach to the foot-in-the-mouth effect. Journal of Applied Social Psychology, 24, 546-556.

Banas, J. A., & Turner, M. M. (2011). Exploring the "that's-not-all"effect: A test of theoretical explanations. Southern Communication Journal, 76, 305-322.

Białek M., & Domurat, A. (2015). Complaining Decreases the Efficiency of Dialogue as a Method of Social Influence. Management and Business Administration. Central Europe 23(1), 32-48.

Boster, F. J., Rodriguez, J. I., Cruz, M. G., & Marshal, L. (1995). The relative effectiveness of a direct request message and a pregiving message on friends and strangers. Communication Research, 22, 475-484.

Bourgeois, P., & Hess, U. (2008). The impact of social context on mimicry. Biological Psychology, 77, 343-352.

Brehm, J. W. (1966). A theory of psychological reactance. Academic Press.

Burger, J. M. (1986). Increasing compliance by improving the deal: The That's-Not-All technique. Journal of Personality and Social Psychology, 51, 277-283.

Burger, J. M., Hornisher, J., Martin, V. E., Newman, G., & Pringle, S. (2007). The pique technique: Overcoming mindlessness or shifting heuristics? Journal of Applied Social Psychology, 37, 2086-2096.

Burger, J.M., Messian, N., Patel, S., del Prado, A., & Anderson, C. (2004). What a coincidence! The effects of incidental similarity on compliance. Personality and Social Psychology Bulletin, 30, 35.

Burger, J. M., Reed, M., DeCesare, K., Rauner, S., & Rozolis, J. (1999). The effects of initial request size on compliance: More about the that's-not-all technique. Basic and Applied Social Psychology, 21, 243-250.

Burger, J. M., & Cornelius, T. (2003). Raising the price of agreement: Public commitment and the low-ball compliance procedure. Journal of Applied Social Psychology, 33, 923-934.

Campbell, M.W,. Carter, J.D., Proctor, D. Eisenberg, M.L., & de Waal F.B.M. (2009). Computer animations stimulate contagious yawning in chimpanzees. Proceedings of the Royal Society of London Biological Sciences, 276, 4255-4259.

Carpenter, C. J. (2013). A Meta-Analysis of the Effectiveness of the "But You Are Free" Compliance-Gaining Technique. Communication Studies, 64(1), 6-17.

Carpenter, C. J., & Boster, F. J. (2009). A meta-analysis of the effectiveness of the disrupt-then-reframe compliance gaining technique. Communication Reports, 22, 55-62.

Carpenter, M., Uebel, J., & Tomasello, M. (2013). Being mimicked increases prosocial behavior in 18-month-old infants. Child Development, 84(5), 1511-18.

Chan, A. C., & Au, T. K. (2011). Getting children to do more academic work: Foot-in-the-door versus door-in-the-face. Teaching and Teacher Education, 27(6), 982-985.

Christakis, N.A., & Fowler, J.H. (2007). The Spread of Obesity in a Large Social Network over 32 Years. New England Journal of Medicine, 357, 370-379.

Christakis, N. A., & Fowler, J. H. (2008). The Collective Dynamics of Smoking in a Large Social Network. New England Journal of Medicine, 358(21), 2249 - 2258.

Cialdini, R. B. (2013). Die Psychologie des Überzeugens (7. Aufl.). Bern: Huber.

Cialdini, R.B., Cacioppo, J.T., Bassett, R., & Miller, J. A. (1978). Low-ball procedure for producing compliance: Commitment, then cost. Journal of Personality and Social Psychology, 36, 463-476.

Cialdini, R. B., & Schroeder, D. A. (1976). Increasing compliance by legitimizing paltry contributions: When even a penny helps. Journal of Personality and Social Psychology, 34, 599-604.

Cialdini, R. B., Vincent, J. E., Lewis, S. K., Catalan, J., Wheeler, D. W., & Darby, B. L. (1975). Reciprocal concessions procedure for inducing compliance: The door-in-the-face technique. Journal of Personality and Social Psychology, 31, 206-215.

Cohen, S., Janicki-Deverts, D., Turner, R.B., & Doyle, W.J. (2014). Does Hugging Provide Stress-Buffering Social Support? A Study of Susceptibility to Upper Respiratory Infection and Illness. Psychological Science, 26(2), 135-147.

Conner, M., & Higgins, A.R. (2010). Long-term effects of implementation intentions on prevention of smoking uptake among adolescents: a cluster randomized controlled trial. Health Psychology. 29, 529-38.

Davis, B. P., & Knowles, E. S. (1999). A disrupt-then-reframe technique of social influence. Journal of Personality and Social Psychology, 76, 192-199.

Deval, H., Pfeiffer, B., Kardes, F.R., Hirt, E.R., Karpen, S.C., & Fennis B. (2010) ,"Effects of Confusion on Resistance to Persuasion", in NA - Advances in Consumer Research Volume 37, eds. Margaret C. Campbell, Jeff Inman, and Rik Pieters, Duluth, MN : Association for Consumer Research, Pages: 543-544.

Dillard, J.P., Hunter, J.E., & Burgoon, M. (1984) Sequential-request persuasive strategies: meta-analysis of foot-in-the-door and door-in-the-face. Human Communication Research, 10, 461-488.

Dishion, T.J., McCord, J., & Poulin, F. (1999) When interventions harm: Peer groups and problem behavior. American Psychologist, 54(9), 755-64.

Ditzen, B., Neumman, I., Bodenmann, G., von Dawans, B., Turner, R.A., Ehlert, U., & Heinrichs, M. (2007). Effects of different kinds of couple interaction on cortisol and heart rate responses to stress in women. Psychoneuroendocrinology, 32, 565-574.

Dolinska, B., & Dolinski, D. (2014). Fear-then-relief, legitimizing a paltry contribution, and charity. European Review of Applied Psychology / Revue Européenne de Psychologie Appliquée, 64(1), 29-34.

Doliński, D. (2010). Touch, compliance, and homophobia. Journal of Nonverbal Behavior, 34, 179-192.

Dolinski, D. (2013). Male homophobia, touch, and compliance: A matter of the touched, not the toucher. Polish Psychological Bulletin, 44(4), 457-461.

Dolinski, D. (2011). A rock or a hard place: The foot-in-the-face technique for inducing compliance without pressure. Journal of Applied Social Psychology, 41(6).

Dolinski, D., Grzyb, T., Olejnik, J., Prusakowski, J., & Urban, K. (2005). Let's dialogue about penny: Effectiveness of dialogue involvement and legitimizing paltry contribution techniques. Journal of Applied Social Psychology, 35, 1150-1170.

Dolinski, D., & Nawrat, R. (1998).'Fear-then-relief' procedure for producing compliance: Beware when the danger is over. Journal of Experimental Social Psychology, 34, 27-50.

Doliński, D., Nawrat, M., & Rudak, I. (2001). Dialogue involvement as a social influence technique. Personality and Social Psychology Bulletin, 27, 1395-1406.

Dolinski, D. & Szczucka, K. (2013). Emotional disrupt-then-reframe technique of social influence. Journal of Applied Social Psychology, 43, 2031-2041.

Ebesu Hubbard, A. S., Tsuji, A., Williams, C., & Seatriz, V. (2003). Effects of touch on gratuities received insame-gender and cross-gender dyads. Journal of Applied Social Psychology, 33(11), 2427-2438.

Ebster, C., & Neumayr, B. (2008). Applying the door-in-the-face compliance technique to retailing. The International Review of Retail, Distribution and Consumer Research, 18(1), 121-128.

Fennis, B. M., Das, E. H. H. J., & Pruyn, A. Th. H. (2004). „If you can't dazzle them with brilliance, baffle them with nonsense": Extending the impact of the disrupt-then-reframe technique of social influence. Journal of Consumer Psychology, 14, 280-290.

Field, T.M., Schanberg, S.M., Scafidi, F., Bauer, C.R., Vega-Lahr, N., Garcia, R., Nystrom, J., & Kuhn, C.M. (1986). Tactile/kinesthetic stimulation effects on preterm neonates. Pediatrics, 77(5), 654-8.

Finch, J.F., & Cialdini, R.B. (1989). Another direct tactic of (self-)image management: Boosting. Personality and Social Psychology Bulletin, 15, 222-232.

Fitzsimons, Gavan J. (2000), "Consumer Response To Stockouts," Journal of Consumer Research, 27(2), 249-266.

Fointiat,V. (2000)."Foot-in-the-Mouth" vs. "Door-in-the-Face" requests. The Journal of Social Psychology, 140, 264-266.

Freedman, J.L., & Fraser, S.C. (1966). Compliance without pressure: The foot-in-the-door technique. Journal of Personality and Social Psychology, 4, 195-202.

Gallup, A. C., Hale, J. J., Sumpter, D. J., Garnier, S., Kacelnik, A., Krebs, J. R., & Couzin, I. D. (2012). Visual attention and the acquisition of information in human crowds. Proceedings of the National Academy of Sciences, USA, 109, 7245-7250.

Ge, X., Messinger, P. R., & Li, J. (2009). Influence of soldout products on consumer choice. Journal of Retailing, 85(3), 274-287.

Goldman, M., Creason, C. R., & McCall C. G. (1981) Compliance employing a two-feet-in-the-door procedure. The Journal of Social Psychology, 114, 259-265.

Garner, R. (2005). What's in a name? Persuasion perhaps. Journal of Consumer Psychology, 15, 108 – 116.

Grassini, A., Pascual, A. & Guéguen, N. (2013). The Effect of the Foot-in-the-Door Technique on Sales in a Computer-Mediated Field Setting. Communication Research Reports 30, 63-67.

Genschow, O., & Brass M. (2015). The predictive chameleon: evidence for anticipated social action. J Exp Psychol Hum Percept Perform, 41(2), 265-8.

Guéguen, N. (2002). Status, apparel and touch: Their joint effects on compliance to a request. North American Journal of Psychology, 4, 279-286.

Gueguen, N. (2004). Nonverbal encouragement of participation in a course: The effect of touching. Social Psychology of Education, 7, 89-98.

Guéguen, N. (2007). The effect of a man's touch on woman's compliance to a request in a courtship context. Social Influence, 2, 81-97.

Guéguen, N. (2009). Mimicry and seduction: An evaluation in a courtship context. Social Influence, 4, 249-255.

Guéguen N. (2013) The Effect of the Amount Reference in the Legitimizing Paltry Contribution Technique on Altruism. Communication Research Reports, 30(4), 306-312.

Guéguen N. (2013). Even a donation one time in your live will help... : The effect of the legitimizing paltry contribution technique on blood donation Transfusion and Apheresis Science, 49(3), 489-493.

Guéguen N. (2014). Door-in-the-Face Technique and Delay to Fulfill the Final Request: An Evaluation With a Request to Give Blood. J Psychol. 148(5), 569-76.

Guéguen N., Afifi F., Brault S., Charles-Sire V., Leforestier P. M., Morzedec A., & Piron E. (2011). Failure of tactile contact to increase request compliance: The case of blood donation behavior. Journal of Articles in Support of the Null Hypothesis, 8, 1-8.

Guéguen, N., & Fischer-Lokou, J. (1999). Sequential request strategy: Effect on donor generosity. The Journal of Social Psychology, 139(5), 669-671.

Guéguen, N., & Fischer-Lokou, J. (2002). An evaluation of touch on a large request: A field setting. Psychological Reports, 90(1), 267-269.

Guéguen, N., & Jacob, C. (2001). Fund raising on the Web: The effect of the electronic foot-in-the door on prosocial request. CyberPsychology and Behavior, 4, 705-709.

Guéguen, N., & Jacob, C. (2005). The Effect of touch on tipping: An evaluation in a French's bar. International Journal of Hospitality Management, 24, 295-299.

Guéguen, N., & Jacob, C. (2006). The effect of tactile stimulation on the purchasing behaviour of consumers: An experimental study in natural setting. International Journal of Management, 23, 24-33.

Guéguen, N., Jacob, C., & Boulbry, G. (2007). Server's suggestion and tactile contact: An evaluation in a restaurant. International Journal of Hospitality Management, 26, 1019-1023.

Guéguen N. Jacob C., & Meineri S. (2011). Effects of the door-in-the-face technique on restaurant customers' Behavior. International Journal of Hospitality Management, 30, 759-761.

Guéguen, N., Joule, R-V., Courbet, D., Halimi-Falkowicz, S., & Marchand, M. (2013). Repeating"Yes"in a first request and compliance with a later request: The four walls technique. Social Behaviour and Personality. 41(2).

Guéguen, N., Joule , R. V., Halimi-Falkowicz, S., Pascual, A., Fischer-Lokou, J., & Dufourcq-Brana, M. (2013). I'm free but I'll comply with your request: generalization and multidimensional effects of the"evoking freedom" technique. Journal of Applied Social Psychology, 43, 116 - 137.

Guéguen, N., Joule, R.-V., & Marchand, M. (2013). The Lure technique: Impact of the delay, the solicitor and involvement on the submission. Canadian Journal of Behavioural Science/Revue canadienne des sciences du comportement, 45(2), 138-147.

Guéguen, N., Marchand, M., Pascual, A., & Lourel, M. (2010). The effect of the foot-in-the-door technique on a courtship request: a field experiment. Psychological Reports, 103(2), 529-534.

Guéguen N., & Martin A. (2008). L'effet de l'imitation sur l'évaluation d'autrui : une expérimentation dans un contexte de séduction. Revue Internationale de Psychologie Sociale, 21(4), 5-24.

Guéguen, N., & Martin, A. (2009). Incidental similarity facilitates behavioural mimicry. Social Psychology, 40(2), 88 - 92.

Guéguen, N., Martin, A., & Meineri, S. (2011) Mimicry and helping behavior: an evaluation of mimicry on explicit helping request. Journal of Social Psychology, 151, 1-4.

Guéguen, N., Martin, A., & Meineri, S. (2013). "Even a single marble will make him/her happy": Further evidence and extension of the legitimizing paltry contribution technique on helping. Social Influence, 8, 18-26.

Guéguen, N., Martin, A., Meineri, S., & Simon, J. (2013). Using Mimicry to Elicit Answers to Intimate Questions in Survey Research. Field Methods, 25, 47-57.

Guéguen, N., Meineri, S., Martin, A., & Grandjean, I. (2010). The combined effect of the foot-in-the-door technique and the"but you are free" technique: an evaluationon the selective sorting of household wastes. Ecopsychology, 2(4), 231-237.

Guéguen, N., Meineri, S., Pascual, A., Girandola, F. & Silone, F. (2015). Hey Buddy, Can You Give Me 37 s of Your Time? Extension of the Pique Technique to a Non-monetary Solicitation and Test of Justification for Compliance. Current Psychology.

Guéguen, N., Meineri, S., Pascual, A., & Girandola, F. (2015). The Pique Then Reframe Technique: Replication and Extension of the Pique Technique. Communication Research, 32(2), 143-148.

Guéguen, N., Joule, R.-V., Halimi-Falkowicz, S., Pascual, A., Fischer-Lokou, J., & Dufourcq-Brana, M. (2013). I'm free but I'll comply with your request: generalization and multidimensional effects of the"evoking freedom" technique. Journal of Applied Social Psychology, 43(1), 116-137.

Guéguen, N., & Pichot, N. (2001). The influence of status on pedestrians' failure to observe a road-safety rule. Journal of Social Psychology, 141(3), 413-415.

Guéguen, N., & Pascual, A. (2015) Foot-in-the-Door Technique and Problematic Implicit Request for Help. Swiss Journal of Psychology, 74(2), 111.

Guéguen, N., & Pascual, A. (2014). Low-ball and compliance: Commitment even if the request is a deviant one. Social Influence, 9(3), 162-171.

Grassini, A., Pascual, A., & Guéguen, N. (2013). The Effect of the Foot-in-the-Door Technique on Sales in a Computer-Mediated Field Setting. Communication Research Reports 30, 63-67.

Griffiths, T. L., & Tennenbaum, J. B. (2001). Randomness and coincidences: Reconciling intuition and probability theory. In J. D. Moore & K. Stenning (Eds.), 23d annual conference of the Cognitive Science Society, 370-375. Edimbourg, UK.

Guéguen, N., Meineri, S., Martin, A., & Grandjean, I. (2010). The combined effect of the foot-in-the-door technique and the "but you are free" technique: an evaluationon the selective sorting of household wastes. Ecopsychology, 2(4), 231-237.

Guéguen, N., & Pascual, A. (2000). Evocation of freedom and compliance: the "but you are free of" technique. Current Research in Social Psychology, 5, 264-270.

Guéguen, N., & Pascual, A. (2014). Low-ball and compliance: Commitment even if the request is a deviant one. Social Influence, 9(3), 162-171.

Guéguen, N., & Pascual, A. (2015) Foot-in-the-Door Technique and Problematic Implicit Request for Help. Swiss Journal of Psychology 74(2), 111.

Guéguen, N., Pascual, A., & Dagot, L. (2002). Low-ball and compliance to a request: An application in a field setting, Psychological Reports, 91, 81-84.

Herrmann, A., Rossberg, N., Huber, F., Landwehr, J. R., & Henkel, S. (2011). The impact of mimicry on sales - Evidence from field and lab experiments. Journal of Economic Psychology, 32, 502-514.

Hornik, J. (1992). Effects of physical contact on customers' shopping time and behavior. Marketing Letters, 3, 49-55.

Hornik, J., Zaig, T., Shadmon, D., & Barbash, G. I. (1990). Comparison of three inducement techniques to improve compliance in a health survey conducted by telephone. Public Health Reports, 105, 524-529.

Hou, W.H., Chiang, P.T., Hsu, T.Y., Chiu, S.Y., & Yen, Y.C. (2010). Treatment effects of massage therapy in depressed people: a meta-analysis. 71(7), 894-901.

Howard, D. (1990). The influence of verbal responses to common greetings on compliance behavior: The foot-in-the-mouth effect. Journal of Applied Social Psychology, 20, 1185-1196.

Jacob, C. (2006) Styles of background music and consumption in a bar: An empirical evaluation. International Journal of Hospitality Management 25(4), 716-720.

Jacob, C., Charles-Sire, V., & Guéguen, N. (2012). "Even a Single Package of Pastas Will Help . . .": The Effectiveness of the Legitimizing Paltry Contribution Technique on Altruism. Nonprofit and Voluntary Sector Quarterly. 42(4), 828-836.

Jacob, C., & Guéguen, N. (2013). The effect of employees' verbal mimicry on tipping. International Journal of Hospitality Management, 35, 109-111.

Jacob, C., Guéguen, N., Martin, A., & Boulbry, G. (2011). Retail salespeople's mimicry of costumers: Effects on consumer behavior. Journal of Retailing and Consumer Services, 18, 381-388.

Janis, I. L., & Feshbach, S. (1953). Effects of fear-arousing communications. Journal of Abnormal and Social Psychology, 48, 78-92.

Joule, R. V. (1987). Tobacco deprivation: The foot-in-the-door technique versus the low-ball technique. European Journal of Social Psychology, 17, 361-365.

Joule, R.V., & Guéguen, N. (2007). Touch, compliance, and awareness of tactile contact. Perceptual and Motor Skills, 104, 581-588.

Karremans, J. C., & Verwijmeren, T. (2008). Mimicking attractive opposite- sex others: The role of romantic relationship status. Personality and Social Psychology Bulletin, 34, 939-950.

Kavanagh, L., Suhler, C., Churchland, P., & Winkielman, P. (2011). When It's an Error to Mirror: The Surprising Reputational Costs of Mimicry. Psychological Science, 22, 1274-1276.

Kazdin, A. & Klock, J. (1973). The effect of nonverbal teacher approval on student attentive behaviour. Jounal of Applied Behavior Analysis, 6, 643-654.

Key, M. S., Edlund, J. E., Sagarin, B. J., & Bizer, G. Y. (2009). Individual differences in susceptibility to mindlessness. Personality and Individual Differences, 46, 261-264.

Kleinke, C. (1977). Compliance to requests made by gazing and touching experimenters in field settings. Journal of Experimental Social Psychology, 13,218-223.

Kubovy, M., & Psotka, J. (1976). The predominance of seven and the apparent spontaneity of numerical choices. Journal of Experimental Psychology: Human Perception and Performance, 2, 291-294.

Kubovy, M. (1977). Response availability and the apparent spontaneity of numerical choices. Journal of Experimental Psychology: Human Perception and Performance, 3, 359-364.

Kulesza, W., Dolinski, D., Huisman, A., & Majewski, R. (2014). The echo effect: The power of verbal mimicry to influence pro-social behavior. Journal of Language and Social Psychology, 33, 185-203.

Kulesza, W., Dolinski, D., Huisman, A., & Wicher, P. (2016-in press). The conversational chameleon: An investigation into the link between dialogue and verbal mimicry. Journal of Language and Social Psychology, 1-15.

Kulesza, W., Szypowska, Z., Jarman, M., & Dolinski, D. (2014). Attractive chameleons sell: The mimicry-attractiveness link. Psychology & Marketing, 31, 549-561.

Lakin, J. L. & Chartrand, T. L. (2003). Using nonconscious behavioral mimicry to create affiliation and rapport. Psychological Science, 14(4), 334-339.

Lakin, J., Chartrand, T.L., & Arkin, R. (2008). I am too just like you: Nonconscious mimicry as an automatic behavioral response to social exclusion. Psychological Science, 19, 816-822.

Lamy, L., Fischer-Lokou, J., & Guéguen, N. (2009). Induced reminiscence of love and chivalrous helping. Current Psychology, 28(3), 202-209.

Langer, E., Blank, A., & Chanowitz, B. (1978). The mindlessness of ostensibly thoughtful action: The role of "placebic"information in interpersonal interaction. Journal of Personality and Social Psychology, 36, 635-642.

Langlois, J. H., Kalakanis, L., Rubenstein, A. J., Larson, A., Hallam, M., & Smoot, M. (2000). Maxims or myths of beauty? A meta-analytic and theoretical review. Psychological Bulletin, 126, 390 - 423.

Leander, N.P., Chartrand, T.L., & Bargh, J.A. (2012). You give me the chills: embodied reactions to inappropriate amounts of behavioral mimicry. Psychological Science, 23, 772-79.

Lecat, B., Hilton, D.J., & Crano, W.D. (2009). Group status and reciprocity norms: Can the door-in-the-face be obtained in an out-group context? Group Dynamics: Theory, Research, and Practice, 13, 178-189.

Leonard, J.A., Berkowitz, T., & Shusterman, A. (2014). The effect of friendly touch on delay-of-gratification in preschool children. Quarterly Journal of Experimental Psychology. 67(11), 2123-33.

Likowski, K. U., Mühlberger, A., Seibt, B., Pauli, P., & Weyers, P. (2008). Modulation of facial mimicry by attitudes. Journal of Experimental Social Psychology, 44, 1065 - 1072.

Lynn, M., Le, J. M., & Sherwyn, D. (1998). Reach out and touch your customers. Cornell Hotel and Restaurant Administration Quarterly, 39, 60-65.

Marchand M., Joule R.-V., & Guéguen, N. (2015). The lure technique: Generalization and moderating effects. Revue Européenne de Psychologie Appliquée, 65(2).

Martin, A., & Guéguen, N. (2013). The Influence of Incidental Similarity on Self-Revelation in Response to an Intimate Survey. Social Behavior and Personality: an international journal, 41(3), 353-356(4).

Martin, A., & Guéguen, N. (2015). Repeating what children say positively influences their learning and motivation. Learning and Motivation, 52, 48-53.

Martin, A., Guegen, N., & Fischer-Lokou, J. (2010). The impact of guilt on mimicry behavior. Socal Behavior and Personality: An International Journal, 38(7), 987-992.

Martin A, Jacob C., & Guéguen N. (2013). Similarity facilitates relationships on social networks: a field experiment on facebook. Psychological Reports, 112(3), 1-4.

Maurer, R. E., & Tindall, J. H. (1983). Effects of postural congruence on client's perception of counselor empathy. Journal of Counseling Psychology, 30, 158-163.

McFerran, B., Dahl, D. W., Fitzsimons, G. J., & Morales, A. C. (2010). I'll have what she's having: Effects of social influence and body type on the food choices of others. Journal of Consumer Research, 36, 915-929.

Meineri, S., & Gueguen, N. (2011). "I hope I'm not disturbing you, am I?": Another operationalization of the foot-in-the-mouth paradigm. Journal of Applied Social Psychology, 41, 965-975.

Meltzoff, A. N., & Moore, M. K. (1977). Imitation of facial and manual gestures by human neonates. Science, 198, 75-78.

Milgram, S., Bickman, L., & Berkowitz, L. (1969). Note on the drawing power of crowds of different size. Journal of Personality and Social Psychology, 13, 79-82.

Müller, B.C., Maaskant, A.J., Van Baaren, R.B., & Dijksterhuis, A.P. (2012). Prosocial consequences of imitation. Psychological Reports. 110(3), 891-8.

Nawrat, R., & Dolinski, D. (2007). "Seesaw of emotions" and compliance: Beyond the fear-then-relief rule. Journal of Social Psychology, 147, 556-571.

Oates, K., & Wilson, M. (2002). Nominal kinship cues facilitate altruism. Proceedings of the Royal Society of London. Series B: Biological Sciences, 269, 105-109.

O'Keefe, D. J., & Figgé, M. (1999). Guilt and expected guilt in the door in-the-face technique. Communication Monographs, 66, 312-324.

Osterhout, J. E. (2010). Stealth marketing: When you're being pitched and you don't even know it! New York Daily News, April 18 edition at: http://www.nydailynews.com/life-style/stealth-marketing-pitched-don-article-1.165278

Pandelaere, M., Briers, B., Dewitte, S., & Warlop, L. (2010). Better think before agreeing twice: Mere agreement: A similarity- based persuasion mechanism. International Journal of Research in Marketing, 27(2), 133-141.

Pascual A., & Guéguen N. (2006). Door-in-the-face technique and behavioral compliance: An evaluation in a field setting, Psychological Reports, 103, 974-978.

Pascual A., Guéguen N., Pujos, S., & Felonneau, M.-L. (2013). Foot-in-the-door and problematic requests: A field experiment. Social Influence, 8, 46-53.

Paukner, A., Suomi, S. J., Visalberghi, E., & Ferrari, P.F. (2009). Capuchin monkeys display affiliation toward humans who imitate them. Science 325, 880-883.

Ratneshwar, S., Shocker, A.D., & Stewart, D.W. (1987), Toward Understanding the Attraction Effect: The Implications of Product Stimulus Meaningfulness and Familiarity, Journal of Consumer Research, 13, 520-533.

Rizzolatti, G., Fogassi, L., & Gallese, V. (2006). Mirrors in the mind. Scientific American, 295(5), 30-37.

Roloff, M. E., Janiszewski, C. A., McGrath, M. A., Burns, C. S., & Manrai, L. A. (1988). Acquiring resources from intimates: When obligation substitutes for persuasion. Human Communication Research, 14, 364-369.

Santos, M. D., Leve, C., & Pratkanis, A. R. (1994). Hey buddy, can you spare seventeen cents? Mindful persuasion and the pique technique. Journal of Applied Social Psychology, 24, 755-764.

Simon, W. E. (1971). Number and color responses of some college students: Preliminary evidence for a blue seven phenomenon. Perceptual and motor skills, 33, 373- 374.

Frederick, S., Lee, L., & Baskin, E. (2014) The Limits of Attraction. Journal of Marketing Research, 51(4), 487-507.

Shearman, S. M., & Yoo, H. J. (2007). "Even a penny will help!" Legitimization of paltry donation and social proof in soliciting donation to a charitable organization. Communication Research Reports, 24, 271-282.

Smith, D., Gier, J., & Willis, F. (1982). Interpersonal touch and compliance with a marketing request. Basic and Applied Social Psychology, 3,35-38.

Stel, M., & Harinck, F. (2011). Being Mimicked Makes You a Prosocial Voter. Experimental Psychology, 58(1), 79-84.

Stel, M., Van Baaren, R.B., & Vonk, R. (2008). Effects of mimicking: Acting pro-socially by being emotionally moved. European Journal of Social Psychology, 38 (6), 965-976.

Tajfel, H. (1970). Experiments in intergroup discrimination. Scientific American, 223, 96-102.

Terrier, L., Joule, R.V., & Marfaing, B. (2011). Requester's acceptance and non-acceptance of the refusal of the initial request: How to improve the door-in-the-face effects? Current Research in Social Psychology, 17(1), 1-9.

Van Baaren, R. B., Holland, R. W., Steenaert, B., & Van Knippenberg, A. (2003) Mimicry for money: Behavioral consequences of imitation. Journal of Experimental Social Psychology, 39(4), 393-398.

Van Baaren, R. B., Holland, R. W., Kawakami, K., & van Knippenberg, A. (2004). Mimicry and prosocial behavior. Psychological Science, 15, 71-74.

Vandewiele, M., D'Hondt, W., Didillon, H., Iwawaki, S., & Mwamwendat, T. (1986). Number and color preferences in four countries. Perceptual and Motor Skills, 63(2), 945-946.

Van Straaten, I., Engels, R. C. M. E., Finkenauer, C., & Holland, R. W. (2007). Sex differences in short-term mate preferences and behavioral mimicry: A semi-naturalistic experiment. Archives of Sexual Behavior, 37(6), 902-911.

Vickers A., Ohlsson A., Lacy J.B., & Horsley A. (2004). Massage for promoting growth and development of preterm and/or low birth-weight infants. Cochrane Database Syst Rev. 2004;(2):CD000390.

Wheldall, K., Bevan, K., & Shortall, K. (1986). A touch of reinforcement: The effects of contingent teacher touch on the classroom behaviour of young children. Educational Review, 38, 207-216.

Willis, F.N., & Hamm, H.K. (1980). The use of interpersonal touch in securing compliance. Journal of Nonverbal Behavior, 5, 49-55.

Zellinger, D. A., Fromkin, H.L., Speller, D.E., & Kohn, C.A. (1975). A Commodity Theory Analysis of the Effects of Age Restrictions Upon Pornographic Materials. Journal of Applied Psychology, 60(1), 94-99.

Stichwortverzeichnis

R

S

T

U

V

W

Z

Psychologie-Lehrvideos im Web

www.psychologie-lernen.de

Sport gegen die Depression?

Intelligenzmanipulation durch Priming und Placebo-Effekte?

Gedankenlesen für Einsteiger

Macht Meditation intelligent und glücklich?

Allein auf YouTube wurden die Videos bereits mehr als 1,5 Millionen mal angeschaut.